18963

BIBLIOTHÈQUE
LATINE-FRANÇAISE

PUBLIÉE

SOUS LES AUSPICES

DE S. A. R.

MONSIEUR LE DAUPHIN

C. L. F. PANCKOUCKE, ÉDITEUR.

PARIS, IMPRIMERIE DE C. L. F. PANCKOUCKE,
Rue des Poitevins, n. 14.

BIBLIOTHÈQUE
LATINE-FRANÇAISE

COLLECTION

DES CLASSIQUES LATINS

AVEC LA TRADUCTION EN REGARD

PUBLIÉE

PAR C. L. F. PANCKOUCKE.

VINGT-DEUXIÈME LIVRAISON.

PARIS
C. L. F. PANCKOUCKE
MEMBRE DE L'ORDRE ROYAL DE LA LÉGION D'HONNEUR
ÉDITEUR, RUE DES POITEVINS, N° 14.

M DCCC XXIX.

LUCRÈCE

DE LA NATURE DES CHOSES

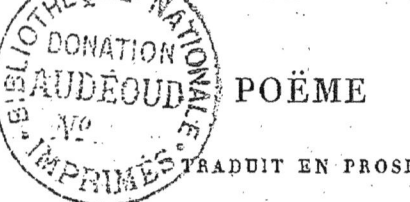

POËME

TRADUIT EN PROSE

PAR DE PONGERVILLE

AVEC

UNE NOTICE LITTÉRAIRE ET BIBLIOGRAPHIQUE

PAR

AJASSON DE GRANDSAGNE

TOME PREMIER.

PARIS

C. L. F. PANCKOUCKE

MEMBRE DE L'ORDRE ROYAL DE LA LÉGION D'HONNEUR
ÉDITEUR, RUE DES POITEVINS, N° 14.

M DCCC XXIX.

NOTICE

HISTORIQUE, BIBLIOGRAPHIQUE ET LITTÉRAIRE
SUR LUCRÈCE

PAR M. AJASSON DE GRANDSAGNE.

Nous diviserons tout ce que nous avons à dire ici sur Lucrèce en trois parties, savoir : 1° sa vie; 2° son mérite, tant comme poète que comme philosophe, comme moraliste et comme physicien; 3° les principales éditions et versions de ses œuvres, avec un appendice sur les divers ouvrages, morceaux ou notices dont celles-ci ou celles-là auront fourni l'occasion.

PREMIÈRE PARTIE.

DE LA VIE DE LUCRÈCE.

Ce que l'on sait d'authentique sur la vie de Lucrèce se réduit à quelques mots. Cependant il est arrivé que ses commentateurs, éditeurs et biographes, se croyant obligés de donner à leur auteur une importance qu'apparemment ils croyaient son génie incapable de lui donner, ont trouvé moyen de grossir indéfiniment l'historique de sa vie par de belles descriptions, par des recherches généalogiques sur sa famille, enfin, par de longues dissertations sur quelques circonstances ou faits plus ou moins douteux qu'on trouve épars chez les anciens, du reste, fort silencieux sur tout ce qui regarde ce grand poète. Quelque peu utiles que puissent et même que doivent sembler en elles-mêmes de pareilles recherches, néanmoins l'intérêt qui s'attache naturellement à la mémoire d'un homme célèbre, nous fait une loi de donner un précis de ce que ces divagateurs soutiennent de plus agréable et de plus saillant. C'est ce que nous allons essayer ici dans une suite de paragraphes séparés.

§. I.

LUCRÈCE FUT-IL DE NOBLE ORIGINE?

Nous concevons aisément que le rapport, nous dirions volontiers l'identité frappante qui existe entre le nom de la belle et infortunée épouse de Collatin, ait frappé les premiers interprètes de Lucrèce. Aussi, tous, depuis Lambin et Crinitus jusqu'à Wakefield et à Mason Good, se sont-ils évertués à rattacher tant bien que mal l'auteur du poëme de la Nature à la famille Lucretia.

Sabine ou romaine d'origine, cette famille était incontestablement patricienne; car, 1° (pour ne point parler d'une Lucretia qui, selon Plutarque, *Vie de Numa*, fut mariée à ce prince après son avènement au trône), la victime de Sextus était, selon la remarque judicieuse et l'expression un peu comique de Bayle, femme d'un prince du sang; 2° Sp. Lucretius Tricipitinus, père de Lucrèce, avait été gouverneur de Rome, sous Tarquin le Superbe, et, l'année même de la déchéance des rois, il fut nommé consul en remplacement de Junius Brutus, mort en combattant Aruns et l'armée de Tarquin; 3° les fastes consulaires nous présentent encore, à une époque où les patriciens seuls étaient admis au consulat, les noms de

P. ou T. Lucretius Tricipitinus, l'an 508 et l'an 504 av. J.-C., (ce dignitaire était le fils du précédent et le frère de Lucrèce.)

T. Lucretius Tricipitinus, en 462.

Hostius Lucretius Tricipitinus, en 429.

Nous ne parlons pas d'un P. Luc. Tricipitinus, gouverneur de Rome en 428; pas plus que d'un autre P. Luc. Tric., tribun du peuple avec puissance consulaire, 419 et 417 ans av. J.-C., et de L. Lucret. Tric., élevé à la même dignité dans les années 387, 382 et 380.

Cette suite de notabilités politiques prouve irréfragablement et l'importance et l'origine patricienne des Lucretius Tricipitinus. Malheureusement notre poète ne portait point ce noble surnom. Avancerons-nous alors avec quelques savans que la famille Lucretia devint plébéienne? Quelques gens de bon sens diraient qu'ils ne comprennent rien à cette dégénérescence, et même iraient jusqu'à demander si nous nous comprenons nous-mêmes. Bornons-nous à dire que, soit que la maison Lucretia eût perdu de sa splendeur, soit qu'on doive adopter quelque autre hypothèse sur ce sujet, Lucrèce pouvait bien ne pas appartenir à une des familles dites dans l'aristocratique république romaine *majorum* ou même *minorum gentium* *.

---

* M. de Pongerville, en présentant les diverses opinions des

Il est vrai que l'histoire du septième siècle de Rome nous présente plusieurs Lucretius qui se firent une réputation par des talens militaires ou oratoires. Tels sont

1°. Q. Lucret. Vespillo, édile l'année de la mort de Tiberius Gracchus (AUREL. VICTOR, *Vie des Homm. ill.*). C'est lui qui jeta le corps du célèbre tribun dans le Tibre.

2°. Q. Lucretius Vespillo, habile et comme jurisconsulte et comme avocat. (*Voy.* CICÉR., *Brut.*)

3°. Q. Lucretius Vespillo, sénateur, partisan de Pompée, probablement le même qu'un Lucret. Vesp., consul l'an de Rome 734 (avant J.-C., 20) (*Voy.* DION CASSIUS, liv. LIV). Proscrit par les triumvirs, il avait été sauvé par le courage et l'adresse de sa femme (VAL.-MAX., liv. VI).

4°. Lucretius Ofella, orateur distingué surtout dans le genre délibératif, quoiqu'il se livrât souvent aux débats judiciaires (*Voy.* CIC., *Orateur,* et cf. BAYLE, sur le sens du passage

---

commentateurs sur l'origine de Lucrèce, sans leur accorder de préférence, fait observer avec raison que le résultat ne peut offrir aucun intérêt, lorsqu'il s'agit d'un philosophe qui montra le mépris le plus absolu pour le préjugé de la naissance.

latin qui a donné occasion à plusieurs contre-sens).

5°. Enfin (et ce dernier est le plus célèbre de tous), un autre Lucretius Ofella, primitivement attaché au parti de Marius, et, ensuite partisan de Sylla, célèbre surtout par la prise de Préneste, où il s'empara du jeune Marius. Malgré le service qu'il avait par-là rendu au dictateur, il fut tué par ses ordres en plein forum pour avoir osé briguer le consulat malgré son expresse défense.

Quelques-uns soupçonnent que le vainqueur de Préneste et l'Ofella, habile orateur, ne forment qu'un seul et même personnage.

Ceci posé, le baron Des Coutures, un des traducteurs français de Lucrèce, affirme comme chose certaine que notre poète était un Ofella ou un Vespillo, et que son nom, abrégé par les copistes, est T. Lucr. Vesp. (ou Ofella) Carus. Lambin, un peu moins positif, prétend seulement qu'il était cousin germain ou frère de l'un d'eux. Or, comme tous étaient édiles ou sénateurs, le frère était au moins de l'ordre équestre; d'où il résulte nécessairement que Lucrèce était au moins chevalier.

Nous en sommes fâchés pour le corps honorable des chevaliers. Mais il nous semble que notre poëte philosophe ne fut pas plus chevalier que comte ou marquis. Ni les Vespillo ni les Ofella n'étaient primitivement de hautes familles romaines. Le surnom de Vespillo, synonyme de *porte-bière* ou *croque-mort*, n'a rien d'honorable en lui-même, et n'indique pas de la part de ceux qui le donnèrent un grand respect pour l'édile qui jeta dans le Tibre le corps de Tibérius. Quant à celui d'Ofella, altération ou corruption d'Opheleia ou d'Aphilia, il venait probablement de la Grande-Grèce, et Horace, qui était de Vénose, le donne effectivement (*sat.* II, liv. II.) à un bon paysan, aux mains calleuses, sensé du reste, mais peu fleuri dans son langage. Rien de tout ceci ne décèle un sang patricien; et si quelques hommes du nom d'Ofella ou de Vespillo arrivèrent à des dignités, il n'est pas à croire pour cela que tous leurs homonymes, ni même tous leurs parens s'en soient ressentis; il n'est pas à croire que parce que l'un d'eux se trouvait sénateur, les autres se soient trouvés *ipso facto* et tout d'abord chevaliers.

§. II.

QUAND NAQUIT LUCRÈCE?

Selon la chronique d'Eusèbe, Lucrèce naquit l'an 2 de la 171e olympiade (clxxi, 2), ce qui répond à l'an de Rome 659, ou av. J.-C. 95, sous le deuxième consulat de Pompée et de Crassus. Comme les meilleures autorités le font mourir dans sa quarante-quatrième année, l'époque de sa fin est incontestablement l'an 55 avant Jésus-Christ. Il est probable qu'il faudrait corriger Eusèbe et lire clxx, 2, en l'an 2 de la 170e olympiade. Avec cet amendement, le passage de la Chronique devient assez satisfaisant, et s'applique sans peine à tout ce qu'on sait de l'âge de Lucrèce, qui se trouve avoir huit ans de moins que Cicéron et un de moins que César. Le dénombrement des erreurs où la précipitation et la manie de copier sans réfléchir a fait tomber ici des hommes fort savans d'ailleurs, nous mènerait trop loin. Qu'il nous suffise de noter l'inadvertance de Creech, qui, ne se rappelant pas exactement ce que Donat raconte (*Vie de Virg.*) sur la coïncidence remarquable du jour où Lucrèce mourut et où Virgile prit la robe virile, dit qu'un partisan de la métempsycose, pourrait penser que l'âme du poète de la nature passa dans le corps du chantre des Géorgiques. Creech, d'ailleurs, oublie ce qu'il y a de plus singulier dans le rapprochement de Donat : c'est que la mort du premier eut lieu le jour même où le second changeait la prétexte pour la robe virile, et se borne à placer les deux faits par lui admis (la mort de Lucrèce et la naissance de Virgile) dans la même année. Crinitus, Charl. Étienne, Lloyd, Hoffmann, tout en parlant, non pas de la naissance, mais de la robe virile de Virgile, se bornent à mettre les deux faits dans la même année, ce qui peut-être est plus conforme au vrai, mais ce qui n'est pas la tradition dans son entier. D'autres ont pris la date de la naissance pour celle de la mort, d'où l'opinion qui fait naître Lucrèce 143 ans avant J.-C., ainsi que cette phrase d'un biographe : *multo antiquior fuit Terentio Varrone et M. Tullio, ut quidam scripserunt*, phrase déjà assez éloignée du vrai, mais qu'un autre compilateur se chargea de rendre encore plus fausse en plaçant une virgule entre *Terentio* et *Varrone*, de sorte que Lucrèce, selon lui, aurait vécu avant Térence.

§. III.

ÉTUDES ET OCCUPATIONS DE LUCRÈCE.

On suppose généralement que Lucrèce passa quelques années de sa jeunesse en Grèce et même à Athènes. D'abord, les Romains, maîtres de la Grèce depuis plus de soixante ans, avaient dès-lors commencé à adopter la coutume d'achever leur éducation en Grèce. D'autre part, Lucrèce semble trop versé dans tous les mystères de la philosophie, de la cosmogonie et de la physique épicurienne, pour que l'on suppose qu'il en ait pris connaissance seulement à Rome. Enfin, l'on sait que C. Memmius Gemellus, à qui Lucrèce dédia son poëme de la Nature, étudia à Athènes, où même la munificence de son père L. Memmius contribua puissamment à l'éclat de la secte épicurienne.

L'école fondée par Épicure dans le quatrième siècle avant J.-C., après avoir fleuri quelque temps sous Métrodore et sous ses premiers disciples, avait décliné successivement jusqu'à l'instant où les Romains commencèrent à se répandre dans l'Orient. On sait qu'ils ne tardèrent pas à partager le goût des Grecs pour les lettres, la philosophie et les beaux-arts. Les chefs-d'œuvre de la sculpture et de la peinture furent en grande partie transportés à Rome par Memmius. Paul-Emile et Sylla, en décorant leurs triomphes de trophées de même genre, y ajoutèrent les bibliothèques conquises sur Persée, sur Eumène, sur Mithridate, et des milliers de volumes enlevés à Athènes. Mais il était plus aisé de transplanter à Rome les dépouilles que le génie et l'instruction des vaincus. La capitale du monde n'était point encore ce que Juvénal se plaignait plus tard de la voir devenue, une ville grecque. Quoique déjà des rhéteurs, des grammairiens, des philosophes s'établissent à Rome, c'était en Grèce qu'il fallait aller pour se pénétrer des idées de la Grèce, pour s'initier à la philosophie, pour apprendre l'éloquence et la grammaire, en un mot, pour se mettre au courant de tous les faits intellectuels et scientifiques en circulation. Les Romains alors se trouvèrent dans la situation de tout peuple ignorant et conquérant. Egalement surpris de tous les systèmes, ils donnèrent surtout la préférence à ceux qui flattaient leurs goûts nouveaux, à ceux qui semblaient les plus favorables à la mollesse, au luxe, au plaisir, aux dépravations et aux spoliations de tout genre. Quelques âmes fortes, surtout sous l'empire, sympathisèrent avec les idées stoïciennes; d'autres, et tels furent principalement les hommes à imagination, adoptèrent avec enthousiasme les doctrines de l'académie; mais Epicure plut à la masse. Ce n'est pas que la masse comprît quelque chose à sa philosophie : la partie physique était beaucoup trop haute et trop difficile pour l'ignorance populaire; la partie morale était, en dernière analyse, un panégyrique perpétuel de la modération, de la chasteté, de la frugalité, de la philanthropie. Mais, comme toutes ces vertus n'avaient, selon Epicure, d'autre base que l'intérêt personnel, en d'autres termes, la recherche du plaisir, et qu'indubitablement chacun est libre de chercher du plaisir à sa manière, les Romains adoptaient l'aphorisme fondamental *plaisir*, puis concluaient à leur manière. Il est donc tout naturel que l'épicuréisme ait si vite acquis et si long-tems gardé la vogue dans Rome, tant auprès du vulgaire que chez les gens pour qui la morale n'était qu'un objet au moins très-secondaire, tels par exemple que les candidats aux grandes charges, les proconsuls ou gouverneurs de provinces, les fermiers des impôts, les chefs des légions, etc., etc.

De plus, l'épicuréisme avait de quoi satisfaire des hommes plus désintéressés et plus sérieux. La physique du sage de Gargette repose en grande partie sur des faits. L'hypothèse des atômes est loin d'être décidément rejetée, surtout depuis les belles recherches et les découvertes, tant de Haüy que de Berzelius : on doit même reconnaître que ces découvertes, sans la porter précisément au rang des certitudes, lui ont concilié probablement pour toujours, plus de partisans qu'à l'hypothèse contraire. Il est vrai que l'on n'admet pas de même la marche des atômes dans le vide, et le *clinamen*; cependant ce *clinamen* même n'est pas, comme on le prétend, directement contraire aux lois de la gravitation; la diversité des configurations primitives, invariablement attribuée à chaque classe d'atômes par la cosmogonie épicurienne, est comme une prévision ou un pressentiment de la doctrine crystallographique; enfin, il est impossible de ne pas être frappé du rapport qui existe entre les aggrégats atomistiques proclamés par Épicure et les condensations du marquis de Laplace.

Considéré sous un autre point de vue, l'épicuréisme peut plaire à des esprits difficiles en fait de vérité et de certitude, en ce qu'il recherche l'origine de la certitude, et qu'il ne reconnaît pour telle que l'évidence, évidence qui doit toujours, selon Epicure, reposer sur le témoignage des sens. Nous n'ignorons point tout ce que l'on a dit pour et contre cette doctrine, moins profonde et moins haute certainement, que le subjectif et l'objectif de Kant. Mais enfin, vraie ou fausse, cette doctrine qui a été celle de Locke, de Hume et de Condillac, cette doctrine que soutiennent, et plusieurs philosophes distingués de notre époque, et presque tous les physiologistes de la France et de l'Angleterre, cette doctrine qui n'est pas, malgré les efforts de ses adversaires, reconnue pour fausse, et qui même, on peut le dire, a autant de chances de succès que de probabilités contraires, n'est pas de nature à captiver seulement des esprits superficiels ou mesquins. En admettant même qu'elle pèche, en ce qu'elle néglige quelques élémens de l'esprit humain, cette exclusivité n'empêche pas qu'elle ne se fonde en majeure partie sur l'observation ; et d'autre part on sait que l'exclusivité est le défaut commun de toutes les philosophies. C'est une vérité entrevue et même dite depuis long-temps, mais éloquemment et solennellement proclamée cette année dans la chaire philosophique, que toutes les écoles, toutes, sans exception, sont plus ou moins exclusives; et c'est par-là que leurs antagonistes, toujours faibles quand il s'agit de défendre leur système, sont toujours forts quand il s'agit d'attaquer et de battre en ruine ceux des autres.

Ceci posé, on doit comprendre comment Lucrèce fut surtout charmé de la philosophie d'Épicure. Esprit sévère et positif, il crut y trouver ce qu'il cherchait, des faits, l'évidence. Poète, et, comme tel, aimant à se représenter des tableaux, des images frappantes, il les voyait éclore en foule de cette philosophie qui, sans cesse, lui offrait sous des formes si variées, et le monde passé et la nature contemporaine. Romain, témoin des guerres civiles et nourri dans l'histoire des conquêtes faites par ses compatriotes, l'absence des dieux, l'absence de toute cause était une justification ou du moins une explication de cette bizarrerie d'évènemens inattendus, déplorables, et utiles seulement au plus criminel. Ami de la modération dans la vie privée, et de l'équité dans la vie publique, sans rêver une perfection idéale et sans appuyer ses vertus sur un transcendentalisme mystique, la morale si pure d'Épicure satisfaisait à ce besoin et à cet instinct de justice.

A ces causes il faut probablement ajouter le talent de l'homme qui, alors, était le chef de l'école épicurienne. Zénon de Sidon, qu'il ne faut pas confondre avec Zénon de Citium, chef des stoïciens, ni avec Zénon d'Élée, l'inventeur de la dialectique, et qui compta, parmi ses disciples, Pompée, Cotta, Pomponius Atticus et Cicéron (*Voyez* Cicéron, *Fins*, I, chap. 5, *Nature des dieux*, liv. I, chap. 21 et 34), fut le maître de Lucrèce et de C. Memmius Gemellus, qui, dès cette époque, devinrent les plus fermes partisans de l'école épicurienne. Car il ne faut pas croire que les précautions oratoires dont s'entoure Lucrèce, lorsqu'il annonce le plan de son ouvrage, et qu'il cherche à rassurer Memmius contre l'impiété apparente de son poëme,

Illud in his rebus vereor, ne forte rearis

> Impia te rationis inire elementa, viamque
> Endogredi sceleris. . . . .[1]

il ne faut pas, dis-je, s'imaginer que ces précautions oratoires soient prises pour Memmius lui-même : c'est au public que Lucrèce adresse l'allocution et la justification qu'ostensiblement il adresse à son ami.

Revenu à Rome, Memmius entra dans la carrière politique, qui lui promettait des richesses, des honneurs et de la célébrité. Lucrèce, que son goût entraînait vers une vie plus paisible, et qui, probablement, avait une fortune indépendante, se voua à la vie privée et ne chercha de distraction que dans l'étude de la philosophie et de la poésie. Encore plein des théories qu'il avait entendues de la bouche de Zénon, il les revêtit des couleurs et des formes brillantes de la poésie, et contribua ainsi à rendre populaires, chez les Romains, non pas peut-être les idées et les raisonnemens d'Epicure, mais le nom de ce philosophe et la gloire de son école.

---

[1] Mais ne crois point qu'armé de funestes maximes,
Je dirige tes pas vers la route du crime;
Ah! plutôt, Memmius, noblement révolté,
Contemple les forfaits de la crédulité.

Un point qu'il est essentiel de noter, et sur lequel nous aurons occasion de revenir, c'est qu'il s'agit presque exclusivement de physique dans le poëme de Lucrèce, et que les nombreuses idées morales qui s'y trouvent semées n'y figurent évidemment que comme traits épisodiques.

« La composition de cet admirable poëme, dit Mason Good (*Vie de Lucr.*, à la tête de sa trad. en vers) paraît avoir été pour Lucrèce une source de plaisirs non interrompus. Car à peine y a-t-il un livre qui ne contienne des traits relatifs au bonheur qu'il sentait en l'écrivant. La gloire n'était pas sans prix à ses yeux ; mais ce n'était ni la gloire des guerriers, dont la palme est souillée de sang, ni celle des proconsuls avides, dont les palais n'étaient d'ordinaire construits et ornés que des dépouilles de la province dont on leur avait confié la défense : il n'aspirait qu'à la gloire irréprochable et pure du poète, du philosophe, du sage, qui sourient avec satisfaction à la pensée d'avoir travaillé nuit et jour au bonheur des races futures ; du patriote qui contemple les vicissitudes des évènemens dont sa patrie est le théâtre, parce qu'il est jaloux d'éclairer l'intelligence de ses compatriotes, et d'améliorer la morale publique. Ayant la conscience de n'obéir, dans tout ce qu'il fait, qu'à ces nobles motifs, il s'écrie plus d'une fois :

. . . . Acri
Percussit thyrso laudis spes magna meum cor,
Et simul incussit suavem mi in pectus amorem
Musarum, quo nunc instinctus, mente vigenti
Avia Pieridum peragro loca, nullius ante
Trita solo; juvat integros accedere fontes,
Atque haurire; juvatque novos decerpere flores,
Insignemque meo capiti petere inde coronam,
Unde prius nulli velarint tempora Musæ.

Liv. I, v. 921, et suiv.; liv. IV, v. 1, etc.

Quant à l'époque précise à laquelle le poëme fut composé, c'est ce qu'il serait impossible de dire avec certitude. Cependant la dédicace donne à penser que ce fut à l'époque où Memmius était au plus haut degré de puissance et de splendeur, c'est-à-dire vers l'an de Rome 695 (avant J.-C. 59). A cette époque, Memmius, préteur en 689, gouverneur de la Bithynie en 691, revenait de sa province avec Lucrèce; Clodius avait, à force d'intrigues et de violences, acquis l'empire du forum, et obtenu le bannissement de Cicéron. La guerre d'Asie contre Mithridate et ses alliés venait de se terminer;

mais une autre guerre recommençait dans l'Helvétie. Tout, d'ailleurs, annonçait des orages dans la république. Pompée, visant à se faire investir de la dictature, fomentait des troubles; César, aussi ambitieux, mais plus adroit, était consul, réduisait au silence et à l'inaction Bibulus, son collègue, inutile et stupide partisan des *optimates*, protégeait le parti populaire, endormait l'aristocratie, et se préparait les appuis qui, dix ans plus tard, lui valurent le souverain pouvoir. Lucrèce, pressentant les désastres qui allaient fondre sur sa patrie, supplie Vénus de désarmer Mars, son amant, et de rendre la paix à l'univers.

Outre Memmius, Lucrèce comptait parmi ses amis, Cassius et Cicéron. Le second, comme nous le dirons plus tard, passe pour avoir été nommé dépositaire du poëme *de la Nature*, et pour l'avoir publié le premier; le premier était ami intime de Memmius dont il partageait les affections aristocratiques et l'attachement aux doctrines épicuriennes : nouvelles preuves que l'épicuréisme n'était pas adopté seulement par des intelligences frivoles, ou des cœurs débauchés. Cassius, si intrépide et si austère, Cassius, le dernier des Romains, se sacrifia, ainsi que le stoïcien Brutus, à la cause de la liberté : divisés dans l'école, ces deux hommes illustres se réunissaient au forum, au sénat, et sur le champ de bataille.

Lucrèce était marié à une dame du nom de Lucilia, sur la famille de laquelle on ne sait rien, mais qui, selon la conjecture de Mason, aurait été la sœur de L. Lucilius, beau-frère de Brutus et de Cassius, et un de ceux qui se déclarèrent contre les triumvirs. Ce Lucilius est célèbre surtout par l'intrépidité dont il fit preuve à la malheureuse bataille de Philippes, et à l'aide de laquelle il réussit à faire échapper Brutus des mains de l'armée victorieuse. Ce qui donnerait quelque vraisemblance à cette conjecture, ce sont deux lettres de Cicéron (Cic. *à Atticus*, liv. VII, lett. 24 et 25), où il est parlé d'un Lucrèce, beau-frère de Cassius, avec lequel il entretenait une correspondance intime et suivie. On conçoit très-bien, d'après cette circonstance, et d'après l'alliance de Lucilius et de Cassius, comment le beau-frère de Lucilius aurait été en même temps beau-frère de Cassius. Quoi qu'il en soit, cette Lucilia a été présentée, par quelques modernes, comme la maîtresse, et non comme la femme de Lucrèce. Il est probable qu'il y eut en ceci pure inadvertance de leur part : car nul passage ancien n'autorise décidément à cette supposition; et, d'autre part, on ne peut supposer que les auteurs se soient amusés à créer une hypothèse, lors même que cette hypothèse leur aurait paru nécessitée par l'anecdote du philtre dont il va être question tout-à-l'heure.

§. IV.

LUCRÈCE ÉTAIT-IL FOU?

Une tradition universellement reçue suppose que Lucrèce se donna lui-même la mort. Quoique un peu suspecte, vu les circonstances dont on l'a environnée, comme rien ne la contredit et qu'en elle-même elle n'a rien que de vraisemblable, nous ne voyons pas qu'on doive la rejeter.

Nous n'en dirons pas autant des explications qu'on en a données : toutes sont plus ou moins problématiques.

Les uns veulent que Lucrèce se soit tué dans un accès de désespoir, lorsque Memmius vit son crédit décliner et fut banni de Rome. Mais ce bannissement n'eut lieu qu'en 701, et par conséquent trois ans après la mort de Lucrèce, évènement dont l'époque ne peut être contestée, vu qu'il eut lieu, sinon le jour, au moins l'année où Virgile prit la robe prétexte. Ensuite, comment supposer que Lucrèce, qui prêche, avec un accent de conviction si marqué, si persuasif, le bonheur de la retraite, la noblesse des études philosophiques, le mépris des grandeurs, ait cru bon de se tuer à propos d'une disgrâce politique, et surtout de la disgrâce d'un autre? Écoutons avec combien d'éloquence et de vérité il s'écrie :

Généreux Memmius, ah! laisse à d'autres mains
Le soin de gouverner le monde et les Romains.
Affranchi désormais d'un superbe esclavage,
D'un pas libre suis-moi vers le temple du sage [1].

PONGERVILLE, trad. en v., in-8°, liv. 1, p. 63.

et plus bas,

. . . . de plus nobles images;
Viens, porte un vol hardi jusqu'au temple des sages.
Là, jetant sur le monde un regard dédaigneux,
Vois ramper fièrement ces mortels orgueilleux.
Ils briguent de vains droits, s'arrachent la victoire,
Les titres fastueux, les palmes de la gloire;

[1] . . . . . Vacuas aures mihi, Memmius, ac te
Semotum a curis adhibe veram ad rationem.

Usurpent d'un haut rang l'infructueux honneur,
Et trouvent le remords en cherchant le bonheur.
Hommes infortunés ! quelle aveugle inconstance
Transforme en longs tourmens votre courte existence?
Eh ! quel bien conduit donc à la félicité?
L'absence de l'erreur et la douce santé.
Nos besoins sont bornés, et la terre féconde
Accorde à nos travaux les biens dont elle abonde.
D'un prestige éclatant, ah ! loin de s'éblouir,
N'est-il pas riche assez celui qui sait jouir?
O toi, mortel heureux, dans ta noble indigence,
Si du luxe trompeur la magique élégance
N'a point, pour soutenir tes superbes flambeaux,
En statue avec art transformé les métaux ;
Si l'or resplendissant du feu qui le colore,
Ne rend point à tes nuits la clarté de l'aurore ;
De la lyre pour toi, si les sons mesurés
Ne retentissent pas sous des lambris dorés ;
Dédaignant des plaisirs la facile imposture,
Sitôt que le printemps rajeunit la nature,
Étendu mollement au bord des frais ruisseaux,
Tu reposes couvert de rians arbrisseaux ;
A tes yeux enchantés la terre est refleurie ;
Sa vapeur du matin, les forêts, la prairie,
La voûte d'un beau ciel, le zéphir caressant,
Tout porte le bonheur dans ton cœur innocent [1].

PONGERV., in-8°, t. I, liv. II, p. 147.

---

[1] Sed nil dulcius est, bene quam munita tenere
Edita doctrina sapientum templa serena :

SUR LUCRÈCE.

On conçoit que Memmius, subitement arrêté dans la carrière de l'ambition et des honneurs, ne vit guère dans ces beaux vers autre chose que des vers; mais il est probable que Lucrèce était en partie persuadé de ce qu'il disait. D'ailleurs, dans le cas même où il aurait

> Despicere unde queas alios, passimque videre
> Errare, atque viam palantes quærere vitæ,
> Certare ingenio, contendere nobilitate,
> Noctes atque dies niti præstante labore
> Ad summas emergere opes, rerumque potiri.
> O miseras hominum mentes! o pectora cæca!
> Qualibus in tenebris vitæ, quantisque periclis
> Degitur hoc ævi, quodcunque est! Nonne videre
> Nil aliud sibi Naturam latrare, nisi ut, quum
> Corpore sejunctus dolor absit, mente fruatur
> Jucundo sensu, cura semota metuque?
> Ergo corpoream ad naturam pauca videmus
> Esse opus omnino, quæ demant quemque dolorem,
> Delicias quoque uti multas substernere possint;
> Gratius interdum neque Natura ipsa requirit.
> Si non aurea sunt juvenum simulacra per ædes
> Lampadas igniferas manibus retinentia dextris,
> Lumina nocturnis epulis ut subpeditentur;
> Nec domus argento fulget, auroque renidet;
> Nec citharis reboant laqueata aurataque templa:
> Attamen inter se prostrati, in gramine molli,
> Propter aquæ rivum, sub ramis arboris altæ,
> Non magnis opibus, jucunde corpora curant:
> Præsertim quum tempestas arridet, et anni
> Tempora conspergunt viridantes floribus herbas,
> Nec calidæ citius decedunt corpore febres,
> Textilibus si in picturis, ostroque rubenti
> Jactaris, quam si plebeia in veste cubandum est.

regardé l'exil de Memmius comme un malheur, ce malheur ne devait pas lui sembler irrémédiable. Combien de bannis rappelés dans leur patrie à cette époque où sans cesse l'aristocratie et la démocratie aux prises s'arrachaient mutuellement l'avantage, et où le vaincu de la veille était le vainqueur du lendemain ! Enfin, n'eût-il pas mieux valu, puisque son amitié le faisait sympathiser si fortement avec les maux du gouverneur de Bithynie, le suivre dans l'exil comme il l'avait suivi dans sa préture, et essayer de lui faire goûter les consolations de la philosophie, au lieu d'achever de l'abattre, en ajoutant à la perte de ses biens imaginaires la perte d'un bien véritable, d'un ami ?

Concluons de tout ceci que le suicide imputé à Lucrèce n'eut point pour cause le chagrin de la révolution survenue dans la fortune de Memmius.

D'autres écrivains se rappelant le célèbre passage où Sénèque, symétrisant des antithèses, selon sa coutume, dit : « Livia virum suum occidit quem nimis oderat, Lucilia quem nimis amaverat... », et le comparant, de mémoire, sans doute, à un autre de saint Jérôme où on lit :

« Illa sponte sua miscuit aconitum; Lucilia decepta furorem propinavit, pro amoris poculo, » ont supposé que la femme de Lucrèce, soit pour ramener à elle un époux infidèle, soit pour quelque autre cause, lui fit prendre un philtre, mais probablement à dose trop forte et trop élevée, de telle sorte qu'il perdit la raison. Remarquons, en passant, que la phrase de saint Jérôme, interprétée à la lettre, ne désigne pas un aphrodisiaque, mais bien un breuvage que Lucilia prit pour un aphrodisiaque, et qui, dans la réalité, était capable de déranger le cerveau. Quelques-uns ont été jusqu'à spécifier le genre de philtre donné au poète par la jalouse Lucilia. Mais, quoique la médecine légale n'ait point aujourd'hui à approfondir de cas semblables, on peut affirmer que le liquide en question (du flux menstruel) ne peut produire de dérangement notable, ni sur la santé, ni sur l'intelligence. Au reste, les partisans de la folie de Lucrèce s'accordent à faire vivre le poète long-temps après son premier acte de folie, et lui accordent des intervalles lucides, pendant lesquels, disent-ils, il composa son poëme. Il est présumable que ces savans n'étaient pas eux-mêmes dans un de ces intervalles de lucidité, lorsqu'ils ont imaginé une si bizarre hypothèse. Nous ne pourrions la pardonner qu'à quelque timide éditeur, craignant la Sorbonne ou le fagot, et bien plus occupé de vivre en paix avec l'inquisition, qu'avec le vrai et avec le bon sens. Nous, tous les premiers, si fantaisie nous eût pris il y a quelque cent ans, de publier à la barbe des familiers du saint office, édition, traduction, ou commentaire de Lucrèce, nous eussions dit : « Pardon, mes pères, pour l'impie. Il n'allait, il est vrai, à vêpres, ni à complies, ne disait son rosaire, et ne connaissait vendredi ni samedi, Vierge ni Dieu, âme ni purgatoire. Mais las! le pauvre homme, il était fou! Ses vers, de fait, ont quelque force de temps en temps, quelques étincelles de génie, mais feu de paille, feu follet, évanescent et de nulle durée, comme les choses de ce monde. Ne faut pourtant en vouloir au pauvret qui n'était pas en son bon sens, ni empêcher de le réimprimer. N'est pas dangereux, et chacun de prime-abord sentira la fausseté de ses belles paroles. » Tel est le langage que nous aurions tenu aux Cerbères démuselés : mais en France, en Angleterre, en Allemagne, dans les lieux où il est permis d'avoir du bon sens, il n'est pas, ce nous semble, nécessaire d'excuser l'athéisme et le matérialisme par la folie. Personne, nous voulons dire personne parmi les gens dont l'opinion peut avoir quelque poids, ne prétendra que Spinosa, Cabanis, ou Lalande étaient des fous. On peut fort bien adopter des idées fausses ou douteuses, et au fond conserver cette rectitude de jugement, cet aplomb de l'esprit, cette méthode, cette suite de raisonnemens et d'investigations qui sont aussi contraires à la folie que l'ordre au désordre, la lumière à l'ombre et la nuit au néant. Des idées brillantes, des descriptions magnifiques, des phrases sonores, des vers pompeux et académiques, en un mot, ces beautés et ces défauts qui caractérisent le poète vulgaire ne sont point incompatibles peut-être avec la monomanie ou la démence périodique; et il y a long-temps que, moitié en riant, moitié en parlant un langage plus sérieux, on a dit que la denrée la moins nécessaire au poète était la raison. Mais Lucrèce n'est pas un poète, ou, pour exprimer plus exactement notre pensée, Lucrèce est bien mieux qu'un poète. Il a du poète la forme, le langage, la cadence, l'harmonie, l'art de la difficulté vaincue; mais il a de plus que les poètes, la dialectique, la méthode, l'enchaînement rigoureux des axiomes, des théorèmes, des corollaires; il a des vues profondes autant que savantes; il a ce coup d'œil immense qui n'appartient qu'au génie jouissant de la plénitude de son bon sens.

On avait objecté l'exemple du Tasse, qui passa une partie de sa vie dans les maisons de fous. Mais sans examiner si les forêts enchantées, les métamorphoses et la magie blanche de la Jérusalem décèlent cette force et cette hauteur de raisonnement que l'on ne peut méconnaître dans l'auteur du poëme de la nature : « La folie du Tasse, dit M. Villemain (*Biographie univ.*, tome XXV, page 377), n'a point précédé son génie; la *Jérusalem* n'a pas été conçue dans l'hospice de Ferrare : si quelquefois dans ces vives intelligences, dans ces imaginations enthousiastes qui ont le plus honoré l'humanité, l'excès de la force a touché à la faiblesse; *si*, comme le disait Sénèque, *il n'y a point de grand esprit sans une nuance de folie;* si cette fatigue des organes qui ont trop souffert de l'ardente activité de l'âme, vient à obscurcir le rayon divin de la pensée, ce n'est point du milieu de ces nuages que sort la lumière; et l'éclipse de la raison peut devenir le terme, mais non l'intervalle du génie. Le poëme de Lucrèce dans la longue erreur de ses raisonnemens, offre d'ailleurs une méthode, une force d'analyse qui ne permet pas de supposer que l'auteur n'ait eu que des momens passagers de calme et de raison. Bien qu'on y voie briller des éclairs d'une verve admirable, ce qu'on y sent beaucoup et quelquefois jusqu'à la fatigue, c'est l'ordre philosophique, c'est l'effort du raisonnement porté sur des notions incohérentes et fausses, mais suivi avec beaucoup de précision et de vigueur; et c'était sans doute ce mérite qui attachait le philosophe Gassendi à la lecture du poëte épicurien. »

Mason (*Vie de Lucr.*) rejette nettement la tradition relative au philtre, ainsi qu'à la folie habituelle, et dit que « l'âme brûlante et sympathique de Lucrèce ne put soutenir un coup aussi inattendu que la disgrâce de son ami, et que les tendres attentions de sa femme essayèrent vainement de le distraire : il fut saisi par une fièvre violente dont l'influence se fit sentir à son cerveau, et il se tua dans un de ses paroxysmes[1] (Tom. I de la trad. angl. en vers, pag. xcvij).

Quant à nous, quoiqu'il soit impossible de rien prononcer sur ce point, voici ce que nous inclinons à croire (car à Dieu ne plaise que nous croyions à quelque chose).

1°. L'historiette du philtre est vraie. Rien de plus commun chez les anciens que cet emploi d'aphrodisiaques et d'ingrédiens, les uns insignifians, les autres immondes, pour exciter l'amour ou rouvrir les sources taries de la volupté languissante. («... *Majus infundam, tibi fastidienti poculum.... Amoris esset poculum...* Hor. Epod. : cf. Théoc., id. ii; Virg., églog. viii; Apulée, *Ane*, liv. ii, etc., etc.)

2°. Jamais Lucrèce ne fut atteint de folie; mais naturellement sombre et atrabilaire, comme notre Jean-Jacques, et exaspéré encore, tant par suite d'un tempérament faible et peut-être épuisé par l'étude, que par la vue

---

[1] The warm and sympathetic soul of Lucretius, however, was unable to sustain so unexpected a shock and the endearing attentions of his Lucilia were lavished upon him in vain. It threw him into a fever, affected his intellects, and in a paroxysm of delirium, he destroyed himself.

des intrigues et des crimes dont Rome était en même temps la victime et le théâtre, il arriva au dégoût de la vie, et se tua pour en finir.

Nous aurions été tenté de soupçonner dans ce suicide quelque cause politique mystérieuse, vu le rôle que jouaient les amis de Lucrèce parmi les *optimates*, si jamais Lucrèce s'était mêlé des affaires publiques. Mais sa vie, entièrement consacrée aux muses, repousse cette supposition : on ne peut croire que le fougueux Clodius ait jamais regardé comme un antagoniste dangereux le poète qui mettait Épicure en vers; et nous sommes convaincu que César, quoiqu'il lui manquât quarante millions de sesterces pour n'avoir rien, se serait endetté de nouveau pour pensionner richement des poètes qui conseillassent avec autant d'éloquence et d'harmonie, à Pompée, à Brutus, à Crassus, à Cicéron, à tous les soutiens et les représentans du système de Sylla, ce que Lucrèce conseillait à Memmius, la retraite.

SECONDE PARTIE.

CARACTÈRE ET MÉRITE DE LUCRÈCE.

Comme nous l'avons annoncé plus haut, nous envisagerons Lucrèce, 1° comme philosophe, c'est-à-dire comme physicien, historien, moraliste, etc.; 2° comme poète.

§. I.

LUCRÈCE PHILOSOPHE.

Lucrèce imbu des préceptes de la philosophie épicurienne, plein, et de l'éloquence animée de son maître, et des beaux poëmes didactiques de la Grèce, rejeté par les circonstances dans une terre, où, faute d'écoles philosophiques, il ne pouvait guère y avoir pour lui échanges et progrès d'idées, doué d'ailleurs d'un esprit éminemment poétique, quoique, sous plus d'un rapport, bien supérieur à la poésie, Lucrèce, éloigné par calcul ou par nécessité des affaires publiques, devait naturellement parer des couleurs de la poésie le système dont il admirait la profondeur et la lucidité ; mais il ne devait point y ajouter. Il n'annonce nulle part qu'il y ait ajouté. Enfin les débris des livres épicuriens, ainsi que les traditions que nous ont transmises les anciens sur leur doctrine, démontrent qu'il n'y a rien ajouté.

Il est bien entendu que nous ne parlons ici, ni de circonstances purement poétiques, telles que celles de plusieurs descriptions, ni du magnifique tableau des développemens de la civilisation humaine, tableau esquissé peut-être par Épicure ou quelque sage de son école, mais paré ensuite des couleurs les plus riches et des formes les plus variées par les créations puissantes d'un génie du premier ordre.

Disons à présent quelques mots de cette philosophie en elle-même.

La physique d'Épicure est connue vulgairement sous le nom de philosophie corpusculaire. Nous la nommerions théorie atomistique, si cette dénomination aujourd'hui n'était consacrée pour désigner des travaux, des théories, des résultats dont l'honneur appartient aux modernes.

Épicure cependant n'est pas le premier auteur de la théorie en question. Il l'a développée, régularisée, appuyée sur des preuves et des expériences inconnues avant son siècle. Mais Leucippe et Démocrite en avaient depuis long-temps posé les bases.

Leucippe, un des génies les plus hardis et les plus profonds qui aient parcouru la carrière philosophique, fut amené, par ses méditations sur la possibilité de l'origine et des mutations du monde physique, 1° à nier la providence, créatrice et conservatrice du monde (c'était, selon une terminologie plus simple, déclarer que le monde est, mais non en vertu d'une cause, d'une force étrangère au monde), 2° à proclamer le hasard unique régisseur du monde (c'était dire que les lois apparentes et actuelles de la nature n'ont pas toujours été et ne doivent pas durer toujours; que celles qui les ont précédées, que celles qui les suivent ne nous sont pas connues; que nous ne pouvons connaître le lien qui les unit, soit entre elles, soit avec les lois actuelles, pas plus que la raison de leur succession); 3° à donner, comme principes du monde actuel ainsi que de toutes les formes qui l'ont précédé et qui le suivront, les atômes. C'était concevoir pour la cosmogonie une série complète de causes avec bien plus de clarté que tous ses prédécesseurs. Peu de modernes même sont parvenus à une explication satisfaisante. Dans l'état où se trouvait la science, la solution de Leucippe était la plus raisonnable que pût imaginer un homme doué au plus haut degré de l'esprit philosophique. Effectivement, il s'agissait de déterminer le principe primordial de l'univers. Ce principe primordial devait contenir tout ce qui appartient à la possibilité de cette immense et incalculable diversité qu'on observe dans les qualités, les compositions et les forces de la matière, et c'est en ceci justement que consistait la difficulté. Certes les atômes au milieu d'un vide infini, les atômes doués de formes diverses, et naturellement partagés en plusieurs catégories de cristaux primitifs, invariables, mais pouvant, par leurs juxta-positions, donner lieu à des variétés nombreuses, les atômes s'agitant d'un mouvement éternel, non point selon la perpendiculaire, mais selon des lignes plus ou moins obliques, étaient bien plus propres à expliquer la formation du monde, que tous les élémens adoptés par les anciens physiciens. Les atômes étaient éternels, car rien ne vient de rien. Toutes les variations de la forme, soit changemens légers, soit grandes révolutions, résultaient de la réunion et de la séparation accidentelle des atômes, phénomènes qui, eux-mêmes, résultaient nécessairement du mouvement des atômes, mouvement éternel, et qui échappe à toute loi. Quant à la véritable nature de l'atôme, à la distinction de la molécule intégrante et de la molécule constituante, enfin à la différence des combinaisons ou dissolutions d'une part, des juxtapositions ou séparations de l'autre part, en d'autres termes, des phénomènes chimiques et des phénomènes mécaniques, ces idées ne pouvaient encore être connues, faute d'expériences et de méditations suivies.

Démocrite, disciple de Leucippe, adopta ces principes, mais il s'attacha à les consolider par de nouvelles preuves. Il s'occupa surtout de la simplicité des atômes. Nous rapporterons son argument, qui est curieux, et qui, avec quelques modifications, n'aurait rien de faux. La divisibilité des corps, dit-il, ne peut pas aller au delà du terme où les parties cessent d'être sensibles. Ceci posé, il reste ou une étendue, ou un corps sans étendue, ou, enfin, il ne reste rien. Dans le premier cas, l'étendue serait encore divisible. Dans le second, comment un corps ou quelque chose d'étendu résulterait-il de points sans étendue ? Enfin, s'il ne reste rien, il faut donc admettre que le monde ait été formé de rien. Donc nécessairement les élémens de la nature sont des corps simples. Or, les premiers élémens de physique nous apprennent que l'homme, et à plus forte raison la nature, peut pousser la division de la matière beaucoup au delà du terme où les portions divisées sont sensibles pour nous. D'autre part, si la cosmogonie atomistique était de nos jours soutenue et remise en valeur par quelque nouveau Gassendi, à coup sûr les atômes dont on composerait immédiatement le monde ne seraient pas des molécules intégrantes ou simples, mais bien des molécules constituantes, composées par la combinaison des intégrantes, à une époque bien antérieure à celle où les diverses juxta-positions des constituantes donneraient naissance au monde.

On va voir maintenant comment Epicure étaya ces idées et les poursuivit sous toutes leurs faces et dans toutes leurs conséquences.

D'abord, le vide attira son attention, et il

en mit l'existence hors de doute par plusieurs argumens dont le plus fameux est celui de l'impossibilité du mouvement sans un espace vide. Mais, dit-on, le mouvement existe-t-il? Aux yeux d'Épicure qui n'admet de certitude que dans la phénoménalité externe que peut vérifier le toucher, le mouvement était un fait d'observation immédiate, et par conséquent au dessus de la sphère des objections.

En second lieu, l'espace, le vide est infini. Qu'on essaie en effet de lui assigner des limites, une flèche décochée vers ce terme ou continuera sa course au-delà de la borne fatale (ce qui prouve l'étendue illimitée de l'espace), ou s'arrêtera, repoussée par la rencontre d'un corps solide, qui, à son tour, occupera nécessairement un espace.

> Qu'il s'arrête en sa course ou glisse dans les airs,
> Le trait n'a point touché le bout de l'univers;
> Mais laissons-le voler dans ces plaines profondes,
> Où des mondes sans fin s'entassent sur les mondes;
> Un obstacle est offert, l'obstacle est écarté,
> Et l'espace recule avec l'éternité.

Troisièmement, rien ne vient de rien. Cet aphorisme fondamental, sans lequel il n'est ni bonne physique, ni chimie raisonnable, ni histoire naturelle, ni météorologie, ni cosmogonie, n'est pas même un axiôme, une vérité *à priori*, un point de foi pour Épicure. Il le déduisait formellement de l'observation, l'appuyait de mille exemples pris parmi les objets les plus familiers à l'homme, les plus semblables à une vraie création, et se complaisait à faire partout saisir dans la variabilité de la forme la persistance des principes tantôt unis, combinés, multipliés, tantôt séparés, soustraits, divisés.

Quatrièmement, les atômes sont donc éternels.

Cinquièmement. Mais le monde ne l'est pas. Le monde, c'est-à-dire l'ordre actuel des choses n'est qu'une des formes de l'universalité atomistique. Cette forme est bonne, convenable, harmonieuse, plaît généralement à quelques-uns des êtres organisés qu'elle contient. Mais des millions de formes insignifiantes, incohérentes, improductives l'ont précédée; des milliards la suivront. Aux atômes l'éternité, à leurs composés la temporanéité. Motilité, variabilité, destructibilité, trois faits qui se suivent, et dont l'un suppose de toute nécessité les deux autres. Et quand le raisonnement et *l'à priori* ne nous prouveraient pas irréfragablement cette destructibilité de notre monde, elle résulterait de tout ce que nous voyons. Ce qui a commencé finira : or notre monde a commencé : il est jeune, témoin les arts dans l'enfance, la science dénuée de faits, l'histoire datant à peine de quelques siècles. Il est des espèces détruites, des races d'êtres organisés ont été et ne sont plus : qui peut douter qu'un jour il n'en arrive autant de la race humaine, puis du globe, puis du monde ?

Sixièmement : il n'y a pas de Dieu, d'intelligence morale suprême, de créateur du monde. Car :

1°. A quoi bon ? le monde va sans lui, les atômes éternels roulent éternellement, et, quelque chose qu'il arrive, donnent lieu à une forme belle ou laide, mauvaise ou bonne, éphémère ou durable, n'importe. Tout était, tout est et tout sera. Les parties sont éternelles, l'ensemble variable et périssable : voilà ce que la raison nous révèle. Or, l'éternité étant de l'essence des parties, il n'y a pas besoin de quelqu'un qui les crée ; la variabilité, la destructibilité étant de l'essence de l'ensemble (que l'on nomme monde), il n'y a pas besoin de quelqu'un qui maintienne et conserve.

2º. On parle d'ordre, de causes finales. Chimère. L'ordre est une conception de notre esprit, et d'ailleurs n'est pas éternel (voyez plus haut); il n'est donc qu'éventualité, il n'est qu'une des mille formes du hasard. Quant aux causes finales, il n'y en a pas. Il y a des faits, il y a des effets, il y a des causes; mais il n'y a point de but, de fin, d'intention. La jambe est et marche, mais elle n'a pas été faite intentionnellement pour marcher; l'oreille est et entend; elle n'a pas été intentionnellement créée pour entendre. Si la jambe ne marchait pas, si l'oreille n'entendait pas, elles feraient autre chose, elles joueraient un autre rôle, elles donneraient lieu à un autre effet; et nous, nous nous imaginerions que cet effet est la fin de la cause, nous jugerions tout aussi gratuitement que nous avons cru naguère que la marche était la fin de la jambe, et l'audition la fin de l'oreille. Deux faits s'impliquent virtuellement ou se suivent chronologiquement: l'esprit qui prend connaissance de tous deux les lie par l'idée de cause et d'effet: pure conception intellectuelle, où il n'entre rien de final, rien d'intentionnel.

3º. Si Dieu existait, il serait par lui-même

l'être le plus parfait et le plus heureux ; et, de plus, il le serait perpétuellement, également. Or, comment admettre dans cette hypothèse la création et la destructibilité du monde. Ou Dieu était soit moins parfait, soit moins heureux avant cette création (sans cela, qui peut l'y déterminer, et pourquoi ne s'est-il pas de toute éternité livré à ce travail?); ou il était et plus parfait et plus heureux (alors d'où vient qu'il renonce à une partie de sa béatitude pour créer?

Septièmement enfin, l'âme est matérielle, et réside en partie dans le sang, en partie dans la respiration. Son principe essentiel ne périt pas plus que le corps et va après la mort se joindre à d'autres particules semblables dans les hautes régions du monde.

Telles sont les idées fondamentales de tout le système. Suivons maintenant la marche du poète physicien.

Après des espèces de prolégomènes poétiques, qui se composent 1° d'une invocation à la force génératrice et modificatrice du monde, sous le nom de Vénus; 2° de la dédicace du poëme à Memmius, et de la réfutation du reproche d'impiété, de scélératesse souvent opposé aux doctrines épicuriennes, réfutation qui consiste surtout dans une récrimination contre les forfaits que la religion a commandés, par exemple le sacrifice d'Iphigénie; 3° de l'éloge d'Ennius et de la double difficulté de soumettre à l'idiôme et au rhythme latin des idées jusqu'alors du domaine de la langue grecque et de la prose, Lucrèce entame son sujet, et pose l'axiôme fondamental : Rien ne vient de rien; aucune chose n'arrive à l'anéantissement.

Si chaque être, éludant la suprême puissance,
Sans ordre du néant recevait la naissance,
Nous verrions les troupeaux voltiger dans les airs,
Les hommes habiter le vaste sein des mers,
Les humides poissons ramper sur la poussière,
Les fruits délicieux couronner la bruyère,
Chaque espèce égarée [1]
. . . .

---

[1] Nam si de nihilo fierent, ex omnibu' rebus
Omne genus nasci posset; nil semine egeret.
E mare primum homines, e terra posset oriri
Squammigerum genus, et volucres; erumpere cœlo
Armenta, atque aliæ pecudes, genus omne ferarum
Incerto partu culta, ac deserta teneret :
Nec fructus iidem arboribus constare solerent,
Sed mutarentur : ferre omnes omnia possent.
Liv. 1, v. 160, 8.

Si l'être du néant pouvait soudain éclore,
. . . .
L'homme, libre et pressé d'accomplir ses destins,
. . . .
Userait-il ses jours dans une longue enfance?
Le gland à peine éclos serait un chêne immense [1].
. . . .
Sans les torrens féconds versés du haut des cieux,
Terre, qui nourrirait tes fruits délicieux [2]?
Les élémens sans cesse, assortis, combinés,
Enfantent. De leur choc tous les êtres sont nés.
Ainsi dans nos écrits, les mêmes caractères
Tracent des mots joyeux ou des discours austères [3].
. . . .
. . . . . Des élémens l'immuable puissance
A tout objet prescrit sa forme, son essence.
La nature l'appelle, et le germe répond,

---

[1] Nec porro augendis rebus spatio foret usus
Seminis ad coitum, e nihilo si crescere possent:
Nam fierent juvenes subito ex infantibu' parvis,
E terraque exorta repente arbusta salirent.
      Liv. 1, v. 185.

[2] Huc accedit uti, sine certis imbribus anni,
Lætificos nequeat fœtus summittere tellus.
      Liv. 1, v. 193, 4.

[3] Ut potius multis communia corpora rebus
Multa putas esse, ut verbis elementa videmus,
Quam sine principiis ullam rem exsistere posse.
      Liv. 1, v. 197, 9.

Et rien ne doit la vie au néant infécond [1].
. . . .
Au gouffre du néant rien ne doit s'engloutir.
La nature dissout les corps qu'elle a fait naître,
Et prépare un asile aux débris de son être.
Les premiers élémens, seuls créateurs des corps,
Demeurent immortels, mais cessent leurs accords,
Quand de chocs étrangers la force continue
Les divise et leur ouvre une route inconnue [2].

Lucrèce se demande ensuite quels sont ces principes dont dérivent les corps, et entame la théorie corpusculaire. L'espace est plein de molécules indivisibles, imperceptibles, intangibles, que cependant l'intelligence humaine peut concevoir à merveille, et qui, invisibles dans leur état d'isolement, deviennent visibles lorsqu'elles se réunissent en nombre suffisant. De là, les êtres qui semblent sortir du néant, et qui au fond, ne sont que des aggrégations vi-

---

[1] Si non materies quia rebus reddita certa est
Gignundis, e qua constat quid possit oriri?
Nil igitur fieri de nilo posse fatendum est,
Semine quando opus est rebus, quo quæque creatæ
Aeris in teneras possint proferrier auras.

[2] ... Nunc, æterno quia constant semine quæque,
Donec vis obiit quæ res diverberet ictu,
Aut intus penetret per inania dissolvatque,
Nullius exitium patitur Natura videri.

sibles de parcelles invisibles ; mais ces aggrégations ont-elles lieu, et comment se forment-elles? Elles ont lieu si les atômes peuvent se mouvoir. Or, non-seulement ils le peuvent, mais encore ils le doivent : ce n'est pas la motilité seule, c'est le mouvement qui est leur attribut essentiel. Ils sont de toute éternité ; de toute éternité aussi, ils vont et viennent dans l'espace, donnant lieu par leurs occurrences à des milliers d'agglomérations, de combinaisons, de formes, de corps, de mondes que viennent ensuite modifier ou briser des chocs nouveaux ou inattendus. Une fois ces principes mis en avant, il les soutient contre les antagonistes d'Epicure, et réfute tour-à-tour les idées d'Héraclite, d'Empédocle, d'Anaxagore et de diverses autres écoles philosophiques sur la cosmogonie, et prouve que l'origine du monde ne peut dériver ni de l'air seul, ni du feu seul, ni de l'eau seule, ni même du concours des quatre élémens. De là il passe à l'infinitude des atômes, de l'espace, du monde, et termine en se moquant de ceux qui admettent un centre dans l'univers, et qui prétendent que les corps pesans tendent vers les régions inférieures du monde, et les corps légers vers les régions supérieures.

Ici se termine le premier livre. Une exhortation à la retraite et un magnifique éloge de la vie champêtre ouvrent le second chant; après quoi le poète revenant aux atomes, approfondit leurs caractères, leur essence, leur mouvement, leur essor, leur concours, leur pouvoir. Le mouvement a lieu sans cesse de haut en bas, mais selon une ligne plus ou moins oblique. Le plus ou moins de force avec laquelle la cohérence s'établit entre les atomes qui s'accrochent, détermine le plus ou moins de dureté des corps. La configuration de ces molécules errantes est une troisième source de composition et de diversité : tous les atomes en effet n'ont point la même figure, et de ces différences résultent des espèces tout-à-fait étrangères les unes aux autres.

Un autre fait capital, c'est que ce n'est point de molécules similaires que se forme un corps (on sait que cette proposition est fausse, si, comme on doit l'entendre d'après l'ensemble, Lucrèce regarde ici les atomes comme molécules constituantes). Du reste, les formes de ces atomes, quoiqu'elles ne donnent naissance qu'à un nombre fini de formes et de combinaisons visibles, sont infinies comme leur nombre. Enfin, ajoute Lucrèce, les atomes ne possèdent aucune des qualités sensibles que nous reconnaissons néanmoins dans leurs composés; incolores, inodores, insipides, aussi étrangers au froid qu'à la chaleur, ils donnent lieu cependant, par le fait seul de leur aggrégation, à toutes ces qualités; ils ne sont pas doués non plus de sentiment, quoique le sentiment se développe souvent dans les êtres organisés qui leur doivent leur origine. Revenant ensuite à ce qu'il avait dit précédemment sur l'infinitude, il pose en fait que les atomes étant innombrables, et roulant sans fin dans un vide sans limite, y produisent sans fin des mondes innombrables. Pluralité et destructibilité des mondes : formés d'atomes et sujets à des modifications perpétuelles selon que les parcelles élémentaires s'adjoignent à eux ou s'éloignent d'eux, ils naissent, croissent, dépérissent et meurent comme l'homme, comme tout ce qui entoure l'homme.

Le livre troisième roule tout entier sur la nature, les fonctions et la durée de l'âme. Ce mot, dans le latin de Lucrèce, est rendu tour-à-tour par les mots d'*anima* et d'*animus* : mais les deux expressions ne sont pas synonymes. L'*animus* est l'âme sensitive, l'*anima* est le principe locomoteur. Le premier réside dans le cœur, siège de la joie, de la douleur, de la crainte et de toutes les passions; la seconde au contraire est éparse dans toute l'étendue du corps. Au reste, tous deux se réunissent et forment par leur réunion un tout qui est le principe vital. Il ne faut pas croire avec quelques philosophes que l'âme ne soit autre chose que la réunion, le *concentus*, l'harmonie de toutes les parties de l'organisation; l'âme est une partie de notre corps tout comme le pied, la main, la tête; elle est essentielle à la vie, comme le corps, et l'homme ne peut pas plus exister sans l'un que sans l'autre : l'un et l'autre cependant durent isolément et après cette séparation que l'on nomme la mort; mais l'homme n'est plus. Ainsi que le corps, l'âme se compose de molécules atomiques, mais de molécules plus ténues, plus minces et de forme ronde. Séparée du corps, elle retourne parmi les atomes de même genre : réfutation de Démocrite, qui attache une âme à chaque partie du corps, réfutation du dogme indico-italique de la métempsycose. Lucrèce essaie ensuite de démontrer la mortalité de l'âme par des argumens. Corollaires : l'homme a tort de craindre la mort;

l'enfer n'est qu'une fable, et n'a de réalité que dans le cœur du méchant que dévore le remords. Ces corollaires magnifiquement et longuement développés terminent le troisième livre.

De la théorie générale des atomes, de la formation du monde et de la nature de l'âme, qui ont occupé les trois premiers chants, le poète passe aux sens, et examine de quelle manière l'homme perçoit les sensations. Nous sommes affectés par des simulacres et des images très-déliées, qui, échappées de la surface des corps, voltigent au hasard dans l'espace. Ces simulacres sont de deux espèces : les uns se forment d'eux-mêmes dans l'air comme les images que nous apercevons souvent dans les nues et qui semblent représenter des géans, des arbres, des tours, des animaux; les autres se détachent de la superficie des corps. Ces généralités sur les sensations et leur origine sont suivies d'une discussion sur la puissance des sens et sur l'autorité qui leur est due : cette autorité est irréfragable; seul, leur témoignage constitue pour nous la certitude, ou est la base de la certitude. Lucrèce passe ensuite en revue tout ce qui est relatif à chaque sens en particulier. La vue et plusieurs problèmes d'optique, la voix, le son, l'écho, le goût et les saveurs, l'odorat et les parfums sont successivement examinés. Enfin le poète arrive à la pensée, dont il développe le mécanisme à sa manière et en niant l'existence des causes intentionnelles : là se trouvent naturellement la théorie des songes et l'explication du fait de l'amour ; ce sujet l'amène à de longues discussions sur la génération animale, la fécondité, la stérilité, et enfin la volupté qu'il recommande de fuir ainsi que l'amour.

Dans le livre cinquième, après avoir opposé des argumens à ceux qui font de Dieu l'ordonnateur et le conservateur de l'univers, et assigné diverses causes 1° au mouvement des astres dont la grandeur ne diffère point de celles que nous révèle l'apparence, 2° à l'immobilité de la terre, suspendue dans l'espace quoiqu'elle n'ait pas d'appui, 3° aux saisons, aux solstices, aux inégalités des jours et des nuits ; il nous déroule le tableau de la civilisation humaine : nos yeux voient successivement les mœurs, les plaisirs, les craintes de l'humanité naissante, occupée de disputer le sol pied à pied aux bêtes farouches et aux végétaux inutiles; l'origine des langages, l'établissement des sociétés, la propriété, la famille, le mariage, la royauté, les révoltes, les institutions, les lois, la religion, les métaux, et à leur suite la guerre d'une part, de l'autre l'agriculture, l'industrie, les arts, la navigation : immense et brillante carrière que parcourt l'humanité, dont le privilège est de pouvoir sans cesse ajouter à ses travaux, à ses connaissances et à ses progrès.

Le sixième livre est consacré à la description de divers phénomènes météorologiques et terrestres : le tonnerre, les éclairs, les nuages, les trombes, les ouragans, la pluie, l'arc-en-ciel, nous mènent aux tremblemens de terre, aux éruptions volcaniques, aux débordemens du Nil, aux exhalaisons minérales qui frappent de mort les quadrupèdes et les oiseaux, à l'aimant et enfin aux maladies contagieuses. Une description de la peste d'Athènes termine le chant et tout le poëme.

Les notes qui suivront le second volume de la traduction indiqueront sommairement en quoi les idées de Lucrèce se trouvent d'accord avec les expériences des modernes, en quoi elles s'en écartent. Ainsi nous aurons souvent à rendre justice à la délicatesse et à la vérité des observations relatives aux effets d'optique, aux illusions des sens, aux moyens de correction que fournit alors un autre sens, à l'exactitude avec laquelle sont décrits soit les symptômes de la peste, soit les circonstances qui entourent ou accompagnent les éruptions volcaniques, les tremblemens de terre, au pressentiment aujourd'hui vérifié de l'extinction de grand nombre d'espèces animales, à la proclamation de la pluralité des mondes, à la richesse, à la fécondité avec laquelle il accumule les exemples et pose les bases de ses inductions. En revanche souvent il y aura à noter des erreurs, des observations superficielles ou grossières, des suppositions gratuites, des argumentations très-absurdement logiques; rien de tout ceci n'appartient exclusivement comme idée à Lucrèce; nous ne croyons pas même qu'il faille lui faire honneur de l'ordre et du plan que nous croyons remarquer dans le poëme : cet ordre tout naturel était probablement celui que suivait Zénon dans son enseignement, et il est présumable que le disciple n'a guère fait que rédiger en beaux vers la prose du maître, en y intercalant quelques épisodes et en se laissant aller au plaisir de rendre de temps en temps des hommages à Épicure et de faire des digressions morales.

Réfuterons-nous sérieusement le reproche

d'immoralité adressé à Lucrèce à propos des développemens dans lesquels il entre touchant la génération? Autant dire que les ouvrages de médecine, d'anatomie et d'histoire naturelle où se trouvent de semblables détails sont des livres immoraux. Dans nos idiomes modernes, il est vrai, les élémens du langage scientifique diffèrent bien plus sensiblement que dans les langues anciennes du langage de la débauche; mais ce n'est pas aux langues même que tient cette différence, c'est aux mœurs et aux idées. Le libertinage de la civilisation moderne est généralement frivole, léger et moqueur; celui des peuples anciens fut chose sérieuse; celui des sauvages l'est encore : de là résulte que, chez ces peuples, les vocabulaires du médecin et du débauché, de la morale sévère et de la galanterie, se ressemblent essentiellement. Ainsi le Qorân, les Védas, la Bible, contiennent mille expressions et mille tableaux qui, si on les examine sous le point de vue ordinaire, ne peuvent sembler que fort indécens, tandis qu'au fond il est certain que jamais les auteurs n'ont pensé en quoique ce fût à flatter les passions et à allumer les désirs.

Pour en revenir à Lucrèce, la critique sur

son compte est d'autant moins motivée, que partout et surtout dans le morceau attaqué, il recommande la modération dans les plaisirs, et donne, à côté de théories physiques très-peu admissibles, des préceptes moraux dont l'excellence et la vérité sont incontestables.

D'autres, abandonnant le morceau sur la génération, ont conclu cependant l'immoralité de Lucrèce, tant des contes forgés sur sa femme et sur lui, que de l'athéisme et du matérialisme dont il fait parade d'un bout à l'autre du poëme.

Distinguons ici, car c'est une précaution nécessaire quand les adversaires se plaisent à tout embrouiller.

Autre chose est la moralité de l'ouvrage, autre chose est celle de l'écrivain. Dans le premier cas il s'agit de savoir si le livre peut être mis entre les mains de la jeunesse, s'il prêche le vice, s'il colore en beau ce que la débauche a de repoussant, en un mot s'il est fait pour corrompre; dans le second la question se réduit à ceci : l'auteur est-il un modèle à suivre? A vrai dire, quand on lit un ouvrage, il est inutile de connaître la vie de l'auteur : si l'ouvrage est bon, qu'on en profite; s'il est mauvais, qu'on le repousse : la vertu de l'écrivain ne peut rendre chaste un ouvrage qui ne l'est pas ; ses vices ne rendent pas dangereux le volume ou la page consacrée à l'éloge de la vertu. Ainsi Salluste, ce concussionnaire, ce spoliateur de la Numidie, ce complice de l'épouse adultère de Milon, ce vénal partisan de César, n'est pas, quoi que l'on en dise, un panégyriste de l'ambition, de la concussion, de l'impure débauche, de l'infâme vénalité. Ainsi Sénèque, qui prêchait la pauvreté en prêtant des millions à la Gaule, la frugalité entre l'acipenser et le Falerne, la franchise en louant la clémence et les vers de Néron ; Sénèque, dis-je, n'en est pas plus dangereux pour cela ; et certes ce n'est pas pour avoir lu ses épîtres et ses traités de morale qu'on sera insatiable de biens, qu'on s'abandonnera aux plaisirs de la table, qu'on prodiguera aux grands la flatterie : le seul fait qui puisse résulter de cette différence entre la vie de l'homme et la teneur de ses écrits, c'est que son langage ne respire pas la conviction. Il n'y a pas besoin de connaître les aventures de Sénèque et de Salluste pour soupçonner que leurs beaux préceptes n'étaient pour eux que des préceptes. Allons plus loin, je ne crois pas même qu'ils aient eu l'intention de tromper sur leur compte : c'est bien gratuitement, j'en suis convaincu, que l'on appelle Salluste un hypocrite : il nous parle de concussions en concussionnaire destitué, en homme qui les connaît autrement que par ouï-dire, et qui, forcé de ne plus les exercer, se console en y pensant : lors même donc que la morale aurait eu à frémir de la conduite de Lucrèce, elle n'aurait point à gémir de son ouvrage qui semble écrit sous la dictée de la vertu même.

D'autre part, rien n'est moins probable que cette immoralité du poète : si quelques modernes ont fait de Lucilia sa maîtresse, tous les anciens s'accordent à la nommer sa femme. Si l'on a supposé que, jalouse des hommages portés par Lucrèce à d'autres qu'à elle, elle se décida à lui donner le philtre, pas un mot de ces motifs ne se trouve dans les sources anciennes ; et on peut plus naturellement conjecturer qu'elle ne voulait que ranimer une constitution faible et épuisée par les travaux, ou ramener aux choses de ce monde une intelligence trop exclusivement vouée à des contemplations métaphysiques et à des méditations littéraires.

Enfin qu'est-ce que le matérialisme et l'athéisme ont à démêler avec la moralité de Lucrèce? On dit assez généralement qu'une société d'athées ne saurait subsister, vu qu'elle ne saurait avoir de morale : soit. Bayle ne l'avoue pas ; mais supposons que Bayle se trompe : en résulte-t-il que ce qui ne peut être d'une société, ne peut être d'un seul homme? Que des milliers d'hommes ne puissent être tous vertueux, si tout frein leur est enlevé, on peut tant bien que mal le concevoir ; mais que nul ne soit vertueux s'il n'est en présence d'une force qui l'y contraigne, ce n'est pas seulement, comme on le dit, blasphémer la nature humaine (nous ne comprenons pas ce que veut dire le mot de blasphême), c'est énoncer un fait démenti *à priori* par la raison, *à posteriori* par l'expérience et par l'histoire.

Des admirateurs de Lucrèce ont douté de son athéisme, de son matérialisme ; selon eux, Lucrèce n'a eu en vue dans ses attaques prétendues irréligieuses que l'idolatrie et le paganisme ; il a cru et voulu faire croire à l'unité de Dieu, à l'immortalité du principe vital. L'adresse avec laquelle ce paradoxe a été présenté, et le nombre des apologistes qu'il a trouvé, prouve qu'il n'est pas d'opinion qui, au besoin, ne puisse être soutenue.

Mais si Lucrèce ne croit pas aux dieux, pourquoi invoque-t-il Vénus au commencement de son poëme? Rien de plus simple : l'usage était de commencer un poëme par une invocation.

Ἐκ Διὸς ἀρχώμεσθα,

s'écrie Aratus en commençant ses Phénomènes;

Ab Jove principium,

dit Cicéron son traducteur;

Μῆνιν ἄειδε, Θεά,

avait écrit Homère (si Homère écrivait) : « Eh! bien, dit Lucrèce, et moi aussi je ferai une invocation; mais mon invocation aura du bon sens, mon invocation sera relative à mon poëme, mon invocation annoncera toutes mes croyances, disons mieux, toute mon incrédulité. C'est la force vitale, la force productrice, proto-motrice, modificatrice, que je proclamerai déité suprême : que je la revête d'un nom, il n'importe; physicien, je ne chante comme présidant à le génération, à l'apparition, à la disparition des êtres, qu'une propriété, une faculté, une loi, une conception; poète, je la personnifie, je la corporalise, je la revêts de couleurs et de formes, je la dote de sentimens et d'affections, je lui prête un instant des aventures. Que le vulgaire pense s'il le veut à sa Vénus; pour les sages, mon allégorie est diaphane : oui, Vénus, oui, force vitale et génératrice du monde,

Tu créas les Romains : c'est ton plus bel ouvrage.

(*Æneadum genetrix*) Mais tu as fait plus que créer, tu rends heureux (*voluptas*), tu alimentes et tu conserves (*alma*); et plus que créer les Romains : le ciel avec ses astres à la marche éternelle, la mer avec ses ondes couvertes de mâts, la terre avec ses moissons, les populations animales, tous te doivent l'être : soleil, air calme, ciel d'azur, fleurs, brise féconde, fécondation, voilà tes œuvres : au sein des airs, au fond des eaux, sur la terre, tu stimules les individus et perpétues les espèces : les désirs, les courses fougueuses, les ébats de tous les êtres que tu as doués de la vie, sont les actes d'obéissance du monde à Vénus. Mais une force destructrice balance ton autorité souveraine; à mesure que tu composes et que tu crées, Mars brise et dissout. Heureusement il ne peut rien que par toi; la destruction suppose la création; c'est après l'action bienfaitrice qu'a lieu l'acte qui décompose. Suspends un instant ces décompositions, ces destructions en grand; que la guerre s'apaise; que Memmius m'écoute et vaque en paix à la philosophie. »

C'est ainsi, à notre avis, que la raison traduirait la poésie de Lucrèce : si cette traduction est fidèle, le reproche d'inconséquence qu'on adresse au poète, s'évanouit de lui-même.

§. II.

LUCRÈCE, POÈTE ET ÉCRIVAIN.

Comme poète, le talent de Lucrèce ne fut pas contesté chez les anciens et l'est peu aujourd'hui; mais sa réputation n'a pas toujours été la même, et a souffert selon les siècles et selon les pays, des éclipses plus ou moins fortes. Peut-être un tableau rapide de ces phases du renom d'un grand écrivain est-il de nature à intéresser et même à être utile. Nous apprécierons ensuite par nous-mêmes le talent et les caractères du poète.

I.

Historique des opinions sur le talent de Lucrèce comme poète et écrivain.

Ces opinions se rapportent à trois époques différentes : 1° celles des anciens ; 2° celles du siècle de Louis XIV et de Louis XV ; 3° l'opinion contemporaine que nous faisons partir à peu près de 1789.

PREMIÈRE ÉPOQUE.

Opinions des anciens.

Chose rare dans l'histoire de la littérature, tous les témoignages des auteurs pendant quatre siècles sont unanimes sur le mérite littéraire de notre poète. Poètes, prosateurs, médecins, rhéteurs et hommes d'état, tous l'approuvent, et quoique quelques-uns peut-être ne parlent que par tradition et répètent ce qu'avaient dit les autres, cette observation qui pourrait s'appliquer à tout cas analogue sans exception, ne détruit pas ce que cette unanimité a de frappant.

Passons en revue quelques-uns de ces témoignages :

Selon Cicéron, Lucrèce réunit les beautés de l'art aux éclairs d'un génie vigoureux ; tel est du moins le sens dans lequel nous entendons le passage des lettres à Quintus (liv. II, lett. 11) dont voici le texte : « *Lucretii poemata, ut scribis, ita sunt multis luminibus ingenii, multæ tamen artis.* » Il est clair, selon nous, que Quintus avait, dans une lettre à son frère, loué les grandes beautés de détail, les éclairs de génie, les morceaux brillans ; Cicéron, en adoptant cet éloge, enchérit encore sur son frère, et reconnaît dans Lucrèce autant de méthode, de travail poétique, en un mot, d'art que de génie ; et la nature de cet éloge si vrai au fond, ne doit point nous surprendre de la part de Cicéron pour qui l'art, le plan, la conduite d'un ouvrage était la première et la plus difficile des qualités. *Ita* est un corrélatif de *ut*. D'où l'on peut conclure combien l'on est éloigné du sens naturel en lisant *lita*. Puis, que signifie *lita luminibus*? quelle étrange association d'idées! Quant à ceux qui ont voulu écrire *non ita*, nous attendrons pour discuter la variante, qu'ils nous la montrent dans un manuscrit.

Wakefield prétend que lorsque Cicéron, entendant lire par Virgile l'églogue de Silène, s'écria : « *magnæ spes altera Romæ* », la première espérance de Rome, selon cet orateur, était Lucrèce, et non lui, Cicéron. Le mot en effet serait un peu plus modeste dans cette hypothèse; et si jamais la modestie eût été le défaut de Cicéron, nous embrasserions cet avis.

Virgile ne nomme Lucrèce nulle part, mais on ne peut douter qu'il n'ait eu pour ce poète didactique du premier ordre la plus haute estime. Un passage de l'églogue dont nous venons de parler a été évidemment composé sous l'influence du génie et de la lecture de Lucrèce :

Il décrivait d'abord la naissance du monde.
Rien n'existait encore; une masse inféconde
Formait un vaste amas d'atomes confondus
Dans les déserts du vide au hasard répandus;
Ce néant eut sa fin; l'univers reçut l'être,
Des atomes unis le concours fit tout naître;
Il fit les élémens, qui, par d'heureux accords,
Formèrent, à leur tour, tous les lieux, tous les corps :
Les plaines de Cybèle et les champs de Nérée
Occupèrent leur rang sous la sphère éthérée,

Et sur ces sombres lieux, muettes régions,
Où le trépas conduit ses pâles légions.
 Quel spectacle pompeux! Du monde jeune encore
Quel fut l'étonnement, quand la naissante Aurore
Pour la première fois ouvrant un ciel vermeil,
Fit luire, aux yeux charmés, l'empire du soleil!
Bientôt ce dieu fécond, âme de la Nature,
Du monde, obscur sans lui, fit briller la structure,
Et donna, de son char élevé sur les airs,
Du jour et des couleurs à tant d'êtres divers.
La terre, à son aspect riche et fertilisée,
Des plus précieux dons se vit favorisée;
Elle enfanta les fleurs, les premières moissons,
La vigne, les vergers, les bois et les buissons :
Un peuple d'animaux erra dans nos montagnes;
Les troupeaux, moins craintifs, peuplèrent nos campagnes,
L'air eut ses citoyens, l'onde ses habitans;
Ainsi, poursuit Silène, on vit naître les temps [1].

Qui peut méconnaître les caractères de Lucrèce dans les vers suivans qui font partie de l'épisode final du second livre des Géorgiques, sur le bonheur de la vie champêtre :

O vous à qui j'offris mes premiers sacrifices,
Muses, soyez toujours mes plus chères délices;
Dites-moi quelle cause éclipse dans leur cours

---

[1] Namque canebat uti magnum per inane coacta
 Semina terrarumque animæque marisque fuissent,
 Et liquidi simul ignis : ut his exordia primis
 Omnia, et ipse tener mundi concreverit orbis :
 Tum durare solum, et discludere Nerea ponto

Le clair flambeau des nuits, l'astre pompeux des jours;
Pourquoi la terre tremble, et pourquoi la mer gronde;
Quel pouvoir fait enfler, fait décroître son onde;
Comment de nos soleils l'inégale clarté
S'abrège dans l'hiver, se prolonge en été;
Comment roulent les cieux, et quel puissant génie
Des sphères dans leur cours entretient l'harmonie.
Mais si mon sang trop froid m'interdit ces travaux,
Eh bien! vertes forêts, prés fleuris, clairs ruisseaux,
J'irai, je goûterai votre douceur secrète:
Adieu, gloire, projets. O coteaux du Taygète,
Par les vierges de Sparte en cadence foulés,
Oh! qui me portera dans vos bois reculés?
Où sont, ô Sperchius, tes fortunés rivages?
Laissez-moi de Tempé parcourir les bocages.
Et vous, vallons d'Hémus, vallons sombres et frais,
Couvrez-moi tout entier de vos rameaux épais.
Heureux le sage instruit des lois de la nature,
Qui du vaste univers embrasse la structure,
Qui dompte et foule aux pieds d'importunes erreurs,
Le sort inexorable et les fausses terreurs;
Qui regarde en pitié les fables du Ténare,
Et s'endort au vain bruit de l'Achéron avare!
Mais trop heureux aussi qui suit les douces lois
Et du dieu des troupeaux et des nymphes des bois!

> Cœperit, et rerum paulatim sumere formas:
> Jamque novum terræ stupeant lucescere solem;
> Altius atque cadant submotis nubibus imbres:
> Incipiant sylvæ quum primum surgere, quumque
> Rara per ignotos errent animalia montes.
>
> ¹ Me vero primum dulces ante omnia Musæ,
> Quarum sacra fero ingenti percussus amore,

Jamais on n'a plus formellement désigné par des périphrases un prédécesseur illustre, jamais on n'a plus éloquemment envié un sujet traité d'avance par un grand maître, plus énergiquement proclamé que le génie de ce maître était au pair du sujet.

Cornelius Nepos (*Vie de Pomp. Att.*, xii, 4), dit, en faisant l'éloge d'un certain Jul. Calidus, que depuis la mort de Lucrèce et de Catulle, il était le premier poète de Rome (« *Idem L. Julium Calidum, quem, post Lucretii Catullique mortem, multo elegantissimum poetam nostram tulisse œtatem vere videor*

> Accipiant; cœlique vias et sidera monstrent,
> Defectus solis varios, lunæque labores;
> Unde tremor terris; qua vi maria alta tumescant
> Objicibus ruptis, rursusque in seipsa residant;
> Quid tantum oceano properent se tingere soles
> Hiberni, vel quæ tardis mora noctibus obstet.
>   Sin, has ne possim naturæ accedere partes,
> Frigidus obstiterit circum præcordia sanguis;
> Rura mihi et rigui placeant in vallibus amnes;
> Flumina amem sylvasque inglorius. O ubi campi,
> Sperchiosque, et virginibus bacchata Lacænis
> Taygeta! o qui me gelidis in vallibus Hæmi
> Sistat, et ingenti ramorum protegat umbra!
>   Felix qui potuit rerum cognoscere causas,
> Atque metus omnes et inexorabile fatum
> Subjecit pedibus, strepitumque Acherontis avari!
> Fortunatus et ille deos qui novit agrestes,
> Panaque, Sylvanumque senem, Nymphasque sorores!

posse contendere...... in proscriptorum numerum a P. Volumnio..... relatum, expedivit. »)

Vitruve (*Architect.* liv. ix, ch. 3) semble faire de Lucrèce le représentant et le coryphée de la physique à Rome. (« *Itaque qui litterarum jucunditatibus instructas habent mentes.... post nostram memoriam nascentes, cum Lucretio videbuntur, velut coram de rerum natura disputare.* »)

Ovide parle deux fois de Lucrèce (*Tristes*, liv. ii, v. 425; *Amours*, liv. i et xv, v. 23 et 24). Dans l'un, il rappelle que Lucrèce a proclamé la destruction future du monde :

De sa flamme rapide il explique la cause.
Il faut, dit-il, qu'un jour son pouvoir décompose
De ce triple édifice où l'homme naît et meurt
Le fragile assemblage............[1]

dans l'autre, il n'assigne à la gloire et à l'ouvrage du poète, d'autre terme que la dissolution des mondes :

Du sublime Lucrèce on oubliera les vers
Au jour qui doit dissoudre et briser l'univers [2].

[1] Explicat ut causas rapidi Lucretius ignis
  Casurumque triplex vaticinatur opus.
[2] Carmina sublimis tunc sunt peritura Lucreti
  Exitio terras quum dabit una dies.

Properce (*Élégies*, liv. II, xxv, 29 et 30), s'exprime en ces termes :

A quoi bon feuilleter les beaux vers de Lucrèce ?
Le sublime vieillard vaut-il une maîtresse [1] ?

Velleius (*Hist. Rom.*, liv. II, 36) le place parmi les génies éminens.

Quintilien lui est au premier abord moins favorable ; mais, en examinant son témoignage de plus près, on voit que cet habile critique, dont tout l'ouvrage se rapporte à l'éducation de l'orateur et que préoccupent toujours les rapports de la poésie avec l'éloquence, veut dire seulement que l'élève du rhéteur ne peut tirer qu'un fruit médiocre, et en quelque sorte accidentel ou accessoire, de la lecture de ses œuvres [2].

---

[1] Aut quid Lucreti tibi prosunt carmina lecta ?
Nil juvat in magno vester amore senex.

[2] Voici le texte de Quintilien, *Instit. orat.*, liv. x, ch. 1. « Nam Macer et Lucretius legendi quidem, sed non ut phrasim, id est corpus eloquentiæ faciant ; elegantes in sua quisque materia, sed alter humilis, alter difficilis. » On peut comparer un autre passage, liv. I, ch. 4, où Quintilien appuie davantage sur l'utilité qu'on peut retirer de la lecture de notre poète. « Nec ignara philosophiæ (grammatice potest esse perfecta), quum propter plurimos in omnibus fere carminibus locos, ex intima quæstionum naturalium subtilitate repetitos ; tum vel propter Empedoclem in Græcis, Varronem ac Lucretium in Latinis, qui præcepta sapientiæ versibus tradiderunt. »

Nous terminerons la liste de ces témoignages par la critique de Stace (*Silves*, liv. II, VII, v. 76) :

> Et du vieil Ennius la farouche rudesse,
> Et la docte fureur du sublime Lucrèce [1].

et par ce vers un peu dur et un peu plat d'un poète-médecin, Q. Sérénus Sammonicus (*Méd.*, v. 614) :

> C'est ce que dit le grand Lucrèce, livre quatre [2].

et quant au reste, nous renverrons à l'édition de Wakefield, ou mieux encore à la note de Barthe, sur le passage de Stace ci-dessus rapporté. Nous noterons seulement que les chrétiens et les pères de l'Église s'appuyèrent eux-mêmes de Lucrèce contre les déclamations des païens idolâtres. En effet, ils y trouvaient souvent beaucoup d'argumens en leur faveur, du moins beaucoup de traits redoutables à leurs adversaires, heureux si quelquefois les traits adressés à ceux-ci n'eussent pas été de nature à leur être renvoyés, et s'ils n'eussent quelquefois laissé tomber sur leurs pieds les flèches d'Hercule !

---

[1] . . . . Musa rudis ferocis Enni
Et docti furor arduus Lucreti.

[2] Hoc poterit magni quartus monstrare Lucreti.

SECONDE ÉPOQUE.

Opinion depuis la renaissance des lettres jusqu'à la fin du siècle de Louis xv.

Le monde romain avait changé de face lorsque l'imprimerie commença à répandre les œuvres de Lucrèce. L'intelligence humaine, long-temps assoupie en Occident, et faussée en Orient par les dévotes mesquineries et les intrigues du Bas-Empire, se développa avec une extrême rapidité, quand les idées orientales furent refoulées sur le sol de l'Occident par la conquête de Mahomet ii. Toutes les philosophies anciennes renaquirent, et eurent leurs représentans, leurs coryphées, leurs sectateurs : Marsile Ficin faisait revivre l'académie et le néoplatonisme ; Juste-Lipse était stoïcien en paroles : Aristote, l'oracle du moyen âge, comptait encore des centaines de partisans dans la Sorbonne et à Salamanque ; Épicure, qui avait envisagé avec tant de force les plus hautes questions de la physique, eut aussi de dignes interprètes. A leur tête il faut placer Gassendi.

Autour de Gassendi, dont les six volumes

in-folio se rapportent presque tout entiers à la philosophie et à la physique épicuriennes, se groupent des hommes tous célèbres, quoiqu'à différens degrés et à différens titres, Chapelle, Molière, Hénaut, Cyrano de Bergerac et Saint-Evremond; joignons à ceux-ci Ninon Lenclos et sa société habituelle : chez les uns et les autres, Lucrèce ainsi qu'Epicure jouissait de la plus haute considération.

Mais le cartésianisme dominait à cette époque dans la philosophie; et d'autre part le catholicisme, peu tolérant de sa nature, voyait avec effroi les dogmes athées ou matérialistes de l'épicuréisme se répandre dans les classes éclairées et élégantes de la société. De là tout-à-coup une coalition de presque tout ce qu'il y avait d'imposant en métaphysiciens, de formidable en fait de puissance ecclésiastique séculière, contre les théories mises en vue par Lucrèce. Un peu plus tard parut le poëme du cardinal de Polignac; on répéta partout que Son Eminence avait égalé Lucrèce en génie poétique, et l'avait surpassé en logique. Bien peu de gens s'occupèrent de vérifier le fait; bien moins encore osèrent dire ce qu'ils en pensaient (si tant est qu'ils pensassent quelque chose); enfin le monde qui naturellement s'occupe peu de ce qui ne touche pas immédiatement ses intérêts, laissa Lucrèce, le cardinal et les deux poëmes pour ce qu'ils étaient.

D'ailleurs, on se faisait une idée effrayante de Lucrèce, qu'en effet il était assez difficile de comprendre parfaitement à cette époque : 1° à cause des tournures étranges, des archaïsmes, des mots techniques, scientifiques ou abstraits, des tmèses, des épenthèses, des désinences inusitées, enfin de l'orthographe insolite que présentent plus ou moins tous ses vers; 2° à cause de l'imperfection des connaissances physiques, imperfection qui empêchait également et de saisir nettement l'idée d'Épicure, et d'en apprécier le degré de justesse; 3° à cause du peu de notions que l'on possédait et sur l'ensemble et sur les détails de la philosophie ancienne. On sait quels immenses progrès cette branche de l'érudition a faits depuis soixante ans. Il en est résulté de tout autres moyens pour aborder le texte et les théories de Lucrèce.

Ajoutons que la traduction assez élégante qu'Hénaut donna du début, produisit un effet tout contraire à ce que probablement avait désiré l'auteur, et que, frappé de la beauté de ce commencement, on s'imagina que le reste était tout différent. Quelques-uns, il est vrai, indiquèrent comme second épisode remarquable, la peste d'Athènes. Mais on répondit que la description ressemblait au procès-verbal d'un vétérinaire, et non au tableau d'un poète. Il fut décidé que le poëme de Lucrèce était sans poésie.

Quelques opinions isolées perçaient au milieu de cette réprobation presque universelle. Ainsi le baron d'Holbach, dans son Système de la Nature, reproduit un grand nombre d'idées et d'objections tirées de Lucrèce. Toute la société, on peut aisément le croire, était pénétrée du même respect pour le poète favori du baron; et Lagrange le traduisait. D'autre part, Voltaire, frappé des argumens que Lucrèce accumule avec autant de poésie que de logique et d'énergie contre l'immatérialité de l'âme, s'écriait : « Il y a dans Lucrèce un admirable troisième chant, que je traduirai ou je ne pourrai; » et c'est problablement après la lecture de quelques passages de ce genre qu'il disait : « Mon Dieu, s'il y en a un, sauvez mon âme, si j'en ai une. »

Nous allons donner ici l'exposé fait par Diderot, de l'épicuréisme chez les modernes

(*Encyclopéd.*, article Épicuréisme), et nous renverrons nos lecteurs au pompeux éloge qu'il fait de Lucrèce.

« ..... Au commencement du dix-septième siècle, le discrédit des formes plastiques remit les atomes en honneur. Magnène, de Luxeu, en Bourgogne, publia son *Democritus reviviscens*, ouvrage médiocre, où l'auteur prend à tout moment ses rêveries pour les sentimens de Démocrite et d'Épicure. A Magnène succéda Pierre Gassendi, un des hommes qui font le plus d'honneur à la philosophie et à la nation : il naquit, dans le mois de janvier de l'année 1592, à Chantersier, petit village de Provence, à une lieue de Digne, où il fit ses humanités. Il avait les mœurs douces, le jugement sain, et des connaissances profondes ; il était versé dans l'astronomie, la philosophie ancienne et moderne, la métaphysique, les langues, l'histoire, les antiquités ; son érudition fut presque universelle. On a pu dire de lui, que jamais philosophe n'avait été meilleur humaniste, ni humaniste si bon philosophe : ses écrits ne sont pas sans agrément ; il est clair dans ses raisonnemens et juste dans ses idées. Il fut parmi nous le restaurateur de la philosophie d'Épicure. Sa vie fut pleine de troubles; sans cesse il attaqua et fut attaqué; mais il ne fut pas moins attentif dans ses disputes, soit avec Fludd, soit avec lord Herbert, soit avec Descartes, à mettre l'honnêteté que la raison de son côté.

« Gassendi eut pour disciples et pour sectateurs plusieurs hommes qui se sont immortalisés, Chapelle, Molière, Bernier, l'abbé de Chaulieu, le grand prieur de Vendôme, le marquis de La Fare, le chevalier de Bouillon, le maréchal de Catinat, et plusieurs autres hommes extraordinaires qui, par un contraste de qualités agréables et sublimes, réunissaient en eux l'héroïsme avec la mollesse, le goût de la vertu avec celui du plaisir, les qualités politiques avec les talens littéraires, et qui ont formé parmi nous différentes écoles d'épicuréisme moral dont nous allons parler.

« La plus ancienne et la première de ces écoles où l'on ait pratiqué et professé la morale d'Épicure, était rue des Tournelles, dans la maison de Ninon Lenclos; c'est là que cette femme extraordinaire rassemblait tout ce que la cour et la ville avaient d'hommes polis, éclairés et voluptueux : on y vit madame Scarron ; la comtesse de La Suze, célèbre par ses élégies; la comtesse d'Olonne, si vantée par sa rare beauté et le nombre de ses amans; Saint-Évremont qui professa depuis l'épicuréisme à Londres, où il eut pour disciple le fameux comte de Gramont; le poète Waller, et madame de Mazarin; la duchesse de Bouillon Mancini, qui fut depuis de l'école du Temple; Des Yveteaux, M. de Gourville, madame de La Fayette, M. le duc de La Rochefoucauld, et plusieurs autres qui avaient formé, à l'hôtel de Rambouillet, une école de platonisme, qu'ils abandonnèrent pour aller augmenter la société et écouter les leçons de l'épicurienne.

« Après ces premiers épicuriens, Bernier, Chapelle et Molière, disciples de Gassendi, transférèrent l'école d'Épicure de la rue des Tournelles à Auteuil; Bachaumont, le baron de Blot, dont les chansons sont si rares et si recherchées, et Desbarreaux qui fut le maître de madame Deshoulières dans l'art de la poésie et de la volupté, ont principalement illustré l'école d'Auteuil.

« L'école de Neuilly succéda à celle d'Auteuil : elle fut tenue, pendant le peu de temps qu'elle dura, par Chapelle et MM. Sonnings; mais à peine fut-elle instituée, qu'elle se fondit dans l'école d'Anet et du Temple.

« Que de noms célèbres nous sont offerts dans cette dernière ! Chapelle et son disciple Chaulieu, M. de Vendôme, madame de Bouillon, le chevalier de Bouillon, le marquis de La Fare, Rousseau, MM. Sonnings, l'abbé Courtin, Campistron, Palaprat, le baron de Breteuil, père de l'illustre marquise du Chatelet, le président de Mesmes, le président Ferrand, le marquis de Dangeau, le duc de Nevers, M. de Catinat, le duc de Fiesque, le duc de Foix ou de Randan, M. de Périgny ou Renier, convive aimable, qui chantait et s'accompagnait du luth, M. de Lasseré, le duc de La Feuillade etc.; cette école est la même que celle de St-Maur ou de madame la Duchesse.

« L'école de Sceaux rassembla tout ce qui restait de ces sectateurs du luxe, de l'élégance et de la politesse, de la philosophie, des vertus, des lettres et de la volupté, et elle eut encore le cardinal de Polignac, qui la fréquentait plus par goût pour les disciples d'Epicure que pour la doctrine de leur maître; Hamilton, Saint-Aulaire, l'abbé Genêt, Malesieu, Lamotte,

M. de Fontenelle, M. de Voltaire, plusieurs académiciens, et quelques femmes illustres par leur esprit, d'où l'on voit qu'en quelque lieu et quelque temps que ce soit, la secte épicurienne n'a jamais eu plus d'éclat qu'en France, et surtout pendant le dernier siècle. »

TROISIÈME ÉPOQUE.

Opinion contemporaine (c'est-à-dire de 1789 à nos jours).

Les idées de d'Holbach, de Lagrange, de Diderot, de Voltaire sur Lucrèce ne devaient se populariser qu'à l'époque postérieure. Cette popularisation eut lieu à celle de notre révolution : quatre causes puissantes y concoururent :

1°. La diffusion de la philosophie de la sensation en Angleterre et en France, jointe à la liberté de tout dire, et de fronder ouvertement le spiritualisme et le déisme même;

2°. Les progrès des sciences physiques et mathématiques;

3°. L'étude approfondie des philosophies anciennes, depuis Thalès et Pythagore, jusqu'aux rêveries néoplatoniciennes des disciples d'Ammonius;

4°. Enfin la manie alors si forte des poëmes didactiques et descriptifs, ainsi que l'usage de traduire les poètes en vers.

C'est à cette époque que l'Angleterre produisit l'excellente édition de Wakefield, l'excellente traduction de Mason Good. Chénier et Legouvé avaient chacun traduit les cent quatre vers par lesquels commence le premier chant, et par appelé cet heureux essai l'attention sur un poète dont l'ouvrage semblait déjà intéressant à un autre titre, c'est-à-dire comme l'unique monument complet des idées épicuriennes. Dès-lors on soupçonna en France le haut génie et la force poétique de Lucrèce. Mais c'était de la foi et rien de plus. M. de Pongerville a changé la foi en conviction par une version en vers, qui dès son apparition a pris rang parmi les bonnes traductions dont s'honore la langue française. Cette importation précieuse d'un trésor étranger dans notre langue a décidé la question. Dès-lors, comme la version perfectionnée à chaque édition nouvelle reproduit à un point remarquable les couleurs, la forme, l'allure, l'attitude, chacun a eu en main les pièces du procès et a reconnu avec surprise que le poëme de la Nature était, sous tous les rapports, beaucoup au dessus de ce que l'on en pensait. Aussi M. de Pongerville dit-il à juste titre : « Le voile qui dérobait cette antique et grande production s'est tellement étendu qu'une partie considérable du poëme peut être regardée comme un monument dont nous enrichirait une découverte récente. » On dirait d'un de ces livres découverts par l'infatigable Mai, sous les dévotes ratures des palimpsestes.

II.

Appréciation du mérite littéraire et poétique de Lucrèce.

Il a déjà été question du plan, de l'ordre, de la méthode du poëme. Il est parfait autant que naturel. Rien n'égale la majesté et la simplicité avec laquelle se déroulent les idées du poëte athée.

1re DIVISION. Cosmogonie (2 chants). Rien ne vient de rien. — Atomes. — Eternité des atomes. — Enumération de leurs autres qualités. — Descriptions de leurs évolutions. — Le monde en résulte. — Il périra.

IIe DIVISION. L'homme (3 chants). 1°. Ame; les sens; description de l'homme; 2°. histoire de l'espèce; apparition des relations; civilisation; arts.

IIIe DIVISION. Météorologie et phénomènes terrestres (6e et dernier chant). Rien de plus admirable et de plus franc non plus que l'art avec lequel Lucrèce passe de la théorie aux exemples, pour revenir des exemples à la théorie, avec lequel il fait saillir le particulier du général, et conclut le général du particulier, avec lequel il groupe, enchaîne et coordonne d'innombrables détails qui, malgré leur variété et leur nombre, arrivent à faire un seul tableau de dimension gigantesque et pourtant saisissable pour tout œil clairvoyant et attentif. Cette puissance de fusion et de centralisation, un des attributs distinctifs du génie, est, avec la puissance d'expression dont nous parlerons tout-à-l'heure, ce qui caractérise le plus nettement Lucrèce parmi les poètes didactiques.

Arrivent ensuite les épisodes. Ici Lucrèce ne ressemble pas à nos poètes modernes, et même aux poètes didactiques de tous les temps, qui placent toujours les épisodes à distance égale les uns des autres, et qui ne laissent jamais passer un chant sans l'embellir par un de ces riches hors-d'œuvre. Chez eux, tout est allée, quinconce, avenue ou charmille; l'épisode est la clôture du chant, comme le trait la clôture du couplet d'un vaudevilliste. Lucrèce, au contraire, est sobre d'épisodes, et quand il les emploie, il n'a pas l'adresse de les mettre à la fin. Il les jette çà et là, au hasard, où ils se trouvent. Le goût se perd de jour en jour, comme on sait, et il y a, aujourd'hui, nombre de gens capables de préférer ce désordre, ce jardin anglais poétique, à nos plate-bandes didactiques, où tout est aligné, planté, bordé et tiré au cordeau.

Au reste, ce qu'il faut surtout remarquer, et ce que nous rappelons au risque d'être accusé de répétition, c'est que les épisodes proprement dits sont très-rares chez Lucrèce. A tout instant, au milieu d'une sèche et minutieuse discussion, le poëte se relève; sa main jette fleurs et diamans : il corporalise l'abstraction, colore le vide, revêt de formes les conceptions de l'intelligence; le désert devient une scène de vie, et du sein des sables arides surgit une verdoyante et longue oasis.

« Si nous examinons les beautés de Lucrèce, dit M. de Fontanes, dans la préface de la traduction de l'*Essai sur l'homme* de Pope, que de formes heureuses, d'expressions créées lui emprunta l'auteur des Géorgiques! Quoiqu'on retrouve dans ses vers l'âpreté des sons étrusques, ne fait-il pas entendre souvent une harmonie digne de Virgile lui-même? Peu de poètes ont réuni à un plus haut degré les deux forces dont se compose le génie, la méditation qui pénètre jusqu'au fond des sentimens ou des idées dont elle s'enrichit lentement, et cette inspiration qui s'éveille à la présence des grands objets. En général, on ne connaît guère de son poëme que l'invocation à Vénus, la prosopopée de la nature sur la mort, la peinture énergique de l'amour et celle de la peste. Ces morceaux, qui sont les plus fameux, ne peuvent donner une idée de tout son talent. Qu'on lise son cinquième chant sur la formation de la société, et qu'on juge si la poésie offrit jamais un plus riche tableau. M. de Buffon en développe un semblable dans la septième de ses époques. Le physicien et le poète sont dignes d'être comparés : l'un et l'autre remontent au-delà de toutes les traditions; et malgré ces fables universelles dont l'obscurité cache le berceau du monde, ils cherchent l'origine de nos arts, de nos religions et de nos lois; ils écrivent l'histoire du genre humain avant que la mémoire en ait conservé des monumens : des analogies, des vraisemblances les guident dans ces ténèbres; mais on s'instruit plus en conjecturant avec eux qu'en parcourant les annales des nations. Le temps dans ses vicissitudes connues ne montre point de plus magnifique spectacle que ce temps inconnu, dont leur seule imagination a créé tous les évènemens. »

Mais ce qui distingue plus encore le poète, c'est la vie de l'expression. Nul poète ancien, il faut le dire, nul ne rend avec autant de force ce que nous nommerons la vitalité des êtres. Ce n'est pas par la puissance de l'harmonie imitative; ce n'est pas même par cette harmonie vague qui flatte et cajole sans cesse les oreilles; c'est par une haute et énergique conception de la vie de l'être, de l'ὄντως ὄν chez tout ce qui est, qu'il reproduit si sensiblement à l'aide des mots cette idée de l'être. Tout, chez Lucrèce, est en relief, tout a des formes et une couleur, tout se meut : le vent souffle, l'herbe croît, l'eau coule; je crois y voir briller et trembler le soleil; je crois sentir l'être se communiquer à la plante, à la feuille, à la fleur. Je crois voir la vie se répandre et se jouer ici sous la forme et le visage du quadrupède, là sous le frétillement et la torsion latérale du poisson, dans les airs, sur les ailes mobiles de l'oiseau et de l'insecte. Une surabondance d'existence plane et se dépose à mesure qu'il parle sur chaque être qu'il nomme. Sa Galatée n'est pas une statue; son sein bat, son œil scintille, et son genou se plie pour descendre du piédestal et venir vers celui qui la contemple. Nous ne connaissons, nous l'avouons, que deux poètes qui possèdent à un aussi haut degré cette vitalité de l'expression : le Dante dans la description, Shakespeare dans la réalisation dramatique des scènes de la vie. « Au premier abord, dit M. Villemain, les vers de Lucrèce semblent rudes et négligés : les détails techniques abondent; les paroles sont quelquefois languissantes et prosaïques. Mais qu'on le lise avec soin; on y sentira une expression pleine de vie, qui, non-seulement anime de beaux épisodes et de riches descriptions, mais qui souvent s'introduit même dans l'argumentation la plus sèche et la couvre de fleurs inattendues. C'est une richesse qui tient à la fois aux origines de la langue latine et au génie particulier du poète. C'est une abondance d'images fortes et gracieuses, une sensibilité toute matérialiste, il est vrai, mais touchante et expressive. On a dit, pour rabaisser Lucrèce, qu'ayant à décrire les ravages de la peste sur les hommes, il avait paru, dans un sujet si voisin de nous, moins pathétique et moins touchant que Virgile dans la peinture d'un bercail frappé du même fléau. La justice de ce blâme et l'infériorité de Lucrèce s'expliquent naturellement par l'influence de la philosophie qu'il a chantée. Dans toutes les descriptions de la nature matérielle et animée, son épicuréisme lui laissait cette vivacité d'imagination dont le poète ne peut se défaire. Mais quand il s'agissait de l'homme, qu'avait-elle à lui donner, cette philosophie étroite et malheureuse? comment pouvait-elle l'élever au dessus de cette émotion toute sensitive, et de ces larmes vulgaires qu'excite le spectacle du mal physique? Quelles nouvelles cordes pouvait-elle ajouter à sa lyre, pour lui inspirer sur les souffrance de l'homme des accens plus tendres que ceux qu'il accordait à la victime immolée, à la matière animée souffrante. Ainsi Lucrèce qui, plus d'une fois, par des vers pleins d'harmonie, a égalé Virgile lui-même dans l'art de peindre avec une douce mélancolie les douleurs des animaux et les affections que leur prête la poésie, lui est prodigieusement inférieur, lorsque, venant aux douleurs de l'homme, il ne trouve rien au delà des émotions matérielles, et s'épuise dans d'affreux détails, sans pouvoir saisir aucun de ces traits de sentiment qui blessent l'âme et l'élèvent en l'attendrissant : c'est-là que le poète sceptique est abandonné de son génie, seul dieu qui lui restât. »

Reste maintenant à parler de la latinité de Lucrèce. Elle est des plus pures, quoique quelques archaïsmes, quelques mots techniques, enfin quelques sons durs s'y trouvent assez souvent. Certaines finales anciennes, qui, dans la suite, tombèrent totalement en désuétude, s'y rencontrent : tels sont, entre autres, les génitifs en *ai*

.... Triviai virginis aram
Iphianassai turparunt sanguine.

et les infinitifs en *ier*. Nous remarquerons aussi les tmèses (*inque merentes* pour *et immerentes*), ainsi que les mots *endo*, *endu*.

Pour la versification, elle n'a pas encore cette extrême politesse, nous dirions volontiers pruderie, qu'elle acquit après Cicéron ou Virgile :

elle a quelque chose de la coupe, de l'allure et de la naïveté des vers grecs. Les points les plus dignes de remarque sur ce sujet sont les suivans :

1º. Les vers se terminent souvent par des monosyllabes, ou par des mots penta ou tétrasyllabiques : il en résulte que souvent il y a césure au quatrième ou au cinquième pied. 2º La césure n'a pas toujours lieu entre les deux longues d'un spondée, ou entre la longue et la première brève du dactyle : nombre de fois elle tombe entre deux brèves, et par conséquent aux trois quarts du pied. 3º Les longues qui terminent un mot peuvent, devant un second mot, ne pas être élidées et dès-lors devenir brèves :

Ejicit enim sulci recta regione viaque
Vomerem eque locis, etc.

comme dans Virgile (Egl. VIII) :

.... *An qui amant, ipsi sibi somnia fingunt?*

4º Très-souvent les finales en *us* restent brèves devant la consonne qui commence un mot suivant :

Ex omnibus rebus.

Les autres observations sur la latinité et la

versification de Lucrèce sont trop minutieuses pour n'être pas ici hors de place. Nous terminerons en mentionnant celle des demi-latinistes qui ont reproché à Lucrèce des mots étrusques. Est-ce donc que, parce que *étrusque* rime avec *brusque*, et ressemble assez pour le son à *tudesque*, la langue toscane était dure? ou bien, oublie-t-on que le latin contenait un grand nombre de mots de cet idiome? Quelle langue voudrait-on donc que Lucrèce eût parlé? Le madécasse ou le quichua? Nous ne pouvons nous empêcher de rappeler ici aux critiques les vers de Théocrite :

Notre ton est pesant!... Faut-il donc qu'on t'apprenne
Qu'on parle Dorien quand on est Dorienne [1].

---

[1] Μᾶ, πόθεν ὤνθρωπος· τί δέ τιν, εἰ κωτίλαι εἶμες·
Πασάμενος γ' ἐπίτασσε· Συρακουσίαις ἐπιτάσσεις;
Ὡς εἰδῆς καὶ τοῦτο, Κορίνθιαι εἶμες ἄνωθεν,
Ὡς καὶ ὁ Βελλεροφῶν. Πελοποννάσιστὶ λαλεῦμες.
Δωρίσδειν δ' ἔξεστι, δοκῶ, ταῖς Δωριέεσσι.

THEOCRIT. *Reliq.*, ed. de Harles.

TROISIÈME PARTIE.

BIBLIOGRAPHIE DE LUCRÈCE.

I. PUBLICATIONS ET RÉCENSIONS ANCIENNES.

Selon une tradition assez douteuse, Lucrèce en mourant aurait légué le manuscrit de son poëme à Cicéron, avec prière de le revoir et de le corriger. En admettant cette supposition, on ne pourrait douter qu'il n'ait couru, chez les anciens, deux éditions du poëme de la Nature, la première conforme à la copie de Lucrèce, la seconde, revue par Cicéron.

II. MANUSCRITS.

Il n'en existe qu'un très-petit nombre. En voici la nomenclature et la description abrégée :

I. *En Angleterre.*
    1. Au Musée britannique.
        1. Volume de papier, in-4. Seizième siècle. Manusc. 2554, sans notes : quelques variantes.
        2. Papier, in-4. Quinzième siècle. Sans notes, sans variantes, écriture nette.
        3. Parchemin, très-petit. Quinzième siècle. Écriture très-élég., sans notes et variantes.
    II. A Oxford.
        4. Manusc. angl. 3045; aj. manusc. Bodl. auct. F. 1, 13. Parchemin, in-fol. magnifique, superbe écriture. Date du quatorzième siècle? d'Italie? donné à la bibl. Bodleienne, 1610.

5. Parchemin, dimens. moyenne, belle écrit. Dans les mss. *Canon.* Italique? et écrit vers le milieu du quinzième siècle?

III. A Cambridge.
6 Papier; petit in-fol.; belle écrit.; capitales color.; notes margin. Désignat. n° 2. 40.

IV. A Harrow?
7. N° 4663 de la bibl. de White-Knights. Vendu aux libraires Payne et Foss (Londr.), d'où venu chez Evans, autre libr. (Londr.), et entre les mains de Drury, instituteur à Harrow.

II. *En Allemagne.*
A Vienne.
8. Manusc. du seizième siècle, très-fautif, confirme souvent les leçons des autres, a servi pour la récension du texte de l'édit. de Vienne, 1787.

III. ÉDITIONS.

La société des Deux-Ponts en les énumérant les rapporte à trois époques qu'elle caractérise par les mots de *Natalis*, *Lambiniana* et *Creecho-Wakefeldiana*.

A. *Première époque* (Natalis).

1473? Édition princeps, in-fol. s. a. et l. Brescia? par Thomas Ferrandi, caract. rom., sans signat., ni pagin., ni titre (commence par les mots *Æneadum genetrix*), extraordinairement rare (deux exemplaires seulement connus): indiquée par BONI, lett. II, pag. 78, etc.; Cf. PANZER, tome IV, page 263.

1486. Vérone, Paul Friedenberger, in-fol., caract. lat., sans récl. ni pagin., très-fautive, et cependant utile. *Voyez* PANZER, tome III, page 505, et WAKEFIELD.

1485. Édit. avec comment. d'Omnib. Leonicenus, Milan, Ulr. Scinzenzeler, in-fol. (*Voyez* MAITTAIRE, ind. II, p. 35. PANZER, tom. II, p. 65.)

1495. Venise, Théod. de' Ragazoni, in-4. (*Voir* Panzer, t. III, page 375.)

1500. Ed. Avancius, ou 1re Aldine, Venise, Alde, in-4. (Renouard, *Ann. de l'imp. des Ald.*, tom. I, pag. 32; Panzer, tom. III, pag. 477.)

1500. Venise, Théod. de' Ragazoni, in-fol. (Panzer, tom. III, pag. 472.

. . . . In-fol. (Panzer, tom. IV, suppl. Den. Cf. Catal. des livres imprimés de la Bibl. du Roi; *Poëtes*, n° 733.

1504. Ed. Franci (avec paraph. de Lucrèce et Appendix sur l'immortalité de l'âme), Bologne, Antonio, in-4.

1511. Ed. J.-B. Pio (avec comment.), in-fol., Bologne, Jér.-Bapt. de Benedictis (Panzer, tom. VI, p. 326. Cf. Wakefield. Préf.) faite avec collat. d'un manusc. d'Hermolaus.

1512. Ed. Petro Candido, Florence, Phil. Giunta, in-8. (Panzer, tom. VII, p. 14.) A très-peu de chose près, copie de la première Aldine.

1514. Deuxième édit., J.-B. Pio (avec comment.), in-fol., se termine par les mots *in Chalcographia Ascensiana ad IV Id. Aug. MDXIIII*, in-fol. (Panzer, tom. VIII, pag. 12.) Répétit. de la Bolonaise, 1511.

1515. Ed. Naugerius ou seconde Aldine, Venise, Alde et André Alde, in-8. (Renouard, *Ann. de l'imp. des Ald.*, p. 116.)

1531. Edit. anon. Bâle, ap. Henric. Petri, in-8. Variant. en marge. (Catal. de la Bibl. du roi, *poëtes*, n°. 741.)

1534. Première Gryphienne, Lyon, Séb. Gryphe, in-8. (Panzer, IX, 526.)

1536. Seconde Gryphienne, Lyon, Séb. Gryphe, in-8. (Panzer, VII, 367.)

1539. Paris, Prig. Calvar., in-4. (Maittaire, *Ind.*, pag. 35.)

1540. Troisième Gryphienne, Lyon, Séb. Gryphe, in-8. (Bibl. Emtinck, IVe part., p. 300, n. 1409.)

1542. Louvain, in-4. (Bibl. Emtinck, IVe part., p. 121, n. 590.)

1546. Quatrième Gryphienne, Lyon, Séb. Gryphe, in-12. (Bibl. Emtinck, IVe part., p. 438, n. 385.)

1558. Cinquième Gryphienne, Lyon, Séb. Gryphe, in-12. (Crevenna, tom. III, pag. 180.)

B. *Seconde époque* (Lambinienne).

1563. Première édition, Lambin, Paris et Lyon, Guill. et Phil.
Rouille (*in Gul. Rouil. et Phil. Rouillii nep. œdibus*),
in-4. (Catal. des liv. imp. de la Bibl. du roi, *poètes*, p. 43.
Porté par Gœtz, Mem. bib. Dresd. 1, p. 332, et dans
le catal. de la bibl. de Ludewig, à l'année 1564.)

> Edit. fameuse par ses commentaires, généralement regardés comme excellens. Texte revu sur cinq mss., selon le dire de Lambin lui-même, et corrigé en plus de huit cents endroits. Selon Wakefield, ces corrections sont presque toutes arbitraires et mauvaises. Index.

1565. Seconde Lambinienne, Paris, G. Rouille, in-16, sans comment.; quelq. correct. d'Ad. Turnèbe.

1565. Première édit. Giffen, Anvers, Christophe Plantin, in-8.,
avec notes margin., Vie de Lucrèce, Généalogie des
Memmius, Abrégé de la doctrine d'Épicure en grec, etc.

> Moins célèbre que celle de Lambin qu'il a mise à contribution dans ses notes marginales. Giffen passe aussi pour le plagiaire de Luc. Fruter, qui avait laissé des notes sur Lucrèce. La ponctuation et l'orthographe diffèrent souvent de celles des éditions précédentes, mais sont encore loin d'être bonnes et conséquentes.

1566. Seconde édit. Giffen, Anvers, Chr. Plantin, in-8. Répét.
de la précédente.

1570. Troisième Lambinienne, Paris, ap. Jo. Benenatum, in-4.
— A, de plus que la première et la seconde, une Vie
de Lucrèce et deux index en sus du premier.

1576. Quatrième Lambinienne, ou sixième Gryphienne, Lyon,
Ant. Gryphe, in-16. Réimpress. de la seconde Lamb.
1565.

1583. Cinquième Lambin., Francfort, chez les hérit. Wechel,
in-8. — Réimpress. de la troisième, 1570.

1589. Anvers, Ch. Plantin, in-12.

1589. Leyde, in-12 (Bib. Emt., IVe part., page 438, n°s 387, 388).
1591. Première Raphelengienne, in-24.
1595. Seconde Raphelengienne, Leyde, Franç. Rapheleng, in-8. (d'après la seconde édition Giffen.)
1596. Lyon, in-12 : texte de Lambin et Turnèbe.
1597. Troisième Raph., Leyde, Fr. Rapheleng, in-12.
1603. Genève, in-4., dans la première édition du *Corp. vet. poetar. lat.*
1606. Quatrième Raph., Leyde, Rapheleng, in-12.
1611. Cinquième Raph., Leyde, Rapheleng, in-12 (soignée par Juste Lipse? et excell.? *Voyez* BARTH., sur Stace, t. III, pag. 81).
1611. Genève, in-4., dans la seconde éd. du *Corp. vet. poet. lat.*
1616. Lyon, in-4., dans le *Corp. poet. lat.* d'Al. Fichet, in-4.
1616. Amsterdam, in-12.
1620. Amsterdam, Guill. Janson, in-24.
1626. Amsterdam, in-24.
1627. Genève, in-4., dans la troisième édition du *Corp. poet. lat.*
1631. Édit. Daniel Paré, Francfort, Guill. Fitzer, in-8., 2 vol. Notes courtes, index excellent et très-développé : contient, outre Lucrèce, 1° Scip. Capici, *de Princip. rerum*, deux liv.; 2° Aonius Palearius, *Immort. de l'âme*, 3 liv.
1631. Amsterdam, Janson, in-24.
1647. Édit. Jo. Nardi, in-4., Florence, Amat. Massa, avec neuf gravures, paraphrase explicative et notes, qui généralement se rapportent à la physique plus qu'à la philologie.
1650. Paris, in-8. (avec la trad. de Mich. de Marolles).
1656. Édit. partielle (1er liv. seulement) : dans la trad. en vers angl. d'Eelyn., Lond., Gabr. Bedle, in-8.
1662. Édit. Tanneg. Lefèvre (*Faber*), Saumur, Lenoir (ap. Jo. Lenerium), in-4. Notes, conjectures et corrections (le plus souvent arbitraires). Un des exemplaires de la Bibliothèque Royale a appartenu à André Dacier et est couvert de notes de sa main.
1675. Cambridge, J. Hayes, in-12, contient : 1° conject. et correct. de Tan. Lefèv.; 2° de courtes notes sur tout l'ou-

vrage; 3° la Vie de Lucrèce, par Giffen, avec les Prolég. sur la famille Memmia; 4° l'Index de Lambin.

1680. Édit. *ad usum Delphini* (l'éditeur est Mich. Dufay, en lat. *Fayus*), Paris, Fréd. Léonard, in-4. — Texte de D. Paréc. Notes pleines de fautes et où rien n'appartient en propre à l'éditeur; paraph. explic. en prose. A la fin, en guise d'excursus, la dissert. de Nardi sur les funérailles des anciens; plus, tous les passages soi-disant obscènes, parsemés, d'après les anciennes éditions, dans tout le cours du poëme, et dans celle-ci, rapprochés et réunis en une seule masse.

1685. Paris, in-8., 2 vol. (dans la trad. franç. du baron des Coutures).

1686. Cambridge, in-12. Réimpression de celle de 1675.

1692. Paris, in-8., 2 vol. Réimpression de la traduction du baron des Coutures, 1685.

1693. Naples, Bulifoni, in-16 (accur. Val. Pect.)

C. *Troisième époque* (Creecho-Wakefieldienne).

1695. Première édit. Creech, Oxford, Sheldon, in-8. Excell. commentaire, moins bon cependant que les notes qui accompagnent sa traduction anglaise; paraph. explic.

1708. Troisième édit. de la traduction du baron des Coutures, Paris, 2 vol. in-12.

1709. Édit. Sam. Garth, Londres, in-4.

1712. Londres, Tonson, in-fol. et gr. in-4. fig., édit. magnif., texte de Creech; variant. tirées de Pio et de manuscrits collat. par N. Heinsius, Susius, Munker et Is. Vossius.

1713. Édit. Maittaire, Londres, Tonson et Watts, in-12, faite sur l'édition 1712.

1713. Seconde édition Maittaire, mais interc. dans ses *Opera et Fragm. poetar. lat.*, Lond., 1713, in-fol. 1 vol. p. 293, etc.

1717. Seconde édit. Creech, Londres, imprim. de Matthews, chez T. Child, etc., in-8. très-fautive.

1721. Édit. Jo.-Ant. Volpi, Padoue, imprim. de Comino, in-8. Texte de Creech et variant.

1725. Édit. Havercamp ou Variorum, Leyde, Jansson Van der

Aa, 2 vol. in-4. fig., contient : 1° toutes les notes de Lambin, Giffen, Lefèvre et Creech; 2° des notes choisies de Pio et autres commentateurs; 3° quelques notes peu importantes d'Havercamp lui-même, avec d'excellentes observations d'Abraham Preiger, son ami; 4° la paraphrase de Creech; 5° des variantes, tirées des notes d'Is. Vossius et de vingt-cinq tant mss. que liv. imprimés. La Bibliothèque de l'Institut en possède un exemplaire sur lequel se trouvent beaucoup de notes de M. Hase.

1731. Milan, in-4., dans le *Corp. poet. lat.* impr. dans cette ville.
1734. Paris, grand in-12, fig.
1743. Londres, 2 vol. in-8. (dans la trad. angl. de Creech.)
1744. Paris, Coustelier, in-12, fig. Jolie édition vélin avec variant. choisies et glossaire de Lucrèce.
1749. Glascow, Rob. et And. Foulis, in-12, très-jolie. Texte de Creech.
1749. Londres, Brindley, in-12, grav. sur cuiv.
1751. Padoue, Comino, in-8. — Réimpr. de l'édition 1721.
1754. Troisième édit. Creech, Londres (Bâle), Emman. Thurnis, in-8. La paraphrase explicative manque.
1754. Paris, Barbou, in-12 (fait partie de la collect. Barbou).
1759. Glascow, R. et A. Foulis, in-4. et in-12. — Réimp. de l'édition 1749.
1761. Lausanne, in-8., 2 vol. (en regard de la trad. ital. d'Al. Marchetti).
1766. Pesaro, in-4., dans la *Collect. omn. poemat. carmin. fragm. latinor. a prima lat. ling. ætate ad sextum usque Chr. sæcul.*
1768. Paris, in-8., 2 vol. (en regard de la traduct. de Lagrange).
1770. Quatrième édit. Creech, Bâle, Emm. Thurnis, in-8. — Réimpress. de l'édit. 1754; mais avec la paraphrase explic. omise dans celle-ci.
1772. Birmingham; imprim. de Baskerville, in-4.
1773. *Ibid.* grand-in-12.
1776. Cinquième édition Creech, Leipzig, Schwickert; in-8. Point de paraphrase explic.
1777. Troisième édition de Padoue, Comino, in-8.

1782. (Édit. Bipontine), Deux-Ponts, grand in-8. Variant., index d'archaïsmes, et mots rares.

1784. Vienne (Autriche), (en regard de la traduction allemande de F.-X. Mayr), 2 vol. in-8.

1785. Sixième édition Creech et Havercamp, Venise, Bettinelli, 2 vol. in-8.

1787. Édit. Alter, Vienne, Trattner, in-8. Texte établi d'après collat. des mss. de Vienne.

1794. Paris, Didot jeune, 3 vol. in-4. (en regard de la traduction de Lagrange), 2e édit. L'exemplaire unique avec dessins originaux a été vendu 500 livres sterling à La Haye.

1795. Édit. Meineke, Leipzig, 2 vol. in-8. (en regard de la traduction allemande de Meineke). Voyez *Traductions*.

1796-17. Édit. Wakefield, Londres, imprim. d'Hamilton, 3 vol. in-4. Récension complète du texte d'après les manusc. et les éditions Ferrandi, Friedenb., Th. de' Rag., Alde, 14... et Bipontine. Notes très-développées, tant critiques qu'exégétiques, généralement judicieuses, toujours savantes, peut-être trop remplies de citations latines qui envahissent beaucoup de terrain. On désirerait dans un travail, fait sur une si vaste échelle, plus de rapprochemens avec les littératures modernes, étrangères, et plus de notes sur l'histoire de la philosophie et de la physique. Remarques inédites de Rich. Bentley et autres philologues. Orthographe des premiers temps de la latinité. Trois index. Du reste, très-belle édition.

1799. Paris, 2 vol. in-8. (en regard de la traduction de Lagrange, 3e édition.)

1801. Édit. Eichstædt, Leipzig, Wolf et comp., 1er vol. gr. in-8. contient une Vie de Lucrèce, par Eichstædt; une Lettre à Weiss sur le plan de l'édit.; les Remarques de Bentley; le Comment. de Wakefield entier et ses préf.; des notes choisies dans les anciennes éditions; enfin, des notes de l'édition et des index immenses. Le texte est généralement celui de Wakefield, sauf dans les passages où le docte anglais s'est abandonné à son génie conjectural.

1805. Dans la trad. métr. angl. de Mason Good, 2 vol. in-4.
1813. Deuxième édition Wakefield, Glascow, Bell et comp., 4 vol. in-8.
1821. Dans la traduction allemande de Knebel.
1821. Cambray, Hurez, in-12, formant le 1er vol. de la collection des poètes latins anciens (simple réimpression classique du texte).
1823. Dans la traduction française en vers, Pongerville.
1823. Édition Valpi, dans la Coll. the Delphin Classics with the var. not. intit. *the Regent's edition;* n°s 50, 51, 52, fév. mars, avril.

IV. TRADUCTIONS.

1. *Françaises.*

A. *En prose.*

1°. De Marolle : *le poète Lucrèce*, latin et françois, de la traduction de M. de Marolle, Paris, Toussaint Quinet, in-8, 1650. — Réimprimé sous le titre : *les six livres de Lucrèce, de la nature des choses,* etc., seconde édition, augmentée de tabl. et de remarq., etc., etc.; Vie d'Épicure, tirée de Diogène-Laërce, Paris, Guil. de Luyne, in-8.

2°. Des Coutures (baron). *Lucrèce, de la nature des choses,* avec des remarques sur les endroits les plus difficiles; Paris, Th. Guillain, 2 vol. in-8. — Seconde édition, sous le titre : *les OEuvres de Lucrèce,* contenant sa philosophie; sur la physique ou l'origine de toutes choses, avec des remarques sur tout l'ouvrage; par M. le baron Des Coutures. — Dernière édit. avec l'orig. lat. et la Vie de Lucrèce, Paris, 2 vol. in-12. — Troisième édition, sous le titre : *Lucrèce, de la nature des choses*, avec des remarq. sur les endroits les plus difficiles; Paris, Mich. David, 2 vol. in-12.

3°. C. Jos. Panckoucke (anonyme), traduct. libre de Lucrèce avec un disc. prélimin. Plusieurs passages retranchés ou altérés à dessein. Du reste estimable. 2 vol. in-12, 1768.

4°. Lagrange : *Lucrèce*, traduction nouvelle avec des notes; par M. L. G.; Paris, Bleuet, 1788, 2 vol. in-8. fig., texte en regard. — 2ᵉ édit.; Paris, Didot jeune, 1794, 2 vol. in-4. (quelquefois div. en 3), fig. — 3ᵉ édition, avec texte en regard et notes; Paris, Potey et Larêne, an VII (1799), 2 vol. in-8. — 1821, 4ᵉ édition, avec texte en regard, Paris, Aug. Delalain, 2 vol. in-12. — 5ᵉ édition; Paris, Delongchamps, 1823, 2 vol. in-18.

B. *En vers.*

Langlois (Jacq.), Paris, 1677. Ce volume de prose rimée est moins une version de Lucrèce que la rédaction en vers de la traduction de Marolle.

Le Blanc de Guillet: *Lucrèce, de la nature des choses*, Paris, Moutard, 2 vol. in-8. — Très-mauvaise, 1788.

Pongerville, traduction très-estimée et qui va de pair avec celle de Mason Good, en anglais. — Seconde édition, 1828; Paris, Dondey-Dupré.

N. B. On possédait déjà, en fait de morceaux ou traductions partielles :

1°. La traduct. du Comment. de Lucrèce (vers 1-104), par Jean Hénaut. (Ins. dans le Recueil de pièces choisies, tant en prose qu'en vers, rassemblées en 2 vol., par Bern. de la Monnaie, La Haie, 1714, in-8.; et dans les notes du premier livre de la traduction poétique, Pongerville, p. 118 et suiv. de l'édit. 1828.

2°. La traduct. en galimathias fait expr. du Comment. de Lucrèce, par madame Deshoulières. (C'est là qu'en dépit des éloges prodigués, ou par l'ignorance, ou par un excès d'urbanité française, on peut achever de prendre une idée du talent et du genre d'esprit de l'auteur des épîtres de Tata à Grisette et de Grisette à Tata.)

3°. Le fragment inséré dans le *Misanthrope*, acte V, scène II. (Molière avait entrepris une traduction complète de Lucrèce en vers. Plus tard, pressé par la nécessité de composer pour son théâtre, il prit, dit-on, la résolution de ne mettre en vers que les morceaux brillans et les épisodes, et de laisser le reste en prose. Enfin, il perdit ou jeta au feu sa traduction, dont l'unique reste est celui que nous indiquons ici, et qui doit faire vivement regretter le reste.)

4°. Traduction de l'Invocation de Lucrèce (vers 1-104), par Legouvé (ins. dans les notes de ses poésies diverses et fugitives; gracieuse, charmante et assez énergique; peut-être un peu paraphrasée et quelquefois d'une fidélité trop large et trop commode).

5°. Traduction des mêmes vers, par Chénier (ins. dans les poésies diverses et dans l'édit. complète de Paris). Moins jolie, mais plus forte et plus concise que celle de Legouvé. Au reste, il est aisé de voir que le puissant génie de Chénier est plus à l'aise lorsqu'il s'agit de créer que quand il lui prend fantaisie de se plier aux idées et aux formes d'un autre.

2. *Anglaises.*

A. *En prose.*

Anonyme. *Titi Lucretii Cari de rerum natura libri VI.* With a free prose english version, illustrated with notes and adorned with cuts by Guernier. Lond., imp. de Dan. Brown, 2 vol. in-8, 1743.

N. B. Th. Sprat a traduit la Description de la peste, Londres, in-8., 1676.

B. *En vers.* — 2. *Complètes.*

Creech. *T. Lucretius Carus on the nature of the things in six books*, translated into english verses by Th. Creech. Explained and illustrated, with notes and animadversions, being a complet system of Epicurean philosophy,

Oxford, in-8. (Nous avons parlé ci-dessus de l'excellence de ces notes qui pourtant pourraient être surpassées aujourd'hui). — Réimpress. à Oxford, 1683, in-8., et à Londres, 1714, 15, 22, 44 et 76, 2 vol. in-8.

Mason Good. *The nature of the things, a didactic poem translated from the lat. of T. Luc. Carus,* accomp. with the orig. texte and illust. with notes philological and explanatory, by Mason Good, Lond., 1805, 2 v. in-4. Très-belle édition, notes très-savantes sur la philosophie et la physique. Rapprochemens nombreux avec des morceaux modernes plus ou moins analogues aux passages de Lucrèce. Préface et Vie de Lucrèce très-détaillée. Vers blancs très-beaux, expressifs, énergiques. Concision remarquable. Les vers anglais (qui sont dissyllab., tandis que nul vers latin n'a moins de treize syllabes et quelquefois en a dix-huit et même dix-neuf) ne surpassent guère le nombre des vers de l'original.

5. *Partielles.*

1°. Evelyn, liv. 1, Lond., imprim. de Bedle, in-8., 1656.
2°. Dryden : début du premier livre; début du second; fin du troisième (contre la crainte de la mort); fin du quatrième (sur la génération et l'amour); fragm. du cinquième (inséré dans les *Originals poems and transl. of John Dryden,* Londres, 1743, in-12, tom. II, pag. 46-69).
3°. Beattie : Fragm. (dans les *Originals poems and transl.*), Londres, 1761, in-8.
4°. Wakefield : morceaux du livre II, v. 342, etc. (dans ses *Poetical transl. of the ancients,* Lond., 1795, in-8.).
5°. Anonyme, liv. 1 : *The first book of T. Lucretius Carus on the nature of the things,* in english verses, with the lat. text., Londres, Faulder, in-8.

3. *Allemandes.*

A. *En prose.* — a. *Complètes.*

1°. Mayr (Fr.-Xav.), Vienne, in-8., 2 v., 1784

2°. Knebel (K.-L. von), Leipzig, Goschen, 1821, 2 vol. grand in-8. avec le texte de Wakefield, 1 vol. sans le texte latin. Cette traduction avait été annoncée, dès 1794, par un fragment intitulé : *Tit. Luk. Carus, v. der Nat. der Dinge;* 3tes *Buch. Neu verteuscht* (von Knebel), (inséré dans le *Neu teutsch. Merk.* 1794. Decemb.)

3°. Meinecke (J.-H.-F.), Leipzig, 2 vol. in-8. texte latin en regard, 1795. (Cf. Wieland, *Gedank. üb. e. deutsch. Übers. des Lucr.* (inséré dans le *Neu. Deutsch. Merk.*, 1792, III, p. 22.)

B. *Partielles.*

Rode. Hymne à Vénus (liv. 1er, v. 1-44). L'Incrédulité (1, 81-102). Exhortation à la philos. (II, 1-61). Contre la crainte de la mort (III, 874-1107). L'Amour (IV, 1099-1185). (Ins. dans les *Philosophischen und andern-Gedichten* de Rode, Hambourg, 1785, in-8.)

B. *En vers.* — 2. *Complètes;* aucune. — 4. *Partielles.*

1°. Müller (G.-Ephr.), dans l'*Historischkrit. Einleitung z. Kenntniss d. alt. Lat. Schriftst.* Dresde, 1747 et suiv., in-8.

2°. Dusch (J.-J.), dans *Brief. z. Bildung d. Geschm.* Breslau, 1773, 2 vol. in-8.

3°. Schmidt, dans *Trad. de Crusius*, 1777??

4°. OElsel. Liv. 1 (dans les *Denkwürdigkeiten aus der philosophischen Welt*, herausg. v. K. A. Cæsar OElsel, liv. III ; Leipzig, 1786, in-8.)

5°. Kindervater (Ch.-V.) : *Versuch einer Übersetzung der Lukrez* (ibid. vol. IV), 1787.

6°. Anon. (Knebel?) *Probe einer Üb. der T. L. K. v. d. Nat. d. D.*, liv. 1 (inséré dans *Neu. teu. merk.* Sept. 1792.

7°. Herder (dans *Neu. t. Merk.* 1792, et dans *Brief. z. Beförderung d. Humanität*, 3e rec. Riga, 1794.

8°. Halem (dans le *Journ. de Slesvig, Janv.* 1793).

9°. Anonyme : *Probe e. neuen Ub. des Lukrezgischen Ged. v. d. N. der D.*, fragment du 1er chant (inséré dans *Neu. teu. Merk. Mars* 1793).

4. *Italiennes.*

1°. Frachetta. *Breve Sposizione di tutta l'opera di Lucretio con alcuni Discorsi sopra l'invocatione di detta opera*, Venetia, in-4., appresso Pietro Paganini.
2°. Marchetti (Alex.), en vers, Londres, 1717, Pickard, in-8.; 2ᵉ édit., Amsterdam, 1754, 2 vol. in-8. fig.; 3ᵉ, Lausanne, 2 vol. in-8., texte latin, plus l'Anti-Lucrèce, trad. en ital. par D. Francesco Maria Ricci; 4ᵉ édition, Londres, 2 vol. in-18; 5ᵉ, Londres, 2 vol. in-8., 1764, avec observations de l'abbé Domenico Lazzarini; 6ᵉ, même traduction, sans indication du lieu de l'impression, du nom du libraire, ni de celui de l'imprimeur, 1768, in-8.; 7ᵉ, Londres, 1779, Mackentosh, in-4., supérieure à toutes les précédentes, et la seule où le texte italien contienne les dernières corrections et additions opérées ou voulues par l'auteur.
3°. *La Filosofia della Natura di Lucretio Caro dell' abate Raffaéle pastore*, Londra, 1776, 2 vol. in-8. (traduction en vers).

5. *Hollandaises.*

1°. Dekker (Jérém.), 1693 (*voyez* Rab., Bœksaalvan Europ., 1693, tome II, page 251, et 1699, tome I, page 91). — En vers.
2°. De Witt (Jo.), mais anonyme. Amsterdam, in-8. — Prose.

V. OUVRAGES AUXQUELS LUCRÈGE A DONNÉ LIEU.

A. *Biographies.*

Lambin (à la tête de ses éditions).
Giffen (it. *Voyez* Notice des éditions).
Crinitus (Petrus), *De poetis latinis.*
Bayle, *Dictionnaire critique.*
Anonyme. Observat. sur la vie et les ouvrages de Lucrèce (dans les *Christian freethinker, etc.*, Londres, 1740, in-8.)

Eichstædt (édit. 1801).
Mason Good (trad. en vers anglais, 1805).
Schœll, *Tabl. de la littérature romaine*, tome I.
Villemain, *Biograph. univ.* de Michaud, xxv.
Pongerville (à la tête de sa *traduction en vers*).

B. *Réfutations ou adhésions.*

Scipion C.
Aonius Palearius, *de Immortalitate animæ.*
De Polignac, *Anti-Lucrèce.*
Baxter, *De animi immaterialitate quam dicunt sec. Lucret. etc.*, (dans les *Inquiry into the Nat. of the human soul.*)

C. *Jugemens principaux, etc.*

Outre les biographies ci-dessus indiquées et qui toutes sont aussi littéraires qu'historiques,
Baillet, *Jugemens des savans.*
Le Batteux.
La Harpe, *Cours de littérature.*
Fontanes, *Préface de la traduct. de l'Essai sur Pope.*

D. *Notices, notes, programmata, éditions promises, etc.*

Voir l'édition Valpi, Londres, 1823, p. 1740, 1, 2. Ajoutez 1° Montaigne, 2° le passage de l'ouvrage du docteur Bally, sur la Fièvre jaune d'Amérique, où il compare méthodiquement et symptôme par symptôme, les caractères de la contagion américaine et de la peste de l'Attique, telle qu'elle a été décrite par Thucydide.

Au Jardin du Roi, mai 1829.

J.-B. F. St. AJASSON DE GRANDSAGNE.

PRÉFACE.

L'opinion littéraire flotte long-temps incertaine. Les arbitres éclairés sont rares; peu d'hommes ont la faculté de juger par eux-mêmes; et la paresse, la distraction ne permettent pas toujours aux plus instruits de comparer les pièces du procès; on se borne à recevoir des jugemens tout faits, on les adopte par insouciance, on les répète par habitude. Aussi a-t-on vu souvent des erreurs propagées par ceux mêmes qui les auraient proscrites s'ils avaient eu le courage d'en examiner les sources.

La voix de dix-huit siècles proclamait en vain la gloire de Lucrèce dans toutes les nations : il fut long-temps en France exposé à une prévention injuste, qui, affaiblissant par degrés l'éclat de son immortel ouvrage, le tint éloigné de la méditation des hommes studieux et de l'instruction classique, à la perfection de laquelle son genre de latinité est si indispensable, que tout habile chef de l'instruction publique se hâtera de rendre aux études la partie de ce chef-d'œuvre que la jeunesse peut connaître sans danger, et approfondir avec tant d'avantages. Déjà le public littéraire, éclairé sur le mérite du poète philosophe, a déchiré le voile qui le cacha trop long-temps à son admiration.

Non-seulement on apprécie Lucrèce comme écrivain, mais on a cessé de donner une absurde interprétation à sa morale. On a rendu une entière justice à cette longue série des phénomènes les plus intéressans de la nature, retracés par le génie avec une fraîcheur que le temps ne peut altérer. Les siècles changent et modifient le goût, les préjugés, les mœurs des nations; mais les scènes de la nature se reproduisent avec une constance éternelle. Les tableaux de Lucrèce sont encore ce qu'ils étaient en sortant de la main du grand peintre, investigateur audacieux de la marche de l'univers, qui porta son essor au delà des limites posées par l'esprit humain, et qui, le premier, pénétrant les lois les plus profondes de la nature, révéla, par l'inspiration du génie, des secrets que deux mille ans d'expérience et de longs travaux scientifiques ont enfin irrévocablement confirmés. Il est vrai que Lucrèce, dans plusieurs passages, retrace les systèmes de physique avec toutes les erreurs adoptées de son temps. Il a partagé ces erreurs de détails, et, par cela même, son poëme a le mérite de constater l'état des connaissances positives à cette époque si voisine du règne d'Auguste; mais, s'il se trouva d'accord avec son siècle sur ces objets secondaires, il créa, dans son système général de la Nature, des hypothèses qui sont devenues le foyer où les modernes ont allumé le flambeau qui éclaira leurs plus utiles découvertes. Nous parlerons succinctement de l'hommage indirect rendu au poëte philosophe par nos plus illustres savans. Son génie apprécié universellement n'a plus besoin d'éloges; je me bornerai seulement à présenter quelques réflexions sur le genre caractéristique de son mérite poétique.

On a cru, sur la foi de quelques commentateurs de Lucrèce, que ce grand poète s'était servi d'un idiome à peine formé, que des critiques qualifient de langage étrusque; ils prétendent que sa poésie, empreinte d'une rudesse sauvage, offre de l'analogie avec ses pensées, et donne à son style une couleur tranchée qui le caractérise, et met entre Lucrèce et les poètes du siècle d'Auguste un intervalle immense. On s'est trompé, j'ose l'affirmer. Lucrèce, contemporain de l'âge mûr de Cicéron et de la jeunesse de Virgile, employait une langue que Plaute, Térence, Catulle, Cornelius Sévère, Cicéron, et tant d'autres écrivains célèbres avaient déjà rendue si élégante. Lucrèce n'ignorait pas les ressources de sa langue, il le prouve souvent par un artifice du tour poétique qui a servi de type aux plus admirables beautés des poètes qui lui ont immédiatement succédé; mais il est juste de reconnaître que son poëme est généralement resté imparfait, surtout sous le rapport du style. Après avoir, jeune encore, élevé un si vaste monument, le temps lui a manqué pour le perfectionner; ses maux physiques, sa fin prématurée l'empêchèrent sans doute de polir ses vers, de retrancher des répétitions d'idées et de mots; quelquefois il commence une période avec autant de grâce que d'éclat et de noblesse, et la termine avec des expressions communes, des tours languissans, des épithètes oiseuses et des redondances de mots durs ou communs. Une partie des vers de Lucrèce paraît dictée par la muse de Virgile; l'autre ne présente qu'une ébauche où l'on reconnaît à peine la main du maître : sa poésie ressemble, si j'ose m'exprimer ainsi, à ce lion que Milton peint, dans son ingénieuse création des êtres, et dont une part s'agite pleine de force et brillante de beauté, tandis que l'autre demi-formée est encore adhérente au limon originel.

Si son style est inégal, du moins son vol est toujours

soutenu; du haut de la sphère où il s'élance, il embrasse d'un coup d'œil les plus vastes scènes de la nature, il les retrace avec la brûlante chaleur de son âme; ses forces poétiques le trahissent quelquefois; mais il n'est jamais bizarre, et sa rudesse tient moins à la langue qu'il manie qu'à l'abondance extrême de ses vastes pensées, qu'il n'a pas toujours eu le temps de revêtir du coloris poétique. Si sa vie s'était prolongée, s'il avait pu voir son émule triomphant s'élancer à côté de lui dans la carrière, il aurait senti ce qui manquait à sa poésie; et la perfection de l'auteur des Géorgiques lui aurait imposé la nécessité de lutter sans cesse contre les difficultés de l'expression et de l'harmonie, et de mêler à sa couronne les palmes dont se couvrait son rival de gloire. Je rapporte ici le parallèle que j'ai établi entre ces deux hommes extraordinaires. Lucrèce, sans atteindre à cette élégance soutenue, à cette concision pleine de grâce dont Virgile a offert le modèle aux poètes du siècle d'Auguste; Lucrèce, dans un autre genre, a donné à la langue latine un grand essor. Les expressions vieillies que l'on trouve souvent au milieu de ses beaux passages, sont évidemment employées avec intention. Il s'est plu à rendre certaines images pittoresques par des locutions anciennes qui, à défaut d'harmonie, ont une précision énergique. Virgile, excité par la gloire du chantre de la nature, ambitionne des lauriers inconnus à son rival : maître du temps qui avait manqué à son prédécesseur, doué d'un génie plus souple, il trouva l'heureux secret de donner à ses tableaux cette juste étendue qui plaît à l'imagination et ne la fatigue jamais. Il fit de précieux emprunts à la muse des Grecs, et son goût exquis, son oreille délicate, enrichirent sa poésie de l'élégance continue qui semble être le dernier terme de la perfection de cet art enchanteur. Mais si Virgile est toujours plus harmonieux que Lucrèce, Lucrèce est souvent plus expressif; l'un copie fidèlement les nuances de la nature, l'autre pénètre ses plus profonds mystères; le premier charme l'imagination, le second l'étonne et la maîtrise : opposés de goût et de méthode, ils se rapprochent souvent par leurs conceptions et par la justesse des raisonnemens; l'un et l'autre, doués d'un génie brillant et solide, ont fondé des monumens éternels : si Virgile franchit la carrière à pas de géant, Lucrèce s'y distingua le premier et en aplanit les difficultés; enfin la perfection même de l'auteur de l'Énéide est encore un titre de gloire pour le chantre de la nature.

La renommée, qui à travers les siècles nous a transmis les productions du génie de Lucrèce, nous a laissé ignorer presque toutes les circonstances qui lui ont été particulières. Des recherches assidues ont peu satisfait à cet égard la juste curiosité de ses nombreux admirateurs. La date de sa naissance a été long-temps l'objet d'investigations infructueuses. Pourtant, d'après les inductions les plus vraisemblables, il naquit vers la fin de la 171e olympiade, dans ces temps où la liberté romaine s'anéantissait sous les atteintes rivales d'ambitieux soldats se disputant, au milieu des ruines, le funeste honneur de donner des fers au peuple qui avait enchaîné l'univers. La jeunesse de Lucrèce fut témoin des attentats criminels des Marius, des Sylla, des Catilina et des César; il parut à cette époque féconde en tyrans et en grands hommes; il fut le contemporain et l'ami de Cicéron, d'Atticus, de Catulle, et de Memmius, homme d'état célèbre à qui il dédia son poëme. On croit que Lucrèce descendait de l'illustre famille qui eut pour chef reconnu Spurius Lucretius Tricipitinus, créé *interrex* après la funeste aventure de sa fille, la belle et infortunée Lucrétia.

Si la naissance du poète lui ouvrait le chemin des grandeurs, sa philosophie les dédaigna; adversaire de tous les préjugés, il ne rechercha que les distinctions de la vertu et des talens; il pensait sans doute que la plus noble prérogative de l'homme de lettres est l'indépendance, et que l'esprit même le plus puissant, embarrassé dans les entraves de l'étiquette et des grandeurs, ne s'élève qu'à une hauteur médiocre : l'âme, qui s'est une fois courbée sous les préjugés, conserve les plis ineffaçables de la servitude. Si la retraite où Lucrèce paraît avoir constamment vécu, nous a ravi les détails de sa vie privée, son ouvrage supplée à ce silence : l'homme de génie se peint dans ses œuvres. La pureté de sa morale, son enthousiasme pour la vertu, ses maximes de sagesse et de modération suffisent à son éloge aux yeux de la postérité. Il n'est pas inutile de remarquer que le surnom de *Carus* donné au poète philosophe, dépose encore en sa faveur. Ses amis lui avaient décerné ce titre : en l'acceptant, il se jugeait donc digne de le porter. Lucrèce, ami des hommes, les suivant de son œil investigateur dans la route de la vie, ne voulut jamais descendre parmi la foule; il fait allusion à son sort quand il retrace si poétiquement le tranquille bonheur du philosophe qui, du haut du temple de la sagesse, contemple le naufrage des ambitieux, et goûte le plaisir d'échapper à leurs tourmens.

Quand l'Océan s'irrite, agité par l'orage,
Il est doux, sans péril, d'observer du rivage

PRÉFACE.

Les efforts douloureux des tremblans matelots
Luttant contre la mort sur le gouffre des flots;
Et quoiqu'à la pitié leur destin nous invite,
On jouit en secret des malheurs qu'on évite.
Il est doux, Memmius, à l'abri des combats,
De contempler le choc des farouches soldats.
Mais viens, il est encor de plus douces images :
Viens, porte un vol hardi jusqu'au temple des sages.
Là, jetant sur le monde un regard dédaigneux,
Vois ramper fièrement les mortels orgueilleux.
Ils briguent de vains droits, s'arrachent la victoire,
Les titres fastueux, les palmes de la gloire,
Usurpent d'un haut rang l'infructueux honneur,
Et trouvent le remords en cherchant le bonheur.

On a prétendu qu'il y avait de l'égoïsme et même de l'insensibilité dans cette réflexion. L'un des plus nobles et des plus zélés admirateurs de Lucrèce, Voltaire, lui adresse ce reproche. Il me semble que Voltaire a jugé ici Lucrèce sur l'expression plutôt que sur le fond de la pensée, que le poète explique dans le passage suivant, en peignant avec une chaleur si vraie les charmes de sa retraite philosophique :

Hommes infortunés, quelle aveugle inconstance
Transforme en longs tourmens votre courte existence!
Eh! quel bien conduit donc à la félicité?
L'absence de l'erreur et la douce santé.

Nos besoins sont bornés, et la terre féconde
Accorde à nos besoins les biens dont elle abonde.
D'un prestige éclatant, ah! loin de s'éblouir,
N'est-il pas riche assez celui qui sait jouir?
O toi, mortel heureux dans ta noble indigence,
Si du luxe trompeur la magique élégance
N'a point, pour soutenir tes superbes flambeaux,
En statue avec art transformé les métaux;

Si l'or, resplendissant du feu qui le colore,
Ne rend point à tes nuits la clarté de l'aurore;
De la lyre pour toi, si les sons mesurés,
Ne retentissent pas sous des lambris dorés;
Dédaignant des plaisirs la frivole imposture,
Sitôt que le printemps rajeunit la nature,
Étendu mollement au bord des frais ruisseaux,
Tu reposes couvert de rians arbrisseaux;
A tes yeux enchantés la terre est refleurie;
La vapeur du matin, les forêts, la prairie,
La voûte d'un beau ciel, le zéphir caressant,
Tout porte le bonheur dans ton cœur innocent.

Lucrèce, selon l'usage des jeunes Romains destinés à s'instruire, avait voyagé dans la Grèce, accompagné, dit-on, du célèbre grammairien Nicétas. C'est sans doute sous le ciel d'Athènes que le poète romain voua son admiration au scrutateur de la nature; c'est sans doute sur cette terre magique que, se remplissant du génie d'Épicure, il résolut de l'immortaliser dans ses vers. En effet, les doctes écrits du philosophe de Gargette n'existeraient plus pour nous; les vers de son interprète les ont en quelque sorte sauvés du naufrage des temps.

Lucrèce rendit le domaine de la poésie immense, comme la nature dont il est le peintre hardi. Les poètes avant lui avaient employé les ressources du génie et du talent à diviniser chaque partie de la nature, à célébrer les passions et les vices, à les faire aimer pour ainsi dire en leur prêtant le charme magique de la poésie. Lucrèce, ardent ami de la vérité, adversaire inflexible de l'erreur et du crime, consacra son art sublime au triomphe de la morale à laquelle il crut qu'il était possible d'attacher les hommes par le seul attrait de la vertu et la seule puissance de la raison. S'il s'est privé des ressources ordinaires aux poètes, en dédaignant les vaines fictions, il a reproduit le plus grand des prodiges, l'ordre immuable de l'univers. Chacun de ses raisonnemens est un tableau, ou plutôt il ne raisonne pas: il peint. Cette longue série d'images, dont l'ensemble forme un tout si harmonieux, exigeait et suppose dans leur auteur le développement de la plus grande puissance de l'esprit humain. Aucun écrivain ne s'éleva plus haut que Lucrèce; il joint à la vigueur poétique la logique puissante de la philosophie. La raison accompagne toujours l'essor de sa muse; lors même qu'il aborde un terrain mouvant, si quelquefois il le parcourt avec peine, du moins il ne s'égare jamais. Comment donc a-t-on pu supposer que son vaste ouvrage, qu'un seul défaut de raisonnement, un seul mot impropre aurait entièrement bouleversé, ait été créé dans les intervalles lucides qu'une altération mentale laissait à l'auteur? On ne concevrait pas cette étrange assertion, si de trop nombreux exemples ne prouvaient à quel point l'erreur et l'absurdité se mêlent à l'opinion des hommes. Aucun fait, aucun document n'appuie d'ailleurs cette supposition. Les conjectures à cet égard n'ont même aucune source connue. La force, la véhémence du génie de Lucrèce fut qualifiée de fureur par Stace, *Docti furor arduus Lucreti*. Cette expression du poète, détournée de sa véritable acception, a peut-être donné lieu à cette singulière imputation. Plus d'une absurdité s'est propagée avec une autorité non moins douteuse. On a aussi prétendu que Lucrèce s'était donné la mort, afin de ne point survivre à la disgrâce de son ami Memmius; mais le poète philosophe pouvait-il regarder comme un malheur la retraite où rentrait son noble ami, à qui il avait adressé ces vers en l'engageant à abandonner les rênes de l'État.

> . . . . et te
> Semotum a curis adhibe veram ad rationem.

On a aussi affirmé que cette prétendue démence de Lucrèce avait été occasionée par un *philtre amoureux* donné au poète par Lucilia, sa femme ou sa maîtresse, dans l'intention de ranimer en lui un sentiment de volupté dont la source tarissait. Ce fait n'a rien non plus de vraisemblable; et la mort prématurée de Lucrèce a sans doute donné lieu à cette foule de conjectures qui portent toutes l'empreinte de l'erreur. Lucrèce, on n'en peut douter, s'est lui-même donné la mort; tous les écrivains de son époque l'ont attesté; mais si le fait est connu, le motif en est absolument caché. Lucrèce, malheureux par des causes que le temps nous dérobe à jamais, vivant au milieu d'un peuple où les mœurs toléraient le suicide, fortifié d'ailleurs par des principes qu'il développe dans une partie de son ouvrage, crut pouvoir rejeter la vie comme un fardeau incommode, en répétant avec calme ce beau vers de son troisième chant :

> Cur non, ut plenus vitæ conviva recedis?

Tout porte à croire que Lucrèce mourut à quarante-quatre ans, et l'on peut assurer que sa mort arriva à l'époque où Virgile prit la robe virile, formalité que les lois n'autorisaient qu'à l'âge de dix-huit ans. Comme il est naturel aux hommes de mêler à la vérité les fables qui la défigurent, les partisans du merveilleux prétendirent que Virgile reçut la vie le jour même où Lucrèce la quitta; et les sectateurs de Pythagore ajoutèrent que l'âme du chantre de la nature passa dans le corps de l'auteur des Géorgiques. Cette fable fait également honneur aux deux grands poètes.

La réputation du poëme de la nature s'accrut à la mort de Lucrèce. On lui voua une admiration universelle. Cicéron, qui avait été l'ami particulier de l'auteur, se fit gloire d'en augmenter les copies, revues par ses soins et accompagnées de ses remarques. Les plus grands poètes latins qui lui succédèrent lui ont offert un tribut d'éloges, à l'exception d'Horace; peut-être parce qu'il lui devait trop, il ne lui paya rien. Virgile, qui avait trouvé dans Lucrèce un si beau modèle et de si nobles inspirations, lui adresse dans les Géorgiques cette touchante apostrophe :

> Felix, qui potuit rerum cognoscere causas,
> Atque metus omnes, et inexorabile fatum
> Subjecit pedidus, strepitumque Acherontis avari!

Il y a dans ces vers un sentiment au dessus même de l'admiration. Ovide parle souvent de Lucrèce, et toujours avec enthousiasme; comme dans ce distique :

> Carmina sublimis tunc sunt peritura Lucreti
> Exitio terras quum dabit una dies.

S'il était nécessaire de prouver la supériorité du mérite poétique de Lucrèce, l'opinion de Virgile et de l'auteur des Métamorphoses ferait plus que toutes les autorités modernes.

Le cardinal de Polignac, prêtre instruit et partisan outré du système cartésien, qu'il expliqua en vers latins, admirait la poésie de Lucrèce. Il en imita les formes, et comme il adressait à Dieu à peu près ce que le poète adresse à la nature, il crut pouvoir intituler *Anti-Lucrèce* un recueil de vers, où Lucrèce est souvent paraphrasé plutôt que réfuté. Le versificateur gallo-latin crut avec raison donner, par ce titre, de l'importance à son œuvre, véritable centon, qui n'en est pas moins un tour de force, et donne une preuve de grande érudition et de courage dans un prélat de cour. Il faut convenir qu'il a su réunir adroitement plusieurs passages des bons auteurs latins, y joindre même des idées heureuses, exprimées avec une facile élégance, et peindre clairement dans une langue étrangère et morte un système hérissé de détails techniques et de raisonnemens abstraits. L'ouvrage ne fut publié qu'après la mort du cardinal, mais souvent lu, quoique inédit, il avait acquis de la réputation à son auteur. Après sa publication, Voltaire lui prodigua des éloges, et cette voix puissante fit sa célébrité. La première impression s'efface difficilement; on croit sur parole, et la réputation de Polignac s'est conservée jusqu'aujourd'hui. Un mérite qu'on ne peut lui contester est la connaissance parfaite du langage de Lucrèce : l'admiration qu'il lui vouait est encore un titre irrécusable pour le poète romain.

Gassendi le premier en France apprécia le système corpusculaire d'Épicure, renouvelé et expliqué par Lucrèce, et jusque-là si mal compris et si ridiculement défiguré. Lucrèce avait à cet égard devancé les investigations de la science. Il en est de même de la pluralité des mondes, dont son génie eut la révélation. Ces orbes immenses que vingt siècles d'expériences et de travaux scientifiques nous permettent de mesurer, de peser et de suivre; ces orbes que les Newton, les Laplace et les Arago ont pour ainsi dire touchés de leurs mains savantes, avaient échappé aux yeux du philosophe poète ; il les devina ; car le ciel où nous comptons les astres n'était pour lui que la voûte immense de notre globe, ornée d'étincelles brillantes. Sa pensée seule apercevait les mondes dont l'espace est parsemé. Lucrèce a parlé aussi de la formation du globe et de ses habitans comme s'il avait été témoin de l'œuvre de la nature. Son opinion sur la disparition d'un nombre infini d'espèces animées, a été confirmée de nos jours par les prodigieuses investigations de l'illustre naturaliste qui, sous le sol même que nous habitons, a trouvé les restes de différens animaux inconnus, que le génie de la science a, pour ainsi dire, reformés et replacés dans la chaîne des êtres.

Il est bon de remarquer qu'à l'époque où Gassendi essayait de faire apprécier le plan et le but du poëme de Lucrèce, aucune bonne traduction n'avait mis l'ouvrage à la portée du grand nombre des amateurs de la littérature ; car il ne suffit point, pour comprendre un auteur tel que Lucrèce, de connaître la langue dans laquelle il écrit ; mais il est indispensable de se livrer à une étude approfondie du classement de ses idées et des nuances de son style, que Quintilien lui-même trouvait déjà difficile à entendre.

Les traductions en prose de l'abbé de Marolles et du baron Descoutures, ont ajouté à la fausse opinion qui s'était établie sur Lucrèce. Leur ignorance de son système, leur langage obscur et grossier étouffa entièrement les beautés de l'original. S'il est incontestable que la meilleure traduction d'un poète en prose n'en peut donner qu'une idée, non-seulement imparfaite, mais souvent fausse ; que peut-on attendre d'une version où les tours, les images et le mouvement du style sont diamètralement opposés au modèle? Long-temps après eux, un appréciateur éclairé de la philosophie ancienne, ami des lettres, qu'il cultivait en professant un art qui leur est si utile, Panckoucke, tenta de suppléer à l'absence d'une bonne traduction de Lucrèce par une version libre des principaux passages du poëme; il sentait les beautés de l'original, mais la couleur lui manqua pour les transmettre avec un entier succès. Son ouvrage fut estimé, et les réflexions philosophiques dont il l'accompagna ont placé l'auteur parmi les hommes éclairés qui ont facilité les progrès de l'étude des anciens. Lagrange, profitant des travaux de ses devanciers, et même de leurs erreurs, entra dans la carrière avec les ressources que lui offraient des commentaires nombreux et la puissance d'un esprit fortifié par de profondes études. Il s'empara de Lucrèce en homme fait pour s'élever à la hauteur de ses pensées. Le langage clair et simple du prosateur français fit exactement connaître le philosophe, mais il ne révéla point le poète. Les images s'évanouirent, les grands traits s'effacèrent, et cette scrupuleuse imitation des formes argumentatives, dépouillées de leur vivacité, de leurs tours énergiques et pittoresques, tout en reproduisant fidèlement les mots et le sens, devint littérairement une dangereuse infidélité. Lagrange enfin donna un ouvrage estimable, utile; mais peut-être, en n'offrant que le squelette du poète, contribua-t-il à faire oublier les formes admirables qui avaient charmé l'antiquité. Il faut reconnaître d'ailleurs qu'à l'époque où Lagrange écrivait, la langue convenable aux traducteurs en prose était encore négligée; elle n'était point ennoblie par les savantes importations des tours et des images de l'antiquité dues aux efforts des Victor Leclerc, des Burnouf, des Cousin, des Amar, et de plusieurs autres écrivains distingués qui ont tant augmenté les richesses de notre belle langue en puisant aux sources mêmes du goût et de l'art. Quelque temps après la traduction de Lagrange, parut un essai de traduction rimée par Leblanc de Guillet, auteur d'une certaine tragédie de Manco-Capac, où l'on trouve ce vers qui dans le temps excita l'hilarité du public :

Crois-tu de cruauté Manco-Capac capable.

La critique ne peut s'occuper d'un travail qui ressemble à une mauvaise parodie; et fait une énigme de chaque partie du poëme. Cette version, ridiculisée avant d'être oubliée, n'eut d'autre effet que d'ajouter aux préventions défavorables au grand poète outragé. L'Italie, plus heureuse, enrichit sa littérature de la traduction de Lucrèce, par Marchetti : elle devint très-célèbre; mais on sait que la langue italienne se prête tellement aux formes du latin, qu'une traduction des anciens est en quelque sorte un calque dans cet idiome qui reçoit, comme une cire obéissante, l'empreinte de l'original. Les obscurités, les passages abstraits ne gagnent rien en clarté dans la traduction; le poète italien a quelquefois oublié que l'art du traducteur est de donner une vie nouvelle aux images et aux pensées, qui, sans perdre leur physionomie primitive, doivent sortir comme neuves de l'esprit de celui qui s'est chargé de les reproduire.

L'Angleterre possède aussi une traduction très-estimée de notre poète, celle de Crecch, qui a joint à son travail un texte regardé par les savans comme le plus exact.

L'éditeur des Classiques latins a désiré accompagner

le texte d'une traduction nouvelle; je pense, sans rien retrancher de l'estime due à La Grange, que ce genre de travail peut toujours s'améliorer par des essais nouveaux; accoutumé d'ailleurs par une longue étude aux expressions de l'original, initié au secret de sa composition, j'ai cru devoir accepter la tâche difficile de traduire en prose le poète qu'il me fut si doux de reproduire en vers.

Aujourd'hui Lucrèce est entièrement connu. L'éloge et la critique n'ont rien laissé à dire sur le poète philosophe qui a repris enfin dans l'opinion le rang où son génie l'éleva parmi les grands écrivains de l'antiquité.

De Pongerville.

T. LUCRETII CARI

DE RERUM NATURA.

LIBER I.

Æneadum genetrix, hominum divumque voluptas,
Alma Venus, cœli subter labentia signa
Quæ mare navigerum, quæ terras frugiferentes
Concelebras; per te quoniam genus omne animantum
Concipitur, visitque exortum lumina solis :
Te, dea, te fugiunt venti, te nubila cœli,
Adventumque tuum; tibi suaves dædala tellus
Summittit flores; tibi rident æquora ponti,
Placatumque nitet diffuso lumine cœlum.
Nam simul ac species patefacta est verna diei,
Et reserata viget genitabilis aura Favoni;
Aeriæ primum volucres te, Diva, tuumque
Significant initum, percussæ corda tua vi :
Inde feræ pecudes persultant pabula læta,
Et rapidos tranant amnes; ita capta lepore
Illecebrisque tuis, omnis natura animantum
Te sequitur cupide, quo quamque inducere pergis :
Denique per maria ac montes, fluviosque rapaces,
Frondiferasque domos avium camposque virentes,

LUCRÈCE

DE LA NATURE DES CHOSES.

LIVRE I.

Mère des Romains, volupté des hommes et des dieux, ô Vénus, sous la voûte où les astres resplendissent, sur les mers que sillonnent nos vaisseaux, sur les terres que dorent les moissons, tu verses tes bienfaits. Tu donnes la vie à tous les êtres; toi seule ouvres leurs yeux à la lumière. O Déesse! à ton aspect les aquilons se taisent, les nuages se dissipent, la terre se pare de l'éclat de ses fleurs, l'Océan te sourit, et, dans l'azur du ciel serein, la lumière épurée se répand à grands flots. Dès que le doux printemps rouvre la carrière aux Zéphirs légers, ils parfument les airs de leur féconde haleine; les oiseaux t'annoncent par leurs chants voluptueux; les troupeaux boudissans dans les prés fleuris, traversent les rapides torrens. Embrasé de tes feux, tout est entraîné vers toi; au fond des mers, sur les montagnes, dans les fleuves profonds, sous la feuillée naissante, dans les vertes campagnes, tous les êtres brûlent d'épancher les flots d'amour qui repeuplent la terre. Unique souveraine de la nature, puisque toi seule nous guides aux champs lumi-

Omnibus incutiens blandum per pectora amorem,
Efficis ut cupide generatim sæcla propagent.
Quæ quoniam rerum naturam sola gubernas,
Nec sine te quidquam dias in luminis oras
Exoritur, neque fit lætum, nec amabile quidquam;
Te sociam studeo scribundis versibus esse,
Quos ego de RERUM NATURA pangere conor
Memmiadæ nostro, quem tu, Dea, tempore in omni
Omnibus ornatum voluisti excellere rebus :
Quo magis æternum da dictis, Diva, leporem.
EFFICE ut interea fera mœnera militiai
Per maria ac terras omnes, sopita quiescant :
Nam tu sola potes tranquilla pace juvare
Mortales; quoniam belli fera mœnera Mavors
Armipotens regit, in gremium qui sæpe tuum se
Rejicit, æterno devinctus volnere amoris;
Atque ita suspiciens, tereti cervice reposta,
Pascit amore avidos, inhians in te, Dea, visus;
Eque tuo pendet resupini spiritus ore.
Hunc tu, Diva, tuo recubantem corpore sancto
Circumfusa super, suaves ex ore loquelas
Funde, petens placidam Romanis, inclita, pacem.
Nam neque nos agere hoc, patriai tempore iniquo,
Possumus æquo animo; neque Memmi clara propago,
Talibus in rebus, communi deesse saluti.

QUOD superest, vacuas aures mihi, Memmiada, et te
Semotum a curis adhibe veram ad rationem;
Ne mea dona, tibi studio disposta fideli,
Intellecta prius quam sint, contempta relinquas :

neux de la vie, puisque sans toi nul n'obtient le don de plaire, source de grâce et de beauté, daigne, ô Vénus! t'associer à mes travaux; inspire-moi, je révèle les secrets de la nature à notre illustre Memmius[1], que tu comblas de tes dons les plus précieux; ô Déesse! prête à mes écrits un charme que le temps ne flétrisse jamais.

Cependant impose le repos à la guerre, dont la fureur homicide ensanglante la terre et l'Océan, car tu peux seule faire régner la concorde parmi les malheureux mortels. Quand le terrible Mars, du milieu des combats, lassé de sa gloire, se rejette sur ton sein, vaincu lui-même par la blessure d'un amour immortel[2], soutenu sur tes genoux sacrés, immobile, le dieu repaît d'amour ses avides regards, et son âme se suspend à tes lèvres de rose[3]; lorsque tu presses ses membres divins sur ton sein palpitant, ô Vénus! insinue tes suaves paroles jusqu'au fond de son cœur : parle, et que le dieu accorde la douce paix aux vœux des Romains. Car dans ces jours funestes où la patrie est déchirée par ses fils[4], je ne puis moi-même apporter un esprit libre au culte des Muses, et Memmius, livré tout entier au salut de l'état, ne doit pas être distrait par mes chants.

O Memmius, puisses-tu bientôt, affranchi de tes soins, prêter une oreille attentive aux leçons de la philosophie, et chercher d'un pas libre la route de la vérité! Garde-toi surtout de méconnaître le but de mes travaux. Je te

Nam tibi de summa cœli ratione Deumque
Disserere incipiam, et rerum primordia pandam,
Unde omnes Natura creet res, auctet alatque :
Quove eadem rursum Natura perempta resolvat :
Quæ nos *materiem*, et *genitalia corpora* rebus
Reddunda in ratione vocare, et *semina* rerum
Appellare suemus, et hæc eadem usurpare
Corpora prima, quod ex illis sunt omnia primis.
Omnis enim per se Divum natura necesse est
Immortali ævo summa cum pace fruatur,
Semota ab nostris rebus, sejunctaque longe;
Nam privata dolore omni, privata periclis,
Ipsa suis pollens opibus, nil indiga nostri,
Nec bene promeritis capitur, nec tangitur ira.
Humana ante oculos fœde quum vita jaceret
In terris, oppressa gravi sub Relligione,
Quæ caput a cœli regionibus ostendebat,
Horribili super aspectu mortalibus instans ;
Primum Graius homo mortales tollere contra
Est oculos ausus, primusque obsistere contra :
Quem nec fama Deum, nec fulmina, nec minitanti
Murmure compressit cœlum; sed eo magis acrem
Virtutem inritat animi, confringere ut arcta
Naturæ primus portarum claustra cupiret.
Ergo vivida vis animi pervicit, et extra
Processit longe flammantia mœnia mundi,
Atque omne immensum peragravit mente animoque;
Unde refert nobis victor, quid possit oriri,
Quid nequeat; finita potestas denique quoîque
Quanam sit ratione, atque alte terminus hærens.

dévoilerai les grands secrets des cieux et l'essence des immortels. Je t'ouvrirai les sources des élémens dont la nature a tiré les êtres, et dans lesquelles elle les replonge un jour. Ma muse donnera à ces élémens créateurs les noms de matière, de corps générateurs, et de premiers principes, parce qu'ils ont tout précédé et tout produit.

Les dieux, en effet, ont le noble privilège de couler dans une paix profonde leur immortalité[5] : séparés par un immense intervalle des évènemens de la terre, affranchis de douleurs et de crainte, indépendans des mortels, suffisant eux-mêmes à leur bonheur, les dieux ne sont ni touchés de nos vertus, ni courroucés de nos vices[6].

Cependant l'homme avili, le front courbé, les yeux attachés à la terre, gémissait sous le joug pesant de la religion. Ce monstre, du haut des régions célestes, montrait aux hommes épouvantés sa tête horrible. Un noble fils de la Grèce[7], le premier, porta sur lui ses regards audacieux, et refusa de s'incliner.

Ni l'effrayante renommée des dieux, ni la foudre, ni les éclats de l'Olympe menaçant ne l'arrêtèrent. L'obstacle irrite son courage; il brise les barrières de l'étroite enceinte du monde; son génie triomphant s'élance au delà des voûtes enflammées, et d'un vol intrépide traverse l'espace infini[8]. Victorieux, il revient enseigner à la terre ce qui peut et ce qui ne peut pas être admis à l'existence, quelle est la limite et la durée de tous les objets, et comment leur pouvoir est borné par leur propre essence. Alors le fanatisme, vaincu à son tour, fut hon-

Quare Relligio pedibus subjecta vicissim
Obteritur, nos exæquat victoria cœlo.
ILLUD in his rebus vereor, ne forte rearis
Impia te rationis inire elementa, viamque
Endogredi sceleris; quod contra, sæpius olim
Relligio peperit scelerosa atque impia facta :
Aulide quo pacto Triviai virginis aram
Iphianassai turparunt sanguine fœde
Ductores Danaum delecti, prima virorum.
Cui simul infula, virgineos circumdata comptus,
Ex utraque pari malarum parte profusa est,
Et mœstum simul ante aras adstare parentem
Sensit, et hunc propter ferrum celare ministros,
Aspectuque suo lacrymas effundere cives;
Muta metu, terram genibus summissa petebat;
Nec miseræ prodesse in tali tempore quibat,
Quod patrio princeps donarat nomine regem;
Nam sublata virum manibus tremebundaque, ad aras
Deducta est, non ut, solenni more sacrorum
Perfecto, posset claro comitari Hymenæo;
Sed casta, inceste, nubendi tempore in ipso,
Hostia consideret mactatu mœsta parentis;
Exitus ut classi felix faustusque daretur.
Tantum Relligio potuit suadere malorum!
TUTEMET a nobis, jam quovis tempore vatum
Terriloquis victus dictis desciscere quæres?
Quippe etenim quam multa tibi jam fingere possum
Somnia, quæ vitæ rationes vertere possint,
Fortunasque tuas omnes turbare timore!
Et merito; nam si certam finem esse viderent

teusement foulé aux pieds des mortels, et ce triomphe les fit monter au rang des dieux.

Mais je crains, Memmius, que tu ne m'accuses d'établir le règne de l'impiété, et d'ouvrir à tes pas la route des crimes. Ah! plutôt c'est l'erreur religieuse qui est impie et féconde en forfaits; c'est elle qui, dans l'Aulide, força les illustres chefs de la Grèce à souiller les autels de Diane du sang d'Iphigénie. A peine le bandeau mortel environne le front de la victime et flotte sur ses joues virginales, elle aperçoit son père debout près l'autel, l'œil morne et baissé; les sacrificateurs dérobent à ses regards le couteau sacré, et le peuple l'entoure avidement en répandant des larmes : muette d'effroi, elle tombe sur ses genoux tremblans. Vierge infortunée, c'est donc en vain que ta bouche, la première, donna le tendre nom de père au roi des rois. Des prêtres la soulèvent, l'entraînent à l'autel, éplorée et tremblante, non pour y consacrer les nœuds formés par l'amour, et la reconduire triomphante au milieu du brillant cortège de l'hyménée, mais pour la massacrer sous les yeux paternels, afin d'obtenir des dieux le belliqueux départ des vaisseaux de la Grèce : tant la religion peut enfanter de malheurs!

O Memmius! fatigué des antiques et terribles récits des poètes de tous les siècles, tu me fuiras, peut-être 9 ! tu craindras que je ne ramène ces songes lugubres qui, détrônant la raison, privent la vie de son guide et l'abandonnent aux déceptions de la terreur. Crédule, moi-même je t'approuverais; car l'homme n'apercevant point de

Ærumnarum homines, aliqua ratione valerent
Relligionibus atque minis obsistere vatum.
Nunc ratio nulla est restandi, nulla facultas;
Æternas quoniam poenas in morte timendum :
Ignoratur enim quæ sit natura animai;
Nata sit, an contra nascentibus insinuetur;
Et simul intereat nobiscum morte dirempta,
An tenebras Orci visat vastasque lacunas,
An pecudes alias divinitus insinuet se;
Ennius ut noster cecinit, qui primus amoeno
Detulit ex Helicone perenni fronde coronam,
Per gentes Italas hominum quæ clara clueret.
Etsi præterea tamen esse Acherusia templa
Ennius æternis exponit versibus edens;
Quo neque permanent animæ, neque corpora nostra,
Sed quædam simulacra modis pallentia miris :
Unde sibi exortam semper florentis Homeri
Commemorat speciem, lacrymas et fundere salsas
Coepisse, et rerum Naturam expandere dictis.

QUAPROPTER bene, quum superis de rebus habenda
Nobis est ratio, solis lunæque meatus
Qua fiant ratione, et qua vi quæque genantur
In terris; tum cumprimis, ratione sagaci,
Unde anima atque animi constet natura videndum,
Et quæ res nobis vigilantibus obvia, mentes
Terrificet morbo affectis somnoque sepultis;
Cernere uti videamur eos, audireque coram,
Morte obita, quorum tellus amplectitur ossa.
NEC me animi fallit, Graiorum obscura reperta

terme fixe à ses maux, ne peut rien opposer aux fantastiques menaces de la religion. Il ne lui reste aucun moyen de se mettre à l'abri des peines éternelles dont il est menacé dans la mort, parce qu'il ignore la nature de son âme; il ne sait si elle naît avec lui et s'insinue dans son corps lorsqu'il reçoit le jour, si elle meurt quand l'instrument de la vie est brisé, si elle lui survit et va visiter les sombres et vastes cavernes du Tartare, ou si l'ordre des dieux, dans chaque espèce différente, la fait errer de corps en corps, système célébré par notre Ennius[10], qui, le premier, couronné des fleurs renaissantes de l'Hélicon, est descendu triomphant parmi les peuples de l'Ausonie, qu'il charma par son luth divin. Cependant Ennius, dans ses vers immortels, nous retrace ce temple achérusien que n'habite ni l'âme ni le corps, mais où s'agitent et se pressent de pâles et légers simulacres; c'est dans leur foule que lui apparut Homère resplendissant d'une gloire toujours nouvelle, quand ce chantre divin, répandant des larmes amères, lui dévoila les grands secrets de la nature.

O Memmius! avant de porter des regards scrutateurs sur la divinité, d'approfondir les causes du mouvement des astres et des phénomènes de la terre, nous devons explorer les principes créateurs de l'âme et de l'esprit, la nature des objets qui les frappent pendant le jour et les assiègent encore dans le sommeil, et rechercher pourquoi, dans les songes douloureux de la maladie, nous revoyons, nous entendons encore ceux dont la mort nous a privés, et dont les restes sont enfermés au tombeau.

Mais je ne m'abuse point, je sais combien il est diffi-

Difficile illustrare latinis versibus esse;
Multa novis verbis præsertim quum sit agendum,
Propter egestatem linguæ et rerum novitatem.
Sed tua me virtus tamen, et sperata voluptas
Suavis amicitiæ, quem vis perferre laborem
Suadet, et inducit noctes vigilare serenas,
Quærentem dictis quibus, et quo carmine demum,
Clara tuæ possim præpandere lumina menti,
Res quibus occultas penitus convisere possis.
Hunc igitur terrorem animi tenebrasque, necesse est
Non radii solis, neque lucida tela diei
Discutiant, sed naturæ species ratioque.

Principium hinc cujus nobis exordia sumet,
Nullam rem e nihilo gigni divinitus unquam;
Quippe ita formido mortales continet omnes,
Quod multa in terris fieri, cœloque tuentur,
Quorum operum causas nulla ratione videre
Possunt, ac fieri divino numine rentur,
Quas ob. res, ubi viderimus nil posse creari
De nihilo, tum quod sequimur jam rectius inde
Perspiciemus, et unde queat res quæque creari,
Et quo quæque modo fiant opera sine Divum.

Nam si de nihilo fierent, ex omnibu' rebus
Omne genus nasci posset; nil semine egeret.
E mare primum homines, e terra posset oriri
Squammigerum genus, et volucres; erumpere cœlo
Armenta, atque aliæ pecudes, genus omne ferarum
Incerto partu, culta ac deserta teneret :

cile de reproduire avec élégance, dans l'idiôme de nos pères, les systèmes profonds de la Grèce. La pauvreté de notre langue, la nouveauté du sujet, me contraindront à créer des expressions nouvelles. Mais, ô mon ami! tu soutiens mon courage. Le charme de ta douce amitié me fera vaincre les plus pénibles obstacles : c'est pour toi que dans le calme imposant des nuits je cherche des traits brillans qui portent la clarté dans ton âme, et m'efforce de dévoiler la profondeur des secrets de l'univers; car pour dissiper la terreur et les ténèbres de l'esprit humain, la lumière de la raison est préférable à la splendeur d'un jour pur et aux rayons du soleil.

Écoute donc sa voix : *Jamais la Divinité même n'a rien tiré du néant.* Sans doute la crainte dispose tellement du cœur de l'homme, qu'à l'aspect des phénomènes du ciel et de la terre, dont il ne pouvait pénétrer les causes, il a supposé que la Divinité régissait la nature. Quand nous serons convaincus que rien ne s'est fait de rien, nous connaîtrons la route que nous devons suivre, la source dont tous les corps sont sortis, et comment tous les êtres qui peuplent le monde ont reçu l'existence sans le secours des dieux.

Car si chaque objet était tiré du néant, les êtres pourraient naître sans choix de tous les corps indifféremment, sans germe pour eux destiné; l'homme pourrait se former au sein des mers; les poissons et les oiseaux sortiraient des entrailles de la terre; les troupeaux voltigeraient dans les airs; les monstres féroces, nés du hasard, se plairaient

Nec fructus iidem arboribus constare solerent,
Sed mutarentur : ferre omnes omnia possent.
Quippe, ubi non essent genitalia corpora cuique,
Qui posset mater rebus consistere certa?
At nunc, seminibus quia certis quidque creatur,
Inde enascitur, atque oras in luminis exit,
Materies ubi inest cujusque et corpora prima.
Atque hac re nequeunt ex omnibus omnia gigni,
Quod certis in rebus inest secreta facultas.

Præterea, cur vere rosam, frumenta calore,
Vites autumno fundi sudante videmus;
Si non, certa suo quia tempore semina rerum
Quum confluxerunt, patefit quodcunque creatur;
Dum tempestates adsunt, et vivida tellus
Tuto res teneras effert in luminis oras?
Quod si de nihilo fierent, subito exorerentur,
Incerto spatio, atque alienis partibus anni;
Quippe ubi nulla forent primordia, quæ genitali
Concilio possent arceri tempore iniquo.
Nec porro augendis rebus spatio foret usus
Seminis ad coitum, e nihilo si crescere possent :
Nam fierent juvenes subito ex infantibu' parvis,
E terraque exorta repente arbusta salirent.
Quorum nil fieri manifestum est, omnia quando
Paulatim crescunt, ut par est, semine certo;
Crescendoque genus servant; ut noscere possis
Quæque sua de materia grandescere, alique.

également dans les lieux habités ou dans les solitudes. Les arbres inconstans offriraient chaque saison des fruits variés; tous les corps indistinctement produiraient des fruits divers. Enfin, si tous les corps n'étaient point le résultat d'une combinaison qui leur est propre, comment les générations se renouvelleraient-elles avec une régularité invariable? Mais comme tout est formé avec le secours de germes certains, chaque être n'aborde les champs de la vie qu'au lieu où ses élémens créateurs étaient préparés, et cette force requise par l'analogie des principes, marque les limites des générations et entretient l'ordre immuable de la nature.

Enfin, ne vois-tu pas la rose s'épanouir au printemps, la moisson se dorer au soleil de l'été, la grappe se colorer, rougir dans l'humide automne? Leurs germes réunis fermentent dans un temps fixe, ils se développent à l'instant qui leur est propice, et la terre, ranimée au retour de la saison, enfante et confie à l'air ses jeunes et tendres nourrissons. Mais si la source des êtres était le néant, ils naîtraient dans des temps indéterminés, dans des saisons ennemies, puisque des élémens mus au hasard ne craindraient pas la lutte des saisons rigoureuses.

Que dis-je? les corps sortis du néant n'auraient pas besoin pour se développer de la disposition du temps et de leurs germes. Sans avoir traversé l'enfance, l'adulte brillerait tout à coup; le chêne, à peine sorti du gland, porterait son front dans les nues : tel n'est pas l'ordre de la nature. Résultats d'une combinaison certaine, tous les corps s'augmentent par degrés, et conservent en croissant le caractère natif; on ne peut donc en douter, chaque être

Huc accedit uti, sine certis imbribus anni,
Lætificos nequeat fœtus summittere tellus;
Nec porro secreta cibo natura animantum
Propagare genus possit, vitamque tueri :
Ut potius multis communia corpora rebus
Multa putes esse, ut verbis elementa videmus,
Quam sine principiis ullam rem existere posse.

Denique cur homines tantos Natura parare
Non potuit, pedibus qui pontum per vada possent
Transire, et magnos manibus divellere montes,
Multaque vivendo vitalia vincere sæcla ?
Si non materies quia rebus reddita certa est
Gignundis, e qua constat quid possit oriri.
Nil igitur fieri de nilo posse fatendum est,
Semine quando opus est rebus, quo quæque creatæ
Aeris in teneras possint proferrier auras.

Postremo, quoniam incultis præstare videmus
Culta loca, et manibus meliores reddere fœtus;
Esse videlicet in terris primordia rerum,
Quæ nos, fæcundas vertentes vomere glebas,
Terraique solum subigentes, cimus ad ortus :
Quod si nulla forent, nostro sine quæque labore,
Sponte sua, multo fieri meliora videres.

Huc accedit, uti quidque in sua corpora rursum
Dissolvat Natura, neque ad nihilum interimat res.

se nourrit et se développe selon l'espèce d'élémens qui l'ont formé.

Reconnaissons d'ailleurs que sans les pluies qui fécondent l'année, la terre ne se couvrirait point de ses riantes productions, les animaux seraient donc privés des doux alimens qui leur font conserver et propager la vie. Ah! loin de refuser des principes élémentaires aux corps, convenons qu'il est des élémens communs à plusieurs êtres; c'est ainsi que les mots différens que je vous trace se composent quelquefois des mêmes caractères.

Et pourquoi la nature ne peut-elle enfanter des hommes gigantesques, qui de leur pied foulant le lit de l'Océan, le traverseraient en dominant ses flots, dont la robuste main déracinerait les montagnes, et dont la vie triompherait d'un grand nombre de siècles, sinon que la nature fixe les élémens et les propriétés des êtres. Non, rien n'est fait de rien, puisque tout corps a besoin pour naître d'un choix de principes qui le développent et le défendent des attaques lorsque, d'un pas faible encore, il s'avance dans les champs de la vie.

Enfin, nous voyons le sol tourmenté devenir plus fécond que le sol inculte, et l'art du laboureur perfectionner les dons de la nature. Le soc, en soulevant les glèbes, excite donc l'énergie des principes élémentaires, et fait surgir les germes que la terre renfermait dans son sein. S'il n'en était ainsi, pourquoi chercherait-on par de pénibles travaux une perfection que tous les objets obtiendraient d'eux-mêmes?

Révélons une vérité non moins importante; c'est que la nature en dissolvant les parties élémentaires des

Nam, si quid mortale e cunctis partibus esset,
Ex oculis res quæque repente erepta periret;
Nulla vi foret usus enim, quæ partibus ejus
Discidium parere, et nexus exsolvere posset.
At nunc, æterno quia constant semine quæque,
Donec vis obiit quæ res diverberet ictu,
Aut intus penetret per inania dissolvatque,
Nullius exitium patitur Natura videri.

PRÆTEREA, quæcunque vetustate amovet ætas,
Si penitus perimit consumens materiem omnem;
Unde animale genus generatim in lumina vitæ
Redducit Venus? aut redductum dædala tellus
Unde alit atque auget, generatim pabula præbens?
Unde mare ingenui fontes externaque longe
Flumina suppeditant? Unde æther sidera pascit?
Omnia enim debet, mortali corpore quæ sunt,
Infinita ætas consumpse anteacta diesque.
Quod si in eo spatio atque anteacta ætate fuere,
E quibus hæc rerum consistit summa refecta;
Immortali sunt Natura predita certe :
Haud igitur possunt ad nilum quæque reverti.

DENIQUE res omnes eadem vis causaque volgo
Conficeret, nisi materies æterna teneret
Inter se nexas, minus aut magis endopedite.
Tactus enim lethi satis esset causa profecto;
Quippe, ubi nulla forent æterno corpore, eorum
Contextum vis deberet dissolvere quæque.
At nunc, inter se quia nexus principiorum
Dissimiles constant, æternaque materies est;

corps, ne les anéantit point : car si elles pouvaient être détruites, un rapide instant suffirait à la destruction de chaque objet. L'action lente du temps ne serait pas nécessaire pour troubler l'harmonie de ses parties et pour en briser les liens. Mais la nature a rendu éternels les agens de sa puissance, et ne permet la dissolution des corps que lorsqu'une force agressive a frappé leur masse et pénétré leur tissu.

Si, en effet, tout ce qui disparaît à nos yeux s'anéantissait, dans quelle source puiserait donc la nature? comment toutes les espèces seraient-elles ramenées par Vénus à la lumière de la vie? comment la terre se couvrirait-elle chaque saison des fruits qui nourrissent ses hôtes? comment les ruisseaux, les fleuves renouvelleraient-ils les flots qu'ils épanchent au sein de l'Océan? quel serait le foyer enflammé où les astres pourraient se repaître? Si la matière était périssable, après avoir fourni à la révolution de tant de siècles, sa source serait tarie. Si, au contraire, de toute éternité, elle fournit aux reproductions de la nature, la matière est immortelle, et nul pouvoir ne peut la plonger au néant.

Enfin, si leurs principes n'étaient éternels et réunis par différens liens, la même cause ferait périr tous les corps simultanément, l'agression la plus légère suffirait à leur dissolution. Comment pourrait résister le frêle assemblage de parties destructibles? Mais comme la matière est éternelle et que les aggrégats des corps sont dissemblables, chaque être subsiste jusqu'à l'instant où il reçoit un choc égal à la puissance qui unit ses principes.

Incolumi remanent res corpore, dum satis acris
Vis obeat pro textura cujusque reperta.
Haud igitur redit ad nihilum res ulla, sed omnes
Discidio redeunt in corpora materiai.
Postremo pereunt imbres, ubi eos pater Æther
In gremium matris Terrai præcipitavit?
At nitidæ surgunt fruges, ramique virescunt
Arboribus; crescunt ipsæ fœtuque gravantur.
Hinc alitur porro nostrum genus, atque ferarum :
Hinc lætas urbes pueris florere videmus;
Frondiferasque novis avibus canere undique silvas :
Hinc fessæ pecudes pingues per pabula læta
Corpora deponunt, et candens lacteus humor
Uberibus manat distentis : hinc nova proles
Artubus infirmis teneras lasciva per herbas
Ludit, lacte mero mentes percussa novellas.
Haud igitur penitus pereunt quæcunque videntur :
Quando alid ex alio reficit Natura, nec ullam
Rem gigni patitur, nisi morte adjutam aliena.

Nunc age, res quoniam docui non posse creari
De nihilo, neque item genitas ad nil revocari;
Ne qua forte tamen cœptes diffidere dictis,
Quod nequeunt oculis rerum primordia cerni;
Accipe præterea, quæ corpora tute necesse est
Confiteare esse in rebus, nec posse videri.
Principio, venti vis verberat incita pontum,
Ingentesque ruit naves, et nubila differt;
Interdum rapido percurrens turbine campos
Arboribus magnis sternit, montesque supremos

Rien ne s'anéantit, et la destruction ne produit que la séparation des élémens.

Lorsque le firmament verse la pluie à grands flots dans le sein maternel de la terre, les arbres verdissent et croissent, leurs rameaux brillans se surchargent de fruits. Ces pluies fécondes fournissent les alimens des hommes et de tous les hôtes de la terre. Nous voyons la jeunesse florissante peupler les joyeuses cités. Tous les bois refleuris retentissent du chant des oiseaux. Les troupeaux, fatigués d'embonpoint, pressent de leur poids les herbes épaissies; leurs mamelles s'enflent et contiennent à peine les flots d'un lait embaumé, et les jeunes nourrissons, ranimés par ce doux breuvage, essayant leurs forces naissantes, exercent leurs membres délicats sur la molle verdure. En se dérobant à nos yeux, les corps ne se sont donc pas anéantis. De leurs débris la nature forme de nouveaux êtres; elle trouve dans la mort des uns le moyen d'accorder la vie aux autres.

Tu le vois donc, rien n'est sorti du néant, rien ne doit s'y engloutir : mais pour écarter le doute de ton esprit sur la manière dont les élémens échappent à notre vue, apprends qu'il est des corps dont la raison seule atteste l'existence, et que nos sens n'aperçoivent pas.

Ainsi le vent fougueux soulève les flots de l'Océan [11], fracasse les vaisseaux, amasse et disperse les nuages; ses tourbillons rapides, en grondant, roulent dans les plaines, renversent l'arbre majestueux, arrachent le sommet des

Silvifragis vexat flabris : ita perfurit acri
Cum fremitu, saevitque minaci murmure pontus.
Sunt igitur venti nimirum corpora caeca,
Quae mare, quae terras, quae denique nubila coeli
Verrunt, ac subito vexantia turbine raptant.
Nec ratione fluunt alia stragemque propagant,
Ac quum mollis aquae fertur Natura repente
Flumine abundanti, quod largis imbribus auget
Montibus ex altis magnus decursus aquai,
Fragmina conjiciens silvarum, arbustaque tota;
Nec validi possunt pontes venientis aquai
Vim subitam tolerare : ita magno turbidus imbri,
Molibus incurrens validis cum viribus amnis,
Dat sonitu magno stragem, volvitque sub undis
Grandia saxa, ruit qua quidquid fluctibus obstat.
Sic igitur debent venti quoque flamina ferri,
Quae, veluti validum flumen, quum procubuere,
Quamlibet in partem trudunt res ante, ruuntque
Impetibus crebris; interdum vortice torto
Corripiunt, rapidoque rotantia turbine portant.
Quare etiam atque etiam sunt venti corpora caeca,
Quandoquidem, factis ac moribus, aemula magnis
Amnibus inveniuntur, aperto corpore qui sunt.
Tum porro varios rerum sentimus odores,
Nec tamen ad nares venientes cernimus unquam.
Nec calidos aestus tuimur, nec frigora quimus
Usurpare oculis, nec voces cernere suemus :
Quae tamen omnia corporea constare necesse est
Natura, quoniam sensus impellere possunt;
Tangere enim et tangi, nisi corpus, nulla potest res.

monts, bouleversent les forêts et font mugir les ondes. Ces principes du vent, quoique invisibles, sont donc des corps, puisqu'ils troublent la terre et les flots, et chassent rapidement les nuages. Le vent est alors semblable au fleuve qui promenait mollement une onde paisible, et qui, tout à coup gonflé par les torrens pluvieux descendus de la cime des montagnes, entraîne en bondissant les débris des coteaux et des forêts. Le pont qui dominait les flots ne peut soutenir leur choc impétueux : déchaînés, écumans, ils s'élèvent, s'irritent, brisent en grondant les bords qui les captivent, et avec un bruit horrible s'échappent, roulent les arbres, les rochers, et renversent les obstacles opposés à leur courroux. C'est ainsi que le vent, non moins puissant que le fleuve, donne l'essor à sa bruyante haleine, renverse tous les objets, chasse sa proie, la terrasse, l'enveloppe dans ses tourbillons, la presse à coups redoublés, et la fait tournoyer dans les airs agités. Ce fluide, quoique invisible, je le répète, est donc un corps, puisque ses effets terribles ressemblent aux ravages des fleuves, dont les flots courroucés sont sensibles à nos regards.

Nous sentons constamment les différens parfums, et cependant nous n'apercevons pas les principes légers qui affectent l'odorat. Nos yeux ne saisissent ni les émanations de la chaleur, ni le froid, ni le son qui traversent les airs : on ne peut nier, toutefois, leur essence corporelle, puisqu'ils se révèlent à nos sens, puisque, *hormis les corps, rien n'a le don de toucher et d'être touché.*

Denique fluctifrago suspensæ in litore vestes
Uvescunt, eædem dispansæ in sole serescunt.
At neque quo pacto persederit humor aquai
Visu' est, nec rursum quo pacto fugerit æstu.
In parvas igitur partes dispergitur humor,
Quas oculi nulla possunt ratione videre.
Quin etiam, multis solis redeuntibus annis,
Annulus in digito subtertenuatur habendo;
Stillicidi casus lapidem cavat; uncus aratri
Ferreus occulte decrescit vomer in arvis;
Strataque jam volgi pedibus detrita viarum
Saxea conspicimus; tum, portas propter, ahena
Signa manus dextras ostendunt attenuari
Sæpe salutantum tactu præterque meantum :
Hæc igitur minui, quum sint detrita, videmus;
Sed quæ corpora decedant in tempore quoque,
Invida præclusit speciem Natura videndi.
Postremo, quæcunque dies Naturaque rebus
Paulatim tribuit moderatim crescere cogens,
Nulla potest oculorum acies contenta tueri :
Nec porro quæcunque ævo macieque senescunt :
Nec mare quæ impendent vesco sale saxa peresa,
Quid quoque amittant in tempore, cernere possis.
Corporibus cæcis igitur Natura gerit res.
Nec tamen undique corporea stipata tenentur
Omnia Natura; namque est in rebus inane.
Quod tibi cognosse in multis erit utile rebus :
Nec sinet errantem dubitare, et quærere semper
De summa rerum, et nostris diffidere dictis.
Quapropter locus est intactus, inane, vacansque :

Sur la rive d'un fleuve, suspendez ce voile, il s'humecte aussitôt : présentez-le au soleil, son humidité s'évapore. Vous n'avez point aperçu le fluide pénétrer le tissu et s'en dégager attiré par la chaleur ; car les molécules aqueuses, par leur extrême division, ont échappé à l'œil le plus perçant. Quand de nombreux soleils ont parcouru le cercle de l'année, ton anneau s'amincit au doigt, dont il est l'ornement. Les gouttes de pluie, en tombant des toits, creusent la pierre ; le soc s'émousse en traçant les sillons ; le pavé s'use sous les pas de la foule ; aux portes de la ville, la main droite de nos divinités d'airain s'atténue sous les baisers continus du peuple, qui, à son entrée et à sa sortie, leur donne le salut pieux[12]. Le temps nous révèle les pertes éprouvées par ces corps, mais la nature jalouse nous interdit la vue des faibles parties qui s'en détachent successivement. Elle dérobe aussi à nos regards les parties insensibles qui peu à peu font croître nos corps dans l'enfance, et celles qui s'en détachent avec la débile vieillesse. Sur le rivage, nous ne voyons pas les particules de rochers que le sel des mers ronge sans cesse. La nature n'agit donc qu'en se dérobant à nos regards.

Garde-toi cependant de croire que la matière remplisse l'univers : partout existe le vide[13]. Plus d'une fois cette vérité importante t'empêchera d'errer dans le doute, ô Memmius, t'inspirera la confiance dans mes écrits, et te fera surmonter les obstacles.

Il existe donc un vide, un espace impalpable sans le-

Quod si non esset, nulla ratione moveri
Res possent : namque officium quod corporis extat,
Officere atque obstare, id in omni tempore adesset
Omnibus : haud igitur quidquam procedere posset,
Principium quoniam cedendi nulla daret res.
At nunc per maria, ac terras, sublimaque cœli,
Multa modis multis varia ratione moveri
Cernimus ante oculos : quæ, si non esset inane,
Non tam sollicito motu privata carerent,
Quam genita omnino nulla ratione fuissent :
Undique materies quoniam stipata quiesset.
PRÆTEREA quamvis solidæ res esse putentur,
Hinc tamen esse licet raro cum corpore cernas
In saxis ac speluncis permanat aquarum
Liquidus humor, et uberibus flent omnia guttis :
Dissupat in corpus sese cibus omne animantum :
Crescunt arbusta et fœtus in tempore fundunt;
Quod cibus in totas usque ab radicibus imis
Per truncos, ac per ramos diffunditur omnes :
Inter septa meant voces, et clausa domorum
Transvolitant : rigidum permanat frigus ad ossa.
Quod, nisi inania sint, qua possent corpora quæque
Transire, haud ulla fieri ratione videres.
DENIQUE cur alias aliis præstare videmus
Pondere res rebus, nihilo majore figura?
Nam, si tantumdem est in lanæ glomere quantum
Corporis in plumbo est, tantumdem pondere par est :
Corporis officium est quoniam premere omnia deorsum;
Contra autem natura manet sine pondere inanis.
Ergo quod magnum est æque leviusque videtur,

quel aucun objet ne pourrait se mouvoir; car la propriété des corps étant la résistance, ils ne cesseraient de s'opposer de mutuels obstacles en tous temps et en tous lieux : le mouvement serait impossible, puisqu'aucun corps ne pourrait commencer à sortir de l'inaction. Cependant, au sein des mers, sur la terre, dans la plaine céleste, une foule de corps s'agitent à nos yeux; et, sans vide, non-seulement ils seraient privés de l'agitation continuelle, mais ils n'auraient pas même reçu l'existence; car la matière comprimée en tous sens aurait subi une inertie éternelle.

Que dis-je? les corps les plus solides n'ont-ils point des pores qui les rendent pénétrables? à travers les rochers et les voûtes des grottes, l'eau s'infiltre goutte à goutte. Le suc des alimens se distribue dans toutes les parties du corps. Les arbres croissent et se couvrent alternativement de fleurs et de fruits, parce que, dans des canaux inaperçus, la sève amenée de la terre aux racines, traverse la tige et porte la vie dans tous les rameaux. La voix vole, franchit les murs et les portes de nos demeures. A travers les os pénètre l'aiguillon du froid. Si nous n'admettions l'existence d'un vide introduit dans les corps, pourrions-nous concevoir ces phénomènes?

Enfin, d'où naît cette différence de pesanteur entre deux objets égaux en volume? Si un flocon de laine renfermait autant de parties solides qu'une masse égale de plomb, leur poids serait le même, puisque le propre de tout corps est de descendre, tandis que le vide seul, dépourvu de pesanteur, est exempt de cette loi. Ainsi, lorsque vous balancez deux objets dont l'étendue est pareille,

Nimirum plus esse sibi declarat inanis:
At contra gravius plus in se corporis esse
Dedicat, et multo vacui minus intus habere.
Est igitur nimirum, id quod ratione sagaci
Quærimus, admistum rebus quod inane vocamus.
ILLUD in his rebus, ne te deducere vero
Possit, quod quidam fingunt, præcurrere cogor.
Cedere squammigeris latices nitentibus aiunt,
Et liquidas aperire vias; quia post loca pisces
Linquant, quo possint cedentes confluere undæ:
Sic alias quoque res inter se posse moveri,
Et mutare locum, quamvis sint omnia plena.
SCILICET id falsa totum ratione receptum est.
Nam quo squammigeri poterunt procedere tandem,
Ni spatium dederint latices? concedere porro
Quo poterunt undæ, quum pisces ire nequibunt?
Aut igitur motu privandum est corpora quæque;
Aut esse admistum dicendum est rebus inane,
Unde initum primum capiat res quæque movendi.
POSTREMO duo de concursu corpora lata
Si cita dissiliant, nempe aer omne necesse est,
Inter corpora quod fuvat, possidat inane.
Is porro quamvis circum celerantibus auris
Confluat, haud poterit tamen uno tempore totum
Compleri spatium: nam primum quemque necesse est
Occupet ille locum, deinde omnia possideantur.
Quod si forte aliquis, quum corpora dissiluere,
Tum putat id fieri, quia se condenseat aer,
Errat: nam vacuum tum fit quod non fuit ante,
Et repletur item vacuum quod constitit ante.

le plus léger est celui qui contient le plus de vide, et le plus lourd celui qui, étant moins poreux, acquiert ainsi plus de densité. La raison nous l'atteste, il existe un vide disséminé dans les corps.

Je m'empresse de combattre d'avance un raisonnement captieux dont s'appuient quelques doctes : comme l'onde ouvre au poisson une liquide voie en s'emparant du lieu qu'il abandonne et qu'il laisse vide, les corps, disent-ils, peuvent se mouvoir ainsi et se remplacer mutuellement dans le plein.

Mais combien ce raisonnement est futile! Cette fluctuation de l'onde suppose un premier déplacement; car comment l'habitant de l'onde pourrait-il la traverser s'il n'existait un premier vide au sein des flots; et si le poisson était contraint de rester immobile, où donc refluerait le liquide? Il faut ou priver la nature du mouvement, ou reconnaître le vide qui en permettra les effets.

Sépare rapidement deux surfaces planes, étroitement unies : entre elles se forme à l'instant un vide dont l'air ne peut s'emparer tout entier à la fois. Quelle que soit la subtilité de cet élément, il ne peut envahir l'espace laissé vide qu'après s'être emparé successivement des extrémités.

Vainement prétendrait-on qu'après la séparation des deux surfaces le vide intermédiaire ne se remplit que par une condensation antérieure; car s'il se forme un espace qui n'existait pas, l'espace déjà existant se remplit. L'air ne peut se condenser à ce point : et quand il serait vrai, il ne pourrait sans vide rapprocher ses parties

Nec tali ratione potest densarier aer :
Nec, si jam posset, sine inani posset, opinor,
Se ipse in se trahere, et partes conducere in unum.
Quapropter, quamvis causando multa moreris,
Esse in rebus inane tamen fateare necesse est.
MULTAQUE præterea tibi possum commemorando
Argumenta, fidem dictis conradere nostris.
Verum animo satis hæc vestigia parva sagaci
Sunt, per quæ possis cognoscere cetera tute.
Namque canes ut montivagæ persæpe feraï
Naribus inveniunt intectas fronde quietes,
Quum semel institerunt vestigia certa viaï;
Sic alid ex alio per te tute ipse videre
Talibus in rebus poteris, cæcasque latebras
Insinuare omnes et verum protahere inde.
Quod si pigraris paulumve abscesseris ab re,
Hoc tibi de plano possum promittere, Memmi :
Usque adeo largos haustus, de fontibu' magnis,
Lingua meo suavis diti de pectore fundet,
Ut verear ne tarda prius per membra senectus
Serpat, et in nobis vitaï claustra resolvat,
Quam tibi de quavis una re versibus omnis
Argumentorum sit copia missa per aures.
SED nunc jam repetam cœptum pertexere dictis.
Omnis, ut est, igitur per se natura duabus
Consistit rebus; nam corpora sunt, et inane,
Hæc in quo sita sunt et qua diversa moventur.
Corpus enim per se communis dedicat esse
Sensus : quo nisi prima fides fundata valebit,
Haud erit occultis de rebus quo referentes,

et les resserrer sous un moindre volume. Par ces objections captieuses, on tenterait en vain d'altérer la vérité, il faut reconnaître l'existence du vide.

Il me serait facile de joindre à ces preuves des argumens non moins victorieux. Mais ces clartés légères suffisent à ta sagacité ; et tu pourras sans mon secours parvenir vers le but. Ainsi lorsque le chien, vigilant chasseur, reçoit du vent qu'il interroge la trace de sa proie, il s'élance de détour en détour, et va la saisir sous la sombre épaisseur des ramées. En marchant ainsi de principe en principe, tu dévoileras les plus profonds secrets de la nature, et tu arracheras la vérité à son obscur réduit. Mais si, trop tôt rebuté, tu abandonnais ta noble entreprise, apprends ce que l'amitié m'inspire : je ferai jaillir les paroles suaves de la vérité qui siège dans mon cœur; j'ouvrirai pour toi les sources abondantes où s'abreuva mon génie, elles s'épancheront à grands flots: et pourtant je crains que la vieillesse n'engourdisse nos membres et ne brise, peut-être, les ressorts de notre vie, avant que mes vers, interprètes de la raison, ne soient confiés à ton oreille attentive.

Mais reprenons, ô Memmius! l'ordre de nos raisonnemens. Existante par elle-même, la nature se compose de deux principes : la matière solide, et le vide où sont balancés les corps, et qui se prête à leurs mouvemens. L'existence des uns est démontrée par le témoignage des sens, des sens, irréfragables arbitres de la vérité : la raison sans leur appui erre incertaine dans un gouffre d'ab-

Confirmare animi quidquam ratione queamus.
Tum porro locus, ac spatium quod inane vocamus
Si nullum foret, haud usquam sita corpora possent
Esse, neque omnino quaquam diversa meare :
Id quod jam supera tibi paulo ostendimus ante.
Præterea nihil est quod possis dicere ab omni
Corpore sejunctum, secretumque esse ab inani;
Quod quasi tertia sit numero natura reperta.
Nam quodcunque erit, esse aliquid debebit id ipsum
Augmine vel grandi, vel parvo denique, dum sit;
Cui si tactus erit, quamvis levis exiguusque,
Corporum augebit numerum summamque sequetur;
Sin intactile erit, nulla de parte quod ullam
Rem prohibere queat per se transire meantem;
Scilicet hoc id erit vacuum, quod inane vocamus.
Præterea, per se quodcunque erit, aut faciet quid,
Aut aliis fungi debebit agentibus ipsum;
Aut erit, ut possint in eo res esse gerique :
At facere et fungi sine corpore nulla potest res;
Nec præbere locum porro, nisi inane vacansque.
Ergo præter inane et corpora, tertia per se
Nulla potest rerum in numero natura relinqui;
Nec quæ sub sensus cadat ullo tempore nostros,
Nec ratione animi quam quisquam possit apisci.
Nam quæcunque cluent, aut his conjuncta duabus
Rebus ea invenies, aut horum eventa videbis.
Conjunctum est id, quod nunquam sine perniciali
Discidio potis est sejungi seque gregari :
Pondus uti saxis, calor ignibu', liquor aquai,
Tactus corporibus cunctis, intactus inani.

surdités. Quant à l'espace appelé vide, sans lui les corps n'auraient aucune place, et languiraient dans une éternelle immobilité : utile vérité dont je t'ai déjà soumis la preuve irrécusable.

Outre la matière et le vide, la nature ne reconnaît pas une troisième substance indépendante de ces deux principes; car tout objet existant possède une étendue, grande ou petite : cette étendue est-elle sensible au toucher, quelque déliée qu'elle soit, elle se range parmi les corps. Au contraire, est-elle impalpable, ses parties sont-elles inaccessibles à nos sens, elle fait partie du vide.

Tous les êtres sont actifs ou soumis à l'action des autres, ou fournissent un espace à la vie et au mouvement. Les corps seuls ont cet attribut : il n'est que le vide qui puisse servir au développement de leur activité. Je le répète, il n'existe pas dans la nature un troisième ordre, puisqu'il ne peut être saisi par nos sens ni conçu par notre esprit.

En un mot, ce qui n'est ni vide ni matière est propriété et dérive de l'un ou de l'autre. Les conséquences sont inséparables du sujet, et ne s'anéantissent qu'avec lui. Telle est la pesanteur dans le rocher, la chaleur dans le feu, la fluidité dans l'eau, la tangibilité dans les corps; la négation dans le vide. Mais la manière d'être, comme la

Servitium contra, libertas, divitiæque,
Paupertas, bellum, concordia, cætera quorum
Adventu manet incolumis natura abituque,
Hæc soliti sumus, ut par est eventa vocare.
TEMPUS item per se non est; sed rebus ab ipsis
Consequitur sensus, transactum quid sit in ævo,
Tum quæ res instet, quid porro deinde sequatur :
Nec per se quemquam tempus sentire fatendum est
Semotum ab rerum motu, placidaque quiete.
DENIQUE Tyndaridem raptam, belloque subactas
Trojugenas gentes quum dicunt esse, videndum est
Ne forte hæc per se cogant nos esse fateri;
Quando ea sæcla hominum, quorum hæc eventa fuere,
Irrevocabilis abstulerit jam præterita ætas.
Namque aliud rebus, aliud regionibus ipsis
Eventum dici poterit, quodcunque erit actum.
DENIQUE, materies si rerum nulla fuisset,
Nec locus ac spatium res in quo quæque geruntur;
Nunquam Tyndaridis formæ conflatus amore
Ignis, Alexandri Phrygio sub pectore gliscens,
Clara accendisset sævi certamina belli :
Nec clam durateus Trojanis Pergama partu
Inflammasset equus nocturno Grajugenarum;
Perspicere ut possis res gestas funditus omnes,
Non ita uti corpus, per se constare, nec esse :
Nec ratione cluere eadem, qua constat inane :
Sed magis ut merito possis eventa vocare
Corporis, atque loci res in quo quæque gerantur.
CORPORA sunt porro partim primordia rerum,
Partim concilio quæ constant principiorum :

liberté, l'esclavage, la richesse, l'indigence, la paix, la guerre, nous les nommons *accidens*, parce que leur présence ou leur absence n'altère pas les objets principaux ou réels.

Le temps n'est pas non plus un être [14] : c'est par la durée des corps que nous distinguons le passé, le présent, l'avenir ; la durée ne peut être conçue isolée, indépendante de l'action et du repos de la matière.

Enfin, lorsqu'on nous raconte l'enlèvement d'Hélène et la destruction de l'empire troyen, il ne s'agit pas d'êtres présents ; le temps a englouti le siècle témoin de ces grands évènemens, et la mémoire qui nous les conserve ne se rapporte qu'aux corps et à l'espace, qui ne sont plus.

Sans la matière et sans le vide qui la contient, jamais le cœur du Phrygien ne se fût enflammé pour la beauté dont le fatal amour arma la Grèce et l'Asie. Jamais le cheval monstrueux qui dominait les remparts de Troye, n'eût enfanté le nocturne essaim de guerriers armés pour la détruire. Tu le vois, ô Memmius ! ces catastrophes qui bouleversent le monde n'ont ni une existence réelle et durable, comme la matière, ni comme le vide, mais ils sont les modifications de ces deux principes.

Sous le nom de corps nous désignons tous les élémens constitutifs de la nature, ou les parties qui en sont com-

Sed quæ sunt rerum primordia, nulla potest vis
Stringere; nam solido vincunt ea corpore demum.
Etsi difficile esse videtur credere, quidquam
In rebus solido reperiri corpore posse :
Transit enim fulmen cœli per septa domorum,
Clamor ut ac voces : ferrum candescit in igne,
Dissiliuntque fero ferventia saxa vapore;
Conlabefactatus rigor auri solvitur æstu;
Tum glacies æris flamma devicta liquescit;
Permanat calor argentum penetraleque frigus,
Quando utrumque, manu retinentes pocula rite,
Sensimus infuso lympharum rore superne :
Usque adeo in rebus solidi nihil esse videtur.
Sed quia vera tamen ratio Naturaque rerum
Cogit, ades, paucis dum versibus expediamus,
Esse ea, quæ solido atque æterno corpore constent,
Semina quæ rerum primordiaque esse docemus,
Unde omnis rerum nunc constet summa creata.
Principio, quoniam duplex natura duarum
Dissimilis rerum longe constare reperta est,
Corporis atque loci, res in quo quæque geruntur :
Esse utramque sibi per se, puramque necesse est.
Nam quacunque vacat spatium, quod inane vocamus,
Corpus ea non est : qua porro cumque tenet se
Corpus, ea vacuum nequaquam constat inane.
Sunt igitur solida, ac sine inani corpora prima.
Præterea quoniam genitis in rebus inane est,
Materiem circum solidam constare necesse est :
Nec res ulla potest vera ratione probari
Corpore inane suo celare, atque intus habere,

posées ; mais les élémens inaltérables sont doués d'une solidité qui triomphe de toutes les agressions.

Avec peine, peut-être, concevra-t-on des corps parfaitement solides, en considérant que les traits de la foudre et le bruit traversent l'épaisseur des murailles, que l'acier s'amollit dans la fournaise, que les volcans liquéfient les pierres qu'ils embrasent, que l'or bouillonne et devient fluide au creuset, que l'âpre airain embrasé fond comme la glace, que la chaleur et le froid des liqueurs traversent les pores de la coupe qui les renferme, et qu'enfin l'expérience ne nous révèle la solidité absolue d'aucun objet.

Mais puisque la raison, ou plutôt la nature, nous entraîne vers cette vérité, je t'apprendrai avec rapidité que les principes constitutifs qui enfantent tous les objets, et vers qui tous les corps doivent retourner après leur dissolution, sont solides et éternels.

D'abord les corps et l'espace, absolument opposés par leur essence, doivent exister purs et sans nul mélange; il n'est point de matière où règne le vide, ni de vide dans les lieux envahis par la matière. Les élémens constitutifs ne renferment donc point de vide, et jouissent ainsi d'une solidité inébranlable.

Comment dans les corps existerait-il un mélange de vide, si ce même vide n'était environné de parties solides? Ne serait-ce point outrager la raison, que d'admettre le vide dans les corps, et de refuser la solidité aux enveloppes mêmes de ce vide? car quelles sont ces enveloppes? L'assemblage des élémens de la matière; et

Si non, quod cohibet, solidum constare relinquas.
Id porro nihil esse potest, nisi materiai
Concilium, quod inane queat rerum cohibere.
Materies igitur, solido quæ corpore constat,
Esse æterna potest, quum cætera dissolvantur.
Tum porro si nil esset quod inane vacaret,
Omne foret solidum; nisi contra corpora cæca
Essent, quæ loca complerent, quæcunque tenerent;
Omne, quod est, spatium, vacuum constaret inane.
Alternis igitur nimirum corpus inani
Distinctum est: quoniam nec plenum naviter extat,
Nec porro vacuum : sunt ergo corpora cæca,
Quæ spatium pleno possint distinguere inane.
Hæc neque dissolvi plagis extrinsecus icta
Possunt; nec porro penitus penetrata retexi:
Nec ratione queunt alia tentata labare:
Id quod jam supera tibi paulo ostendimus ante.
Nam neque conlidi sine inani posse videtur
Quidquam, nec frangi, nec findi in bina secando;
Nec capere humorem, neque item manabile frigus,
Nec penetralem ignem, quibus omnia conficiuntur.
Et quam quæque magis cohibet res intus inane,
Tam magis his rebus penitus tentata labascit.
Ergo, si solida ac sine inani corpora prima
Sunt, ita uti docui, sint hæc æterna necesse est.
Præterea, nisi materies æterna fuisset,
Antehac ad nihilum penitus res quæque redissent,
De nihiloque renata forent quæcunque videmus.
At quoniam supera docui, nil posse creari
De nihilo, neque quod genitum est, ad nil revocari;

tandis que tout corps se détruit par la séparation des élémens, ceux-ci, purs et solides, bravent l'éternité.

Enfin, sans l'existence du vide, la nature entièrement solide languirait dans l'immobilité, et si les corpuscules élémentaires ne remplissaient exactement les lieux qui leur sont destinés, le grand tout ne serait qu'un vide infini. La matière et le vide sont distincts et limités l'un par l'autre, et la solidité des élémens peut seule marquer leurs limites.

Le tissu des corps premiers est à l'abri de tout choc et de toute pénétration : je te l'ai déjà prouvé, aucune action étrangère ne peut en triompher. En effet, dis-moi, conçoit-on que sans le vide aucun corps puisse se briser, s'altérer, ou même se diviser ? Il est inaccessible à l'humidité, à la froidure, à la chaleur, qui sont les instrumens les plus actifs de la destruction. Aussi plus les corps renferment de vide en leur tissu, plus ils facilitent ces agens de la destruction. L'immuable solidité des élémens est l'irrécusable preuve de leur éternité.

S'ils n'étaient immortels, ce monde se serait déjà dissout, et plus d'une fois aurait retrouvé son existence et sa forme première. Mais, comme je t'en ai convaincu, rien ne peut sortir du néant, rien ne peut y rentrer; les élémens étant le principe de la reproduction et le terme

Esse immortali primordia corpore debent,
Dissolvi quo quæque supremo tempore possint,
Materies ut suppeditet rebus reparandis.
Sunt igitur solida primordia simplicitate :
Nec ratione queunt alia servata per ævum
Ex infinito jam tempore res reparare.
DENIQUE, si nullam finem Natura parasset
Frangendis rebus, jam corpora materiai
Usque redacta forent, ævo frangente priore,
Ut nihil ex illis a certo tempore posset
Conceptum summum ætatis pervadere florem,
Nam quidvis citius dissolvi posse videmus,
Quam rursus refici; quapropter longa diei
Infinitæ ætas anteacti temporis omnis,
Quod fregisset adhuc, disturbans dissolvensque,
Id nunquam reliquo reparari tempore posset.
At nunc nimirum frangendi reddita finis
Certa manet : quoniam refici rem quamque videmus,
Et finita simul generatim tempora rebus
Stare, quibus possint ævi contingere florem.
Huc accedit uti, solidissima materiai
Corpora quum constant, possint tamen omnia reddi
Mollia, quæ fiant aër, aqua, terra, vapores,
Quo pacto fiant, et qua vi cumque genantur;
Admistum quoniam simul est in rebus inane.
At contra, si mollia sint primordia rerum,
Unde queant validi silices ferrumque creari,
Non poterit ratio reddi : nam funditus omnis
Principio fundamenti Natura carebit :
Sunt igitur solida pollentia simplicitate,

de la dissolution, ils doivent être purs, simples, solides ; car, loin de fournir de toute éternité à la reproduction des êtres, ils n'auraient pu eux-mêmes triompher des attaques de tant de siècles.

Si la nature n'avait prescrit des limites à la divisibilité des premiers élémens, les principes, minés par la révolution de siècles innombrables, se seraient atténués à un tel degré, que les corps résultant de leur union ne parviendraient point à la fleur de l'âge. D'ailleurs, la dissolution est rapide et la reproduction est lente ; et les pertes que les siècles écoulés auraient fait subir aux corps, ne pourraient être réparées par les siècles à venir. Mais tu vois que la nature proportionne les réparations aux tributs qu'elle impose, et dirige tous les êtres dans un temps fixe à leur degré de perfection. Sois donc assuré que la divisibilité de la matière a des limites nécessairement invariables.

Quelle que soit la solidité des élémens, comme le vide réside dans tous les corps, il n'en est aucun qui ne puisse s'amollir, se liquéfier, qui ne convertisse sa substance en matière brûlante, terreuse ou aérienne. Au contraire, si la mollesse était l'essence des élémens, comment formeraient-ils et les âpres rochers et les durs métaux ? Ils ne pourraient, en un mot, servir de base aux œuvres de la nature. Ils sont donc simples et solides, et leur mélange, le degré d'intimité de leur union, assigne à chaque objet sa force et sa solidité.

Quorum condenso magis omnia conciliatu
Arctari possunt, validasque ostendere vires.
Denique jam quoniam generatim reddita finis
Crescendi rebus constat, vitamque tuendi,
Et quid quæque queant per fœdera Naturai,
Quid porro nequeant, sancitum quandoquidem exstat :
Nec commutantur quidquam; quin omnia constant
Usque adeo, variæ volucres ut in ordine cunctæ
Ostendant maculas generales corpori inesse;
Immutabile materiæ quoque corpus habere
Debent nimirum. Nam si primordia rerum
Commutari aliqua possent ratione revicta,
Incertum quoque jam constet, quid possit oriri,
Quid nequeat; finita potestas denique cuique
Quanam sit ratione, atque alte terminus hærens;
Nec toties possent generatim sæcla referre
Naturam, motus, victum, moresque parentum.
Tum porro, quoniam extremum cujusque cacumen
Corporis est aliquod nostri quod cernere sensus
Jam nequeunt; id nimirum sine partibus exstat,
Et minima constat natura : nec fuit unquam
Per se secretum, neque posthac esse valebit :
Alterius quoniam est ipsum pars, primaque, et ima,
Inde aliæ atque aliæ similes ex ordine partes,
Agmine condenso naturam corporis explent.
Quæ quoniam per se nequeunt constare, necesse est
Hærere, ut nequeant ulla ratione revelli.
Sunt igitur solida primordia simplicitate :
Quæ minimis stipata cohærent partibus arcte,
Non ex ullorum conventu conciliata,

LEUR nombre, leurs combinaisons déterminent la régularité de l'accroissement et de la durée des corps et de l'étendue de leur pouvoir. Ainsi les êtres n'éprouvent aucun changement; leurs races se succèdent sans altération. Les oiseaux sont constamment revêtus des couleurs et des nuances qui distinguent leurs espèces. Les élémens ne sont pas moins immuables; si une force étrangère pouvait les altérer, il serait impossible de reconnaître les lois de la nature. On ne concevrait pas comment les facultés des corps seraient limitées, ni comment la succession des siècles reproduit les mêmes mouvemens, les mêmes moyens d'exister, et les goûts et les plaisirs invariables dans les générations des êtres.

LES fragmens d'un atôme, c'est-à-dire, la division d'une des parties des élémens constitutifs, échappant par sa ténuité aux sens les plus exquis, doit être dépourvue de parties; c'est le plus petit corps enfanté par la nature, ou ce n'est pas même un corps, puisqu'il ne peut exister isolé : c'est lorsque ses différentes parties analogues se rassemblent qu'ils constituent la masse de l'élément corpusculaire. Ainsi, puisque les parties des élémens ne sont rien sans leur aggrégat, il faut que leur union soit intime pour que nulle force ne puisse le séparer. Je le répète, les élémens constitutifs, dont les parties, infiniment déliées, sont le fruit, non pas d'un assemblage hétérogène, mais de l'éternelle simplicité de

Sed magis æterna pollentia simplicitate :
Unde neque avelli quidquam, neque deminui jam
Concedit Natura reservans semina rebus.
Præterea nisi erit minimum, parvissima quæque
Corpora constabunt ex partibus infinitis.
Quippe ubi dimidiæ partis pars semper habebit
Dimidiam partem, nec res perfiniet ulla.
Ergo rerum inter summam, minimamque quid escit?
Non erit ut distent : nam quamvis funditus omnis
Summa sit infinita, tamen parvissima quæ sunt
Ex infinitis constabunt partibus æque.
Quoi quoniam ratio reclamat vera, negatque
Credere posse animum, victus fateare necesse est,
Esse ea quæ nullis jam prædita partibus exstent,
Et minima constent natura : quæ quoniam sunt,
Illa quoque esse tibi solida atque æterna fatendum.
Denique ni minimas in partes cuncta resolvi
Cogere consuesset rerum Natura creatrix,
Jam nihil ex illis eadem reparare valeret :
Propterea quia, quæ multis sunt partibus aucta,
Non possunt ea, quæ debet genitalis habere
Materies, varios connexus, pondera, plagas,
Concursus, motus, per quæ res quæque geruntur.
Porro, si nulla est frangendis reddita finis,
Corporibus, tamen ex æterno tempore quædam
Nunc etiam superare necesse est corpora rebus,
Quæ nondum clueant ullo tentata periclo ;
At quoniam fragili natura prædita constant,
Discrepat æternum tempus potuisse manere,
Innumerabilibus plagis vexata per ævum.

l'atôme, sont simples et inaltérables; et la nature n'a point permis qu'aucune division altérât des corps dont elle a fait la base de l'ouvrage de son éternel empire.

Ah! si dans la nature nous admettions un terme à la division, il s'ensuivrait que les plus petits corps seraient composés d'une infinité de parties, et que ces parties, de degré en degré, se subdiviseraient jusqu'à l'infini. Le corps le plus grand, et le plus petit, seront dans la même situation. Compare l'incommensurable univers et l'invisible atôme; l'infinité des parties existant pour l'un et pour l'autre, tous deux en fourniront un nombre égal. Mais la raison renverse de tels argumens, et nous contraint de reconnaître des élémens simples que la nature a produits comme le terme de la division, et ce principe nous conduit à reconnaître leur inébranlable et éternelle solidité.

Si, en détruisant les êtres, la nature divisait sans fin leurs parties, ces débris insensibles ne serviraient plus à ses nouvelles reproductions. A jamais soumis à la division, ils seraient privés des liens, de la pesanteur, du mouvement et de la force nécessaires aux élémens créateurs.

Mais j'y consens : suppose que les élémens soient susceptibles d'une divisibilité infinie, au moins tu reconnaîtras que depuis l'éternité il existe des objets qui ont triomphé de toutes les atteintes; mais, si les élémens qui les composent étaient fragiles par leur propre essence, comment auraient-ils repoussé victorieusement les innombrables assauts des siècles?

Quapropter qui materiem rerum esse putarunt
Ignem, atque ex igni summam consistere solo,
Magnopere a vera lapsi ratione videntur.
Heraclitus init quorum dux prælia primus,
Clarus ob obscuram linguam, magis inter inanes
Quamde graves inter Graios, qui vera requirunt.
Omnia enim stolidi magis admirantur amantque,
Inversis quæ sub verbis latitantia cernunt;
Veraque constituunt, quæ belle tangere possunt
Aures, et lepido quæ sunt fucata sonore.
Nam cur tam variæ res possent esse, requiro,
Ex vero si sunt igni puroque creatæ;
Nil prodesset enim calidum densarier ignem,
Nec rarefieri; si partes ignis eandem
Naturam, quam totus habet super ignis, haberent.
Acrior ardor enim conductis partibus esset,
Languidior porro disjectis disque sipatis.
Amplius hoc fieri nihil est quod posse rearis,
Talibus in causis; nedum variantia rerum
Tanta queat densis rarisque ex ignibus esse.
Atque hi si faciant admistum rebus inane,
Densari potuerunt ignes, rarique relinqui :
Sed, quia multa sibi cernunt contraria, mussant,
Et fugitant in rebus inane relinquere purum, et
Ardua dum metuunt, amittunt vera viai :
Nec rursum cernunt, exempto rebus inani,
Omnia densari, fierique ex omnibus unum
Corpus, nil ab se quod possit mittere raptim,
Æstifer ignis uti lumen jacit, atque vaporem :
Ut videas non e stipatis partibus esse.

Combien ils se sont écartés du chemin de la vérité, ces novateurs qui ont vu dans le feu seul le principe et l'agent de l'univers. A leur tête Héraclite marche triomphant [15]; son langage obscur et captieux lui soumit les esprits vains et légers, mais non ces doctes Hellènes, accoutumés à l'étude de la sagesse. Le stupide vulgaire n'admire que les objets entourés de voiles mystérieux, et croit voir le sceau de la vérité dans un adroit concert de mots brillans et mélodieux.

Héraclite, je te le demande, comment le feu, doué des seules propriétés qu'il nous révèle, peut-il enfanter cette foule de corps dont la variété frappe nos regards? En vain le feu sera condensé ou raréfié; si ses parties sont invariablement analogues à sa masse; son ardeur s'affaiblira ou s'augmentera, mais ne pourra former, par cette action, tous les objets qui constituent l'univers.

Si ces doctes du moins reconnaissaient le vide, ils pourraient ainsi justifier la dilatation et les raréfactions de l'élément igné. Mais comme cette concession renverserait l'édifice élevé par l'erreur, ils reculent, épouvantés par les obstacles, et s'écartent du vrai chemin. Ils ne voient pas qu'en bannissant le vide [16], tous les corps de la nature ne formeraient plus qu'un corps unique, dont les parties, étroitement liées, ne pourraient s'échapper: comme on voit la lumière et la chaleur s'échapper du feu, ainsi le feu n'est pas formé de parties dont la cohésion soit invincible et absolue.

Quod si forte ulla credunt ratione potesse
Ignes in cœtu stingui, mutareque corpus,
Scilicet ex ulla facere id si parte reparcent,
Occidet ad nihilum nimirum funditus ardor
Omnis, et ex nihilo fient quæcunque creantur.
Nam quodcunque suis mutatum finibus exit,
Continuo hoc mors est illius, quod fuit ante :
Proinde aliquid superare necesse est incolume ollis,
Ne tibi res redeant ad nilum funditus omnes,
De nihiloque renata virescat copia rerum.
NUNC igitur, quoniam certissima corpora quædam
Sunt, quæ conservant naturam semper eandem,
Quorum aditu, aut abitu, mutatoque ordine, mutant
Naturam res, et convertunt corpora sese;
Scire licet non esse hæc ignea corpora rerum :
Nil referret enim quædam decedere, abire,
Atque alia attribui, mutarique ordine quædam,
Si tamen ardoris naturam cuncta tenerent;
Ignis enim foret omnimodis, quodcunque crearent.
VERUM ut opinor, ita est : sunt quædam corpora, quorum
Concursus, motus, ordo, positura, figuræ,
Efficiunt ignes, mutatoque ordine mutant
Naturam : neque sunt igni simulata, neque ullæ
Præterea rei, quæ corpora mittere possit
Sensibus, et nostros adjectu tangere tactus.

DICERE porro ignem res omnes esse, neque ullam
Rem veram in numero rerum constare, nisi ignem,
(Quod facit hic idem) perdelirum esse videtur.
Nam contra sensus ab sensibus ipse repugnat,

Et d'ailleurs prétendre, que les parties du feu s'éteignent, s'altèrent et changent d'essence en s'agglomérant, c'est détruire la nature du feu, c'est donner le néant pour principe à l'univers. Car l'être sorti des limites prescrites à son essence, perd dans cette métamorphose les qualités dont il jouissait : laissons donc au feu et à ses élémens leur essence primitive, ou tout retombera au néant, et du néant renaîtra le monde.

Tu le vois : la nature enferme des corpuscules dont l'essence est inaltérable, dont la séparation ou la réunion, enfin les combinaisons diverses, changent les formes et les propriétés des corps, et en composent d'un ordre nouveau; ces corpuscules ne sont donc pas le feu : qu'importent les modifications, les changemens que vous leur attribuez, puisque, sous quelque forme qu'ils se cachent, ils ne conservent pas moins leur nature brûlante, et ne pourraient engendrer que le feu.

Si j'en crois la raison qui m'éclaire, il est des corps nombreux dont l'essor, la figure, l'ordre, le mouvement, la direction, font naître le feu ou en modifient la nature en variant eux-mêmes leur combinaison; et cependant leurs élémens ne participent ni à l'essence ignée, ni à celle dont l'émanation affecte nos organes et se révèle à nos sens.

D'ailleurs, supposer que le feu soit l'unique créateur et la source infinie de tous les êtres, c'est le comble du délire! Héraclite et nous trompe et s'abuse; il combat le témoignage des sens par les sens mêmes : c'est ébranler

Et labefactat eos unde omnia credita pendent,
Unde hic cognitus est ipsi, quem nominat ignem.
Credit enim sensus ignem cognoscere vere;
Cætera non credit, nihilo quæ clara minus sunt :
Quod mihi quum vanum, tum delirum esse videtur;
Quo referemus enim? quid nobis certius ipsis
Sensibus esse potest, quo vera ac falsa notemus!
PRÆTEREA, quare quisquam magis omnia tollat,
Et velit ardoris naturam linquere solam,
Quam neget esse ignis, summam tamen esse relinquat?
Æqua videtur enim dementia dicere utrumque.
Quapropter qui materiem rerum esse putarunt
Ignem, atque ex igni summam consistere posse;
Et qui principium gignundis aera rebus
Constituere; aut humorem quicunque putarunt
Fingere res ipsum per se; terramve creare
Omnia et in rerum naturas vertier omnes;
Magnopere a vero longeque errasse videntur :
Adde etiam, qui conduplicant primordia rerum,
Aera jungentes igni, terramque liquori :
Et qui quattuor ex rebus posse omnia rentur,
Ex igni, terra, atque anima procrescere, et imbri.
QUORUM Acragantinus cum primis Empedocles est,
Insula quem Triquetris terrarum gessit in oris,
Quam fluitans circum magnis anfractibus æquor
Ionium, glaucis aspergit virus ab undis :
Angustoque freto rapidum mare dividit undis
Italiæ terrai oras a finibus ejus :
Hic est vasta Charybdis, et hic Ætnæa minantur
Murmura flammarum rursum se colligere iras,

les fondemens de la raison; n'est-ce point à l'aide des sens qu'il a connu l'objet que lui-même appelle le feu, et dont il méconnaît la nature? Et pourquoi en croit-il alors le témoignage de ses sens, et le récuse-t-il lorsqu'il explore l'essence des autres corps? Dans quelle route faut-il donc chercher la vérité? Qui, mieux que les sens, nous fera mesurer l'intervalle du faux et du vrai?

Pourquoi douer le feu d'un semblable privilège? pourquoi proclamer son existence et le néant des autres corps? L'absurdité ne serait pas plus grande en réclamant, pour les divers élémens, le privilège exclusif que vous accordez au feu. C'est outrager la vérité que de reconnaître dans le feu le principe et la base de la nature. Condamnons donc ces philosophes qui regardent l'air comme le principe de tous les corps; ceux qui ont attribué le même pouvoir à l'onde; ceux qui ont affirmé que la terre, soumise à toutes les métamorphoses, revêtait la forme de tous les êtres; enfin, ces savans obscurs, qui, doublant les élémens, unissent l'air au feu et la terre à l'eau, ou qui, les joignant tous quatre, font éclore d'un tel mélange tous les hôtes du monde.

A leur tête s'avance Empédocle [17], né aux murs d'Agrigente, dans cette île, aux bords triangulaires, que les flots azurés de la mer d'Ionie baignent en leur cours rapide et sinueux, et qui, se resserrant en d'étroits canaux, séparent cette terre féconde des champs italiens. Là, mugit la vaste Charybde; là, le terrible Etna, rallumant sa colère, menace sans cesse, en grondant, de vomir encore des torrens de flammes, et de lancer vers le ciel ses

Faucibus eruptos iterum ut vis evomat ignes,
Ad coelumque ferat flammai fulgura rursum:
Quae quum magna, modis multis miranda videtur
Gentibus humanis regio, visendaque fertur,
Rebus opima bonis, multa munita virûm vi;
Nil tamen hoc habuisse viro praeclarius in se,
Nec sanctum magis, et mirum carumque videtur:
Carmina quin etiam divini pectoris ejus
Vociferantur, et exponunt praeclara reperta;
Ut vix humana videatur stirpe creatus.
Hic tamen, et supera quos diximus, inferiores
Partibus egregie multis, multoque minores,
Quanquam multa bene ac divinitus invenientes,
Ex adyto tanquam cordis, responsa dedere
Sanctius, et multo certa ratione magis, quam
Pythia, quae tripode ex Phoebi, lauroque profatur;
Principiis tamen in rerum fecere ruinas,
Et graviter magni magno cecidere ibi casu.
PRIMUM, quod motus, exempto rebus inani,
Constituunt, et res molles rarasque relinquunt,
Aera, solem, ignem, terras, animalia, fruges,
Nec tamen admiscent in eorum corpus inane.

DEINDE quod omnino finem non esse secandis
Corporibus faciunt, neque pausam stare fragori,
Nec prorsum in rebus minimum consistere quidquam;
Quum videamus id extremum cujusque cacumen
Esse, quod ad sensus nostros minimum esse videtur:
Conjicere ut possis ex hoc, quod cernere non quis,
Extremum quod habent, minimum consistere rebus.

entrailles brûlantes. Région en prodiges féconde, digne de l'admiration des peuples, enrichie des biens les plus précieux, et noblement défendue par un rempart de héros ! O Sicile ! tu ne possédas rien de plus admirable, de plus prodigieux que l'illustre Empédocle ! Les vers enfantés par son divin génie font encore retentir le monde de ses triomphes glorieux, et laissent douter la postérité de son origine mortelle. Cependant ce grand homme et ses émules restés loin de son rang illustre, mais fameux par de nobles découvertes, ces doctes qui, du fond de leur cœur, comme d'un auguste sanctuaire, ont proclamé des oracles plus sûrs et plus sacrés que les décrets de la pythie couronnée de lauriers sur le trépied d'Apollon; ont vu échouer leur sagesse en explorant les principes de la nature, et leur chute est mesurée à leur grandeur immense.

Dans leur fatale erreur, ils reconnaissent le mouvement et rejettent le vide : ils admettent des corps souples, raréfiés et mous, tels que le feu, la terre, l'astre du jour, les champs de l'air, les végétaux, les animaux divers ; et, dans ces corps, ils n'admettent point de vide.

Ils font plus, ils n'imposent aucune limite à la divisibilité de la matière, ni de degré à la dissémination des corps, auxquels ils ne reconnaissent point de parties extrêmes. Or, si l'extrémité des corps nous paraît le terme de leur division[18], le dernier point de ce débri, qui même demeure inaperçu, a sans doute atteint la limite que la nature laisse à la division.

Huc accedit item, quod jam primordia rerum
Mollia constituunt, quæ nos nativa videmus
Esse, et mortali cum corpore funditus; atqui
Debeat ad nihilum jam rerum summa reverti,
De nihiloque renata virescere copia rerum :
Quorum utrumque quid a vero jam distet, habebas.

Deinde inimica modis multis sunt atque venena
Ipsa sibi inter se; quare aut congressa peribunt,
Aut ita diffugient, ut, tempestate coorta,
Fulmina diffugere, atque imbres ventosque videmus.
Denique quattuor ex rebus si cuncta creantur,
Atque in eas rursum res omnia dissolvuntur;
Qui magis illa queunt rerum primordia dici,
Quam contra res illorum, retroque putari ?
Alternis gignuntur enim, mutantque colorem,
Et totam inter se naturam tempore ab omni.
Sin ita forte putas, ignis, terræque coire
Corpus, et aerias auras, roremque liquorum,
Nil in concilio naturam ut mutet eorum ;
Nulla tibi ex illis poterit res esse creata,
Non animans, non exanimo quid corpore, ut arbos.
Quippe suam quidque in coetu variantis acervi
Naturam ostendet, mistusque videbitur aer
Cum terra simul, atque ardor cum rore manere :
At primordia gignundis in rebus oportet
Naturam clandestinam cæcamque adhibere;
Emineat ne quid, quod contra pugnet, et obstet
Quominus esse queat proprie quodcunque creatur.
Quin etiam repetunt a cœlo, atque ignibus ejus,

Observe que les principes qu'ils accordent à la matière sont dénués de consistance, et que leur essence est de naître et de périr. Si tel était l'ordre de la nature, cet univers aurait déjà succombé aux efforts du temps, aurait été plongé au néant et en serait ressorti de nouveau; et j'ai déjà combattu victorieusement ces deux erreurs.

Ces élémens ennemis se détruisent par une guerre mutuelle; en s'entrechoquant, ils se briseraient ou se disperseraient, comme les vapeurs, les nuages et la pluie se dispersent par le choc de la foudre.

Enfin, si les quatre élémens seuls forment les êtres, et seuls reçoivent leurs débris, pourquoi les donnerait-on pour principes des corps, au lieu de regarder les corps mêmes comme des principes? S'engendrent-ils tour à tour et changent-ils alternativement de nature, de forme et d'aspect?

Au contraire, affirme-t-on que le feu, l'air et les corps terrestres, et les principes aqueux se réunissent sans se décomposer? pourrait-il résulter de ce mélange aucun être animé, aucune substance végétale? Vous n'obtiendrez alors qu'un assemblage confus de ces substances incompatibles, qui, ne déployant chacune que leur propriété, formeraient un tout infructueux : or, il est nécessaire que les principes élémentaires agissent d'une manière secrète et invisible, de peur que la nature de l'un d'eux, dominant trop, n'interdît, aux corps qui en sont formés, le caractère qui leur est propre.

Explorons leur système : leur premier élément est le

Et primum faciunt ignem se vertere in auras
Aeris; hinc imbrem gigni, terramque creari
Ex imbri; retroque a terra cuncta reverti,
Humorem primum, post aera, deinde calorem;
Nec cessare hæc inter se mutare, meare
De cœlo ad terram, de terra ad sidera mundi:
Quod facere haut ullo debent primordia pacto.
Immutabile enim quiddam superare necesse est,
Ne res ad nihilum redigantur funditus omnes.
Nam quodcunque suis mutatum finibus exit,
Continuo hoc mors est illius, quod fuit ante.
Quapropter, quoniam quæ paulo diximus ante,
In commutatum veniunt, constare necesse est
Ex aliis ea, quæ nequeant convertier unquam,
Ne tibi res redeant ad nilum funditus omnes.
Quin potius tali natura prædita quædam
Corpora constituas, ignem si forte crearint,
Posse eadem demptis paucis, paucisque tributis,
Ordine mutato, et motu, facere aeris auras;
Sic alias aliis rebus mutarier omnes.
At manifesta palam res indicat, inquis, in auras
Aeris e terra res omnes crescere, alique:
Et nisi tempestas indulget tempore fausto,
Imbribus et tabe nimborum arbusta vacillant;
Solque sua pro parte fovet, tribuitque calorem;
Crescere non possunt fruges, arbusta, animantes.
Scilicet et nisi nos cibus aridus, et tener humor,
Adjuvet, amisso jam corpore, vita quoque omnis
Omnibus e nervis atque ossibus exsolvatur.
Adjutamur enim dubio procul, atque alimur nos

feu, qui prend sa source au ciel et se convertit en air; de l'air se forme l'eau, qui bientôt se change en terre; de la terre naissent ensuite, dans un ordre rétrograde, les autres élémens qui voyagent sans cesse de l'Olympe à la terre et de la terre aux voûtes du monde. Mais ces changemens sont incompatibles avec la nature des principes dont le fonds doit être immuable; car tout corps périt en passant les limites de son être. Ainsi les quatre élémens, pour reformer les êtres, subissant, comme ces doctes le supposent, de continuelles métamorphoses, doivent se composer d'élémens fixes, ou dans le néant vous précipitez l'univers. Reconnaissons plutôt des corps qui, après avoir fourni le feu, en accroissant et en diminuant leur nombre, en variant leur situation ou leur mouvement, engendrent par cette nouvelle combinaison le fluide aérien, les ondes et les autres substances.

Mais il est évident, dis-tu, que tous les corps naissent de la terre, se repaissent de ses sucs, et que, si la douce température de la saison ne fécondait l'air, si la cime des végétaux n'était mollement agitée par la pluie rafraîchissante, si les rayons du soleil ne développaient les germes renfermés dans le sein de la terre, ni les moissons, ni les arbres, ni même les animaux ne pourraient croître et arriver à leur maturité. Tu le sais, et nous-mêmes, si une nourriture fortifiante, si un breuvage salutaire qui l'humecte, ne rendaient la vigueur à nos sens, nos

Certis ab rebus, certis aliæ atque aliæ res :
Nimirum quia multa modis communia multis
Multarum rerum in rebus primordia mista
Sunt, ideo variis variæ res rebus aluntur
Atque eadem magni refert primordia sæpe
Cum quibus, et quali positura contineantur,
Et quos inter se dent motus, accipiantque.
Namque eadem cœlum, mare, terras, flumina, solem
Constituunt; eadem fruges, arbusta, animantes :
Verum aliis, alioque modo commista moventur.
Quin etiam passim nostris in versibus ipsis,
Multa elementa vides multis communia verbis,
Quum tamen inter se versus ac verba necesse est
Confiteare et re et sonitu distare sonanti :
Tantum elementa queunt permutato ordine solo.
At rerum quæ sunt primordia, plura adhibere
Possunt, unde queant variæ res quæque creari.
Nunc et Anaxagoræ scrutemur *Homœomeriam*,
Quam Græci memorant, nec nostra dicere lingua
Concedit nobis patrii sermonis egestas :
Sed tamen ipsam rem facile est exponere verbis,
Principium rerum quam dicit *Homœomeriam*.
Ossa videlicet e pauxillis atque minutis
Ossibu', sic et de pauxillis atque minutis
Visceribus viscus gigni; sanguemque creari
Sanguinis inter se multis coeuntibu' guttis :
Ex aurique putat micis consistere posse
Aurum, et de terris terram concrescere parvis;
Ignibus ex ignem, humorem ex humoribus esse :
Cætera consimili fingit ratione, putatque.

membres s'épuiseraient bientôt, et la vie elle-même s'éteindrait dans nos corps. Il faut à l'homme, ainsi qu'à tous les êtres, des alimens réparateurs, et si la moitié de l'univers emprunte la vie à l'autre, c'est que chaque objet renferme en soi des principes communs à plusieurs autres. Il faut donc considérer, non-seulement la nature des élémens, mais encore leurs mélanges, leurs situations et leurs mouvemens mutuels ; car les élémens créateurs du ciel, de la terre et de l'onde, des fleuves, des monts et des astres, sont les mêmes qui, soumis à d'autres lois et diversement combinés, forment les moissons, les animaux, les plantes et les bois ; c'est ainsi que dans ces vers tu vois ces mêmes lettres communes à diverses pensées, quelle que soit la différence des mots, soit pour l'harmonie, soit pour les idées : telle est la différence qu'établit entre les corps la combinaison seule des principes élémentaires, qui plus que les pensées ont une variété infinie dans leur résultat[19].

Approfondissons maintenant l'ingénieux système d'Anaxagore[20], que les Grecs ont revêtu du nom d'*Homœomérie*, et pour lequel la stérilité de notre langue n'en fournit point ; mais il est facile de donner une idée claire de l'hypothèse de ce philosophe grec : les corps résultent de principes analogues ; les os se forment d'un nombre infini de petits os ; pour former l'intestin, mille intestins se rassemblent, et la réunion de principes sanguins donne naissance à ce fluide coloré qui coule dans nos veines ; des molécules d'or forment ce métal ; le feu naît de particules ignées, et l'eau de principes aqueux ; tous les corps, en un mot, sont le résultat d'élémens similaires.

Nec tamen esse ulla parte idem in rebus inane
Concedit, neque corporibus finem esse secandis.
Quare in utraque mihi pariter ratione videtur
Errare, atque illi supera quos diximus ante.
Adde quod imbecilla nimis primordia fingit,
Si primordia sunt, simili quae praedita constant
Natura, atque ipsae res sunt; aequeque laborant,
Et pereunt neque ab exitio res ulla refrenat.
Nam quid in oppressu valido durabit eorum,
Ut mortem effugiat, lethi sub dentibus ipsis?
Ignis? an humor? an aura? Quid horum? sanguis? an ossa?
Nil, ut opinor, ubi ex aequo res funditus omnis
Tam mortalis erit, quam quae manifesta videmus
Ex oculis nostris aliqua vi victa perire.
At neque recidere ad nihilum res posse, neque autem
Crescere de nihilo, testor res ante probatas.
Praeterea quoniam cibus auget corpus, alitque,
Scire licet, nobis venas, et sanguen, et ossa,
Et nervos alienigenis ex partibus esse :
Sive cibos omnes commisto corpore dicent
Esse, et habere in se nervorum corpora parva,
Ossaque, et omnino venas, partesque cruoris ;
Fiet, uti cibus omnis et aridus, et liquor ipse,
Ex alienigenis rebus constare putetur,
Ossibus, et nervis, venisque, et sanguine misto.
Praeterea quaecunque e terra corpora crescunt,
Si sunt in terris, terras constare necesse est,
Ex alienigenis quae terris exoriuntur.
Transfer item, totidem verbis utare licebit :
In lignis si flamma latet, fumusque, cinisque,

Mais cependant ce philosophe a banni le vide, et borne la divisibilité des corps : deux erreurs qu'il partage avec les philosophes que nous avons déjà combattus.

D'ailleurs ses élémens sont trop fragiles, si toutefois le nom d'élémens convient à des corpuscules d'une nature absolument semblable aux objets qu'ils composent, dont les ressorts sont aussi faibles, et dont le tissu donne autant de prise à la destruction. Dans une attaque violente, quel est celui de ces élémens qui résistera au choc, repoussera les assauts de la mort ? Sera-ce l'air, l'onde, le feu, le sang, les os ? Non, puisque tous ces corps sont destructibles comme ceux que le temps fait chaque jour disparaître à nos yeux. Admets donc cette vérité, que j'ai déjà fait briller pour toi : rien ne sort du néant, rien ne s'y engloutit jamais.

D'ailleurs, puisque les alimens accroissent le corps qu'ils nourrissent, nos veines, notre sang, tous nos organes sont formés de parties étrangères. Si tu prétends que les alimens sont des substances mélangées qui contiennent en petit des nerfs, des os, des veines et du sang, notre nourriture et notre breuvage seront donc eux-mêmes composés de parties hétérogènes.

Alors, si tous les objets enfantés par la terre ont toujours en petit habité dans ses flancs, la terre se composera donc d'autant de parties différentes qu'elle expose de productions à sa surface. Appliquez les mêmes lois à tous les autres corps, et si la flamme, la fumée et la

Ex alienigenis consistant ligna necesse est.

LINQUITUR hic tenuis latitandi copia quaedam :
Id quod Anaxagoras sibi sumit; ut omnibus omnes
Res putet immistas rebus latitare, sed illud
Apparere unum, cujus sint pluria mista,
Et magis in promptu, primaque in fronte locata :
Quod tamen a vera longe ratione repulsum est.
Conveniebat enim fruges quoque saepe minutas,
Robore quum saxi franguntur, mittere signum
Sanguinis; aut alium, nostro quae corpore aluntur,
Quum lapidi lapidem terimus, manare cruorem.
Consimili ratione herbas quoque saepe decebat
Et laticis dulces guttas, similique sapore
Mittere, lanigerae quali sunt ubera lactis :
Scilicet et glebis terrarum saepe friatis,
Herbarum genera, et fruges, frondesque videri
Dispertita, atque in terris latitare minute;
Postremo, in lignis cinerem fumumque videri,
Quum praefracta forent, ignesque latere minutos.
Quorum nil fieri quoniam manifesta docet res,
Scire licet non esse in rebus res ita mistas;
Verum semina multimodis immista latere
Multarum rerum in rebus communia debent.
AT saepe in magnis fit montibus, inquis, ut altis
Arboribus vicina cacumina summa terantur
Inter se, validis facere id cogentibus Austris,
Donec fulserunt flammae, fulgore coorto :
Scilicet, et non est lignis tamen insitus ignis;
Verum semina sunt ardoris multa, terendo

cendre sont contenues dans le bois, il est donc composé d'élémens ennemis.

Anaxagore m'échappe par un raisonnement captieux : il prétend que tout corps renferme en soi les élémens de tous les autres, mais que l'œil découvre seulement ceux qui, répandus en plus grand nombre dans les corps, et placés à la surface, s'offrent ainsi à nos regards. La raison repousse aisément ce subterfuge ; il faudrait, s'il en était ainsi, que dans les grains broyés sous la meule[21] apparussent des germes de sang et de toutes les moindres parties du corps que le blé alimente et auxquelles il s'incorpore. Il faudrait que les gazons fleuris distillassent le lait pur des brebis, que la glèbe divisée offrît des embryons d'arbustes, de fruits, d'herbages et de rameaux, et que du bois mis en éclat sortissent la flamme, la cendre et la fumée. Mais rien de semblable ne se montre dans la nature ; avouons que, sans être ainsi renfermés d'avance dans les corps, les élémens sont communs à tous, et qu'ils se placent et se modifient dans les êtres divers.

Mais souvent, diras-tu, sur le faîte des monts les arbres, battus par les vents impétueux, entrechoquent leur cîme, se froissent, et bientôt des tourbillons de flamme, en pétillant, s'élèvent de leurs rameaux. Il est vrai ; mais le feu n'était pas enfermé sous l'écorce, et seulement des parties inflammables se réunissent et s'embrâsent par le

Quæ quum confluxere, creant incendia silvis.
Quod si tanta foret silvis abscondita flamma,
Non possent ullum tempus celarier ignes;
Conficerent vulgo silvas, arbusta cremarent.
JAMNE vides igitur, paulo quod diximus ante,
Permagni referre, eadem primordia sæpe
Cum quibus, et quali positura contineantur;
Et quos inter se dent motus, accipiantque :
Atque eadem paulo inter se mutata creare
Ignes e lignis : quo pacto verba quoque ipsa
Inter se paulo mutatis sunt elementis,
Quum *ligna* atque *ignes* distincta voce notemus.
DENIQUE jam quæcunque in rebus cernis apertis,
Si fieri non posse putas, quin materiai
Corpora consimili natura prædita fingas,
Hac ratione tibi pereunt primordia rerum.
Fiet uti risu tremulo concussa cachinnent,
Et lacrymis salsis humectent ora genasque.
NUNC age, quod superest cognosce, et clarius audi.
Nec me animi fallit, quam sint obscura; sed acri
Percussit thyrso laudis spes magna meum cor,
Et simul incussit suavem mi in pectus amorem
Musarum, quo nunc instinctus, mente vigenti
Avia Pieridum peragro loca, nullius ante
Trita solo; juvat integros accedere fontes,
Atque haurire; juvatque novos decerpere flores,
Insignemque meo capiti petere inde coronam,
Unde prius nulli velarint tempora Musæ :
Primum, quod magnis doceo de rebus, et arctis
Relligionum animos nodis exsolvere pergo :

frottement. Si le bois renfermait la flamme, ses canaux ligneux ne pourraient un seul moment l'emprisonner; elle éclaterait sans cesse, et bientôt les arbres et les forêts se réduiraient en cendre.

Si tu reconnais la vérité que ma muse proclame, observons l'important mélange des principes élémentaires, leurs rapports, leur disposition, leur nombre; puisqu'une légère variation dans les élémens du bois le convertit en feu, comme dans ces mots presque semblables, auxquels le changement d'une seule lettre donne un sens si opposé.

Enfin, si tu ne peux expliquer les phénomènes qu'en donnant aux élémens les attributs des êtres qu'ils composent, tu renverses l'ordre et les principes de la nature. Il faudra donc que tes propres élémens fassent entendre les éclats d'un rire joyeux, et s'abreuvent de larmes amères.

Maintenant, Memmius, parcourons les vérités qu'il me reste à faire éclater à tes yeux. Je ne m'abuse pas : une nuit profonde les environne; mais, frappé du thyrse divin, brûlant d'espérance et de gloire, mon cœur s'enivre de l'amour doux et sacré des muses; il m'élève au sommet du riant Hélicon, et je parcours un sol que nul avant moi n'a foulé. J'aime à puiser aux sources vierges encore; j'aime à cueillir des fleurs nouvelles, à me couronner de palmes brillantes dont jamais les Muses n'ont ombragé le front des poètes. Oui, mon sujet est grand : je brise les fers pesans dont la religion flétrit les hommes. Je répands sur des mystères profonds les flots de la lu-

Deinde, quod obscura de re tam lucida pango
Carmina, Musæo contingens cuncta lepore.
Id quoque enim non ab nulla ratione videtur;
Sed veluti pueris absinthia tetra medentes
Quum dare conantur, prius oras pocula circum
Contingunt mellis dulci flavoque liquore,
Ut puerorum ætas improvida ludificetur
Labrorum tenus, interea perpotet amarum
Absinthî laticem, deceptaque non capiatur,
Sed potius tali facto recreata valescat :
Sic ego nunc, quoniam hæc ratio plerumque videtur
Tristior esse, quibus non est tractata, retroque
Vulgus abhorret ab hac : volui tibi suaviloquenti
Carmine Pierio rationem exponere nostram,
Et quasi Musæo dulci contingere melle;
Si tibi forte animum tali ratione tenere
Versibus in nostris possem, dum perspicis omnem
Naturam rerum, qua constet compta figura.
SED quoniam docui, solidissima materiai
Corpora perpetuo volitare invicta per ævum,
Nunc age, summai ecquænam sit finis eorum,
Nec ne sit, evolvamus : item, quod inane repertum est,
Seu locus, ac spatium, res in quo quæque genantur,
Pervideamus utrum finitum funditus omne
Constet, an immensum pateat vel adusque profundum.

OMNE quod est igitur nulla regione viarum
Finitum est : namque extremum debebat habere;
Extremum porro nullius posse videtur
Esse, nisi ultra sit quod finiat, ut videatur

mière, et je pare la raison des charmes de la poésie. Mon projet est utile, est hardi; et comme l'habile médecin qui présente à l'enfant l'absinthe amère, environne les bords du vase d'un miel doré, afin que ses lèvres, séduites par cette erreur bienfaisante, puisent sans défiance le noir breuvage qui fait couler dans ses jeunes membres la vie et la santé, ainsi le sujet que je chante, trop sérieux pour les esprits qui ne l'ont point abordé, et peut-être rebutant pour le vulgaire, me fait emprunter le doux langage des Muses, afin que le miel suave de la poésie corrige l'amertume de la vérité. Heureux, ô Memmius, si, captivé par la mélodie des vers, tu ne les quittes qu'après avoir dévoilé les grands secrets de la nature!

Je t'enseignai que les élémens solides, depuis l'éternité, traversent les siècles à l'abri de la destruction. Examine aujourd'hui si l'ensemble de ces élémens est infini ou limité; si ce vide, dont j'ai révélé l'existence, ce libre espace, théâtre éternel de la révolution des corps, voit borner son étendue; ou si son immensité et sa profondeur s'ouvrent sans fin dans toutes les parties de l'univers.

Sans doute le grand tout, dans aucune région de l'espace, ne trouve de barrière; autrement il aurait une extrémité: mais un corps ne peut avoir d'extrémité, s'il ne trouve hors de lui-même quelque objet qui le borne,

Quo, non longius, hæc sensus Natura sequatur.
Nunc extra summam quoniam nihil esse fatendum est,
Non habet extremum : caret ergo fine modoque :
Nec refert quibus assistas regionibus ejus.
Usque adeo quem quisque locum possedit, in omnes
Tantundem partes infinitum omne relinquit.

PRÆTEREA, si jam finitum constituatur
Omne quod est spatium : si quis procurrat ad oras
Ultimus extremas, jaciatque volatile telum;
Id validis utrum contortum viribus ire,
Quo fuerit missum, mavis, longeque volare,
An prohibere aliquid censes, obstareque posse?
Alterutrum fatearis enim, sumasque necesse est :
Quorum utrumque tibi effugium præcludit, et omne
Cogit ut exempta concedas fine patere.
Nam sive est aliquid, quod prohibeat, officiatque
Quo minu', quo missum est veniat, finique locet se :
Sive foras fertur : non est ea fini' profecto.
Hoc pacto sequar, atque oras ubicunque locaris
Extremas, quæram quid telo denique fiat.
Fiet, uti nusquam possit consistere finis,
Effugiumque fugæ prolatet copia semper.
PRÆTEREA spatium summai totius omne
Undique si inclusum certis consisteret oris,
Finitumque foret, jam copia materiai
Undique ponderibus solidis confluxet ad imum;
Nec res ulla geni sub cœli tegmine posset;
Nec foret omnino cœlum, neque lumina solis :
Quippe ubi materies omnis cumulata jaceret,

en sorte que notre regard reconnaisse qu'il ne peut se porter plus loin sur ce même corps. Tu es contraint d'avouer qu'il n'est rien au delà de ce grand tout, auquel tu ne peux assigner d'extrémité ni prescrire de limites; ainsi qu'importe en quel lieu tu sois placé, en quelles lointaines régions tu te transportes : l'espace infini de tous côtés s'ouvre devant tes pas.

Mais si l'espace interminable était borné, et que tu fusses parvenu à ses limites, lance une flèche rapide : ou en fendant l'air elle suivra son vol, ou un obstacle lui fermera l'espace; car il faut choisir dans cette alternative? Or, dans l'un et l'autre parti tu reconnais l'infinité de l'univers : soit que la flèche rencontre un obstacle extérieur, soit qu'elle le franchisse et s'élance dans le vide, elle n'a point trouvé d'extrémité. Ainsi je te suivrai partout où tu fixeras des bornes, et je te demanderai ce que deviendra ta flèche? elle trouvera tour-à-tour le vide et la matière, et pendant l'éternité son essor s'ouvrira l'espace interminable.

D'ailleurs, si la nature avait mis des bornes à son éternel empire, la matière, par son propre poids, serait amassée dans les lieux inférieurs. Dès-lors plus de productions sous la voûte des cieux; l'azur du firmament disparaît, ses flambeaux s'éteignent; les flots de la matière, précipités depuis des siècles nombreux, ne forment plus qu'un amas confus et sans énergie. Au contraire,

Ex infinito jam tempore subsidendo.
At nunc nimirum requies data principiorum
Corporibus nulla est : quia nil est funditus imum,
Quo quasi confluere, et sedes ubi ponere possint;
Semper et assiduo motu res quæque genuntur
Partibus in cunctis, æternoque suppeditantur
Ex infinito cita corpora materiai.
Postremo ante oculos rem res finire videtur :
Aer dissepit colles, atque aera montes :
Terra mare, et contra mare terras terminat omnes.
Omne quidem vero nihil est quod finiat extra.
Est igitur natura loci, spatiumque profundi,
Quod neque clara suo percurrere flumina cursu
Perpetuo possint ævi labentia tractu;
Nec prorsum facere, ut restet minus ire, meando :
Usque adeo passim patet ingens copia rebus,
Finibus exemptis, in cunctas undique partes.
Ipsa modum porro sibi rerum summa parare
Ne possit, Natura tenet; quia corpus inani,
Et quod inane autem est, finiri corpore cogit :
Ut sic alternis infinita omnia reddat.
Aut etiam, alterutrum nisi terminet alterum eorum
Simplice natura et pateat tantum immoderatum :
Nec mare, nec tellus, nec cœli lucida templa,
Nec mortale genus, nec Divum corpora sancta
Exiguum possent horai sistere tempus.
Nam dispulsa suo de cœtu materiai
Copia ferretur magnum per inane soluta,
Sive adeo potius nunquam concreta creasset
Ullam rem, quoniam cogi disjecta nequisset.

les élémens créateurs sont étrangers au repos, parce qu'il n'existe point de lieu où ils puissent tomber et s'engourdir dans l'inaction; aussi, par un mouvement continuel, ils produisent sans cesse, dans toutes les parties de l'espace, des êtres nombreux : l'infini est la source inépuisable qui fournit aux torrens d'une matière éternelle et féconde.

Enfin, tous les corps, à nos yeux, sont bornés par d'autres corps. Les montagnes le sont par l'air, et l'air par les montagnes; la terre impose des barrières à l'Océan, qui lui-même l'emprisonne de ses flots. Mais le grand tout n'a rien hors de lui qui puisse le limiter. Telle est la nature des lieux et de l'espace, qu'un grand fleuve, après avoir couru pendant l'éternité, loin d'atteindre les bornes de l'univers, n'en serait pas plus près qu'en s'élançant de sa source. Je le répète, dégagé de limites, l'univers de tous côtés s'étend à l'infini.

Telle est l'essence même de l'univers. La nature a voulu que le vide et la matière se servissent mutuellement de limites, afin de rendre infini son immortel empire. Si le vide seul était sans bornes, s'il envahissait les lieux destinés à la matière, ni les mers, ni la terre, ni les brillans palais du ciel, ni les espèces mortelles, ni les augustes dieux, ne pourraient exister un seul jour. La matière, trop libre, se disperserait dans les gouffres du vide, ou plutôt elle ne se fût jamais réunie; jamais l'ensemble des élémens créateurs n'eût acquis la puissance nécessaire à la formation de l'univers.

Nam certe neque consilio primordia rerum
Ordine se quæque, atque sagaci mente locarunt,
Nec quos quæque darent motus pepigere profecto :
Sed quia multimodis multis mutata, per omne,
Ex infinito, vexantur percita plagis,
Omne genus motus, et cœtus experiundo,
Tandem deveniunt in tales disposituras,
Qualibus hæc rebus consistit summa creata :
Et multos etiam magnos servata per annos,
Ut semel in motus conjecta est convenientes,
Efficit, ut largis avidum mare fluminis undis
Integrent amnes; et solis terra vapore
Fota novet fœtus, summissaque gens animantum
Floreat, et vivant labentes ætheris ignes.
Quod nullo facerent pacto, nisi materiai
Ex infinito suboriri copia posset,
Unde amissa solent reparari in tempore quoque.
Nam veluti privata cibo natura animantum
Diffluit amittens corpus : sic omnia debent
Dissolvi, simul ac defecit suppeditare
Materies recta regione aversa viai.

Nec plagæ possent extrinsecus undique summam
Conservare omnem, quæcunque est conciliata.
Cudere enim crebro possunt, partemque morari,
Dum veniant aliæ, ac suppleri summa queatur.
Interdum resilire tamen coguntur, et una
Principiis rerum spatium, tempusque fugai
Largiri ut possint a cœtu libera ferri.
Quare etiam atque etiam suboriri multa necesse est.

O Memmius ! tu ne penseras point que, doués d'intelligence, les principes de la matière aient sagement combiné l'ordre qui les régit, et qu'ils aient concerté d'avance leurs futurs destins. Non ; mais, après des mouvemens innombrables de toute éternité, les élémens modifiés, réunis par leur propre essor et par des chocs étrangers, ont essayé, pris, quitté, repris, des combinaisons qui ont fait éclore cet univers, et, fidèles à cet ordre, ils le suivent pendant un grand nombre de siècles. Aussi nous voyons sans cesse les fleuves et les torrens abreuver les mers; le soleil, par sa chaleur féconde, développer et mûrir les productions de la terre; la fleur de la santé briller pour les races nouvelles, et les flambeaux éthérés, en parcourant les cieux, repaître leur flamme éclatante. Ce sublime concert de la nature finirait bientôt, si la foule innombrable des élémens n'entretenait cette harmonie, en contribuant à la reproduction des êtres. Ainsi que les corps animés, privés de nourriture, s'affaiblissent et meurent, cet univers périra, lorsque les flots d'élémens qui l'alimentent, cédant à d'autres lois, auront changé leur cours.

Ne crois pas que la pression des élémens extérieurs comprime la matière, et s'oppose à sa dispersion. Ils peuvent, par des chocs fréquens, arrêter la désunion d'une partie isolée, et donner à de nouveaux principes les moyens de la réparer; mais, forcés de rejaillir après ce premier effort, ils laisseront aux corps élémentaires un espace à envahir et le temps de se diviser. Il faut donc que les élémens se pressent, se succèdent sans interrup-

Et tamen ut plagæ quoque possint suppetere ipsæ,
Infinita opus est vis undique materiai.
ILLUD in his rebus longe fuge credere, Memmi,
In medium summæ (quod dicunt) omnia niti,
Atque ideo mundi naturam stare sine ullis
Ictibus externis, neque quoquam posse resolvi
Summa atque ima, quod in medium sint omnia nixa,
(Ipsum si quidquam posse in se sistere credis :
Et quæ pondera sunt sub terris, omnia sursum
Nitier, in terraque retro requiescere posta,
Ut per aquas quæ nunc rerum simulacra videmus :)
Et simili ratione animalia subtu' vagari
Contendunt, neque posse e terris in loca cœli
Recidere inferiora magis, quam corpora nostra
Sponte sua possint in cœli templa volare :
Illi quum videant solem, nos sidera noctis
Cernere, et alternis nobiscum tempora cœli
Dividere, et noctes pariles agitare, diesque.

SED vanus stolidis hæc omnia finxerit error
Amplexi quod habent perverse prima viai.
Nam medium nihil esse potest, ubi inane, locusque
Infinita : neque omnino, si jam medium sit,
Possit ibi quidquam hac potius consistere causa,
Quam quavis alia longe regione manere.
Omnis enim locus, ac spatium, quod inane vocamus,
Per medium, per non medium, concedat oportet
Æquis ponderibus, motus quacunque feruntur.

tion. Tu le vois, ce combat même, cette pression étrangère, atteste leur infinité et leur puissance.

Car n'admets pas, ô Memmius, comme plusieurs philosophes, que tous les corps soient attirés vers le centre du monde, que cet univers, balancé dans le vide, ne soit point soutenu par la pression des chocs extérieurs, et que les objets qui l'environnent dans toute sa circonférence ne puissent s'échapper, parce qu'ils éprouvent la même tendance vers un centre commun. Conçoit-on, Memmius, qu'une masse se soutienne par elle-même, et que, sous nos pieds attirés dans une direction opposée à la nôtre, des corps aient la faculté de se mouvoir, comme on voit notre image se réfléchir dans l'onde? Ainsi, on ose affirmer qu'un monde rempli d'êtres de toute espèce s'agite sous la terre, sans être plus exposé à s'engloutir dans les gouffres inférieurs, que nous ne sommes menacés d'un entraînement vers les voûtes célestes; on dit que ces peuples nouveaux sont éclairés par le soleil quand nous le sommes par les flambeaux nocturnes, et qu'une constante alternative leur partage avec nous les nuits, les jours, les saisons et les années.

C'est ainsi que les doctes qui ont embrassé de faux principes ont admis ces grossières erreurs. Ils ne comprenaient pas qu'il n'existe point de centre dans une étendue infinie. Ce centre existât-il, quelle loi contraindrait les corps de s'y fixer plutôt que dans d'autres parties de l'espace? La nature du vide est de céder aux corps pesans, que leur direction tende vers le centre ou loin de lui. Il n'est aucun lieu dans l'univers où les corps restent immobiles, et perdent leur pesanteur. Le vide ou-

Nec quisquam locus est, quo corpora quum venere,
Ponderis amissa vi, possint stare in inani :
Nec quod inane autem est, illis subsistere debet,
Quin, sua quod natura petit, concedere pergat.
Haud igitur possunt tali ratione teneri
Res in concilio, medii cuppedine victæ.
PRÆTEREA quoque jam non omnia corpora fingunt
In medium niti, sed terrarum atque liquorum
Humorem ponti, magnisque e montibus undas,
Et quasi terreno quæ corpore contineantur :
At contra, tenues exponunt aeris auras,
Et calidos simul a medio differrier ignes,
Atque ideo totum circumtremere æthera signis,
Et solis flammam per cœli cærula pasci ;
Quod calor a medio fugiens ibi colligat ignes.
Quippe etiam vesci e terra mortalia sæcla :
Nec prorsum arboribus summos frondescere ramos
Posse, nisi a terris paulatim cuique cibatum
Terra det : at supra circum tegere omnia cœlum,
Ne, volucrum ritu flammarum, mœnia mundi
Diffugiant subito, magnum per inane soluta,
Et ne cætera consimili ratione sequantur :
Neve ruant cœli tonitralia templa superne,
Terraque se pedibus raptim subducat, et omnes
Inter permistas terræ cœlique ruinas,
Corpora solventes, abeant per inane profundum :
Temporis ut puncto nihil exstet relliquiarum,
Desertum præter spatium et primordia cæca.
Nam quacunque prius de parti corpora cesse
Constitues, hæc rebus erit pars janua lethi :

vrira sans cesse un facile passage à leur course. Ce centre qu'on suppose ne suffit donc pas pour s'opposer à la dissolution de l'univers.

Quelle est la contradiction de ces mêmes philosophes! ils affirment que la tendance vers le centre n'est pas commune à tous les corps; ils la réservent à ceux que l'eau ou la terre compose, tels que les flots amers, les fleuves, les torrens qui se précipitent des montagnes, et tous ces corps que la terre a nourris. Tandis que l'air subtil, la flamme active, fuient le centre, et de toutes parts s'amassent dans les plaines d'azur, les orbes éclatans, l'astre pompeux du jour, s'en repaissent sans cesse, ainsi que des sucs féconds sortis de la terre se nourrissent les êtres animés, les fleurs et les végétaux. Par delà la sphère étoilée, ils placent le firmament; enveloppe impénétrable, il comprime les flammes fugitives, qui, s'exhalant du centre, franchiraient sans lui les limites du monde. Le même désordre envahirait la nature entière; le temple des cieux, les foudres, les astres s'écrouleraient sur nos têtes; la terre ébranlée s'ouvrirait, et les peuples, roulés avec les débris ardens des cieux, s'engloutiraient vivans dans des gouffres sans fond. Bientôt il ne resterait de cet univers qu'un amas de poussière et une solitude éternelle. Car qu'importe le lieu où commencerait le désordre? une porte fatale s'ouvrirait pour la destruction, et les élémens en foule se hâteraient de s'y précipiter.

Hac se turba foras dabit omnis materiai.
Hæc si pernosces, parva perfunctus opella,
(Namque alid ex alio clarescet) non tibi cæca
Nox iter eripiet, quin ultima Naturai
Pervideas; ita res accendent lumina rebus.

Si ton esprit a reçu ces premières vérités, la philosophie pour toi paraîtra sans voile, la nature n'aura plus de secrets, et tes principes, mutuellement éclaircis, seront les flambeaux qui te conduiront vers des vérités nouvelles.

NOTES

DU LIVRE PREMIER.

Æneadum genetrix, hominum divumque voluptas,
Alma Venus, etc.

Cette invocation est un des passages les plus célèbres du poëme de la Nature; nous citerons ici la traduction en vers de M. de Pongerville, afin que l'on puisse comparer les deux versions du même auteur, dans des genres si différens :

Suprême volupté des hommes et des dieux,
Vénus, toi dont l'amour enfanta nos aïeux,
Du haut de l'Empyrée, ô Vénus, tu fécondes
Les abîmes des flots et les cieux et les mondes.
Source unique de vie, auguste déité,
Tu fais luire à nos yeux la céleste clarté.
A ton aspect s'enfuit l'aquilon et l'orage,
L'azur du firmament resplendit sans nuage;
Brillante, sous tes pas, des plus vives couleurs,
La terre se revêt du doux éclat des fleurs.
L'Océan te sourit; la lumière s'épure,
Et ton souffle embaumé rajeunit la nature.
Quand les Zéphirs légers, précurseurs des beaux jours,
De leur fertile haleine éveillent les Amours,
L'oiseau mélodieux t'annonce à nos bocages;
La foule des troupeaux dans les verts pâturages,
Bondit, court, et franchit le fleuve impétueux;
Le ciel s'épanouit, l'air est voluptueux;
Les monstres à travers les forêts, les montagnes,
Cherchent en rugissant leurs farouches compagnes :
Tout fermente d'amour aux cieux, au sein des eaux;
Et le monde renaît dans ses hôtes nouveaux.
Vénus, si ton pouvoir au bonheur nous convie,
Et seul ouvre à nos pas les doux champs de la vie,
Que ta flamme divine éclate dans mes vers;
Remplis-moi de ton feu, je chante l'univers!

1. ...... de Rerum Natura pangere conor
   Memmiadæ nostro.....

Memmius était d'une famille illustre chez les Romains; c'est de sa race que Virgile parle dans ce vers :

Mox italus Mnestheus, genus a quo nomine Memmi.

Memmius, après avoir rendu des services à sa patrie, fut exilé et mourut dans la Grèce.

2. ..... æterno devinctus volnere amoris.

Au 8ᵉ livre de l'Énéide, Virgile emploie la même expression :

..... pater æterno devinctus amore.

3. Eque tuo pendet resupini spiritus ore.

Cette expression, si poétique et si hardie pour nous, l'était moins pour les anciens, d'après l'idée qu'ils se formaient de la nature de l'âme.

4. Nam neque nos agere hoc, patriai tempore iniquo.

Lucrèce composait son poëme à l'époque des conspirations de Catilina et de Clodius.

5. Omnis enim per se divum natura necesse est
   Immortali ævo summa cum pace fruatur.

Il s'agit ici des *intermondes* qu'Épicure appelle μετακόσμια.

6. ..... nec tangitur ira.

Ce principe était adopté par toutes les sectes anciennes.

7. Primum Graius homo mortales tollere contra.

Ces vers sont adressés à Épicure.

8. Atque *omne immensum* peragravit mente animoque.

Cette expression désigne l'ensemble de toutes les choses, le grand tout. Les Grecs lui donnaient les noms de τὸ Πᾶν, omne; τὸ ὅλον, totum; τῶν ὅλων φύσιν, universorum naturam; τῶν ὄντων φύσιν, rerum naturam.

9.   Tutemet a nobis, jam quovis tempore vatum
       Terriloquis victus dictis desciscere quæres?

On a adopté ce sens comme le plus conforme à la marche des idées du poète.

10.   Ennius æternis exponit versibus edens.

Ennius composa des annales, des satires, des comédies, des tragédies; il était contemporain de Scipion l'Africain.

11.   ..... venti vis verberat incita pontum.

Virgile a imité exactement ce passage.

12.   Signa manus dextras ostendunt attenuari
       Sæpe salutantum tactu.

Aux portes de Rome étaient placées les statues des dieux *tutélaires*. Lucrèce est le seul auteur de l'antiquité qui rappelle ce fait.

13.   ..... namque est in rebus inane.

Dès la plus haute antiquité, le système du *vide* a été l'objet des contestations des savans.

14.   Tempus item per se non est.

Les anciens ont été jusqu'à examiner si le temps n'était pas un être réel.

Lucrèce, dans ces vers,

       ..... transactum quid sit in ævo,
       Tum quæ res instet, quid porro deinde sequatur,

imite Homère :

       Ὅς ἤδη τὰ τ' ἐόντα, τά τ' ἐσσόμενα πρό τ' ἐόντα.
                                        Iliade, liv. 1, v. 70.

15.   Heraclitus init quorum dux prœlia primus.

Héraclite enseignait la philosophie de Pythagore dépouillée de ses voiles; il exerça la première magistrature d'Éphèse, sa patrie. Il mourut exilé. Son langage obscur, que Lucrèce lui reproche, lui fit donner le surnom de Σκοτεινὸς, *le Ténébreux*.

16.   Nec rursum cernunt, exempto rebus inani.

Lucrèce a répété ailleurs une partie des vers qui suivent.

17. Quorum Acragantinus cum primis Empedocles est.

Empédocle d'Agrigente, poète, philosophe et historien célèbre, florissait vers la quatre-vingt-quatrième olympiade. Il ne reste de lui que quelques légers fragmens cités par Aristote et Diogène Laërce.

18. Quum videamus id extremum cujusque cacumen.

Ce vers, et une partie des suivans, sont répétés dans ce même livre.

19. At rerum quæ sunt primordia, plura adhibere
Possunt, unde queant variæ res quæque creari.

Ces deux vers ont fatigué la sagacité des commentateurs; le sens, qui est cependant très-clair, confirme le raisonnement de Lucrèce.

20. Nunc et Anaxagoræ scrutemur Homœomeriam.

Anaxagore, philosophe, objet de l'enthousiasme et de la persécution de ses compatriotes, inventa son Homœomérie, afin d'étonner par une hypothèse extraordinaire; ou peut-être est-elle le fruit de ces écarts d'imagination, dont les plus grands hommes ne sont pas toujours exempts : Newton commenta l'Apocalypse.

21. Quum lapidi lapidum terimus, manare cruorem.

Ce vers est la répétition des précédens. La Grange a traduit ainsi: *Il faudrait que deux cailloux heurtés fissent jaillir du sang.* Ce sens est absurde. L'abbé de Marolles et Descoutures avaient au moins évité cette faute. Panckoucke, dans son estimable Essai de la traduction de Lucrèce, a rendu ce passage avec clarté.

22. Page 65, lig. 26. *J'aime à puiser aux sources vierges encore...*

Avia Pieridum peragro loca, nullius ante
Trita solo. . . . . .

L'abbé Delille, chant viiie de l'*Imagination*, a dit :

Le projet est hardi, je ne le cèle pas;
Mais des sentiers battus je détourne mes pas :
Loin du vieil Hélicon ma Muse étend ses ailes.
Il est temps de puiser à des sources nouvelles;

Il est temps de marcher couronné de festons
Dont nuls chantres encor n'ont ombragé leurs fronts.

Ailleurs,

Il est temps de puiser, dans ma soif téméraire,
Aux sources dont jamais n'approche le vulgaire.

La belle comparaison qui termine ce passage a été empruntée par les plus grands écrivains.

Le Tasse l'a imitée ainsi :

Così all' egro fanciul porgiamo aspersi
Di soave licor gli orli del vaso :
Succhi amari ingannato intanto ei beve,
E dall' inganno suo vita riceve.

Dans la traduction, Lucrèce a répété deux fois ce beau passage, exactement dans les mêmes termes; en vers, il est reproduit en deux versions différentes. Voici celle du premier livre :

Vers d'autres vérités je dirige mes pas.
Les périls sont nombreux, je ne m'aveugle pas;
Mais la gloire m'appelle, un feu divin m'anime;
De l'antique hélicon je franchirai la cime.
Sur les bords inconnus je porte mon essor;
J'aime à cueillir des fleurs sur un sol vierge encor :
Il m'est doux de puiser à des sources fécondes,
Qui me conservent pur le cristal de leurs ondes.
J'aspire à des lauriers dont les brillans rameaux
N'ont jamais couronné le front de mes rivaux.
Oui, mon sujet est grand : aux pieds de la nature
De cent chaînes d'airain j'accable l'imposture;
J'affranchis les mortels d'un tyran odieux,
Élevé par la crainte au rang sacré des dieux.
Mais l'austère sagesse, en mon noble délire,
Unit ses fiers accens aux doux sons de ma lyre;
Elle enchaîne les cœurs et flatte en triomphant.
Pour présenter l'absinthe à ce débile enfant,
Sur les bords de la coupe, ainsi ta main savante
Verse d'un miel doré la liqueur décevante,
Et du puissant breuvage ignorant l'âpreté,
Heureux dans son erreur, l'enfant boit la santé.

23. Page 67, lig. 22. *Sans doute le grand tout...... ne trouve de barrière......*

> Omne quod est igitur nulla regione viarum
> Finitum est. . . . . . .

Ce passage a fait croire à certains commentateurs que les idées de Lucrèce sur l'infinité de l'espace et de la matière portaient contradiction. Un examen plus réfléchi a prouvé combien le raisonnement du poète philosophe était juste et profond.

24. Page 71, lig. 12. *Telle est la nature des lieux et de l'espace....*

> Est igitur natura loci, spatiumque profundi,
> Quod neque clara suo percurrere flumina cursu.

L'image d'un fleuve courant pendant des siècles sans nombre, sans être plus près des limites de l'univers qu'en sortant de sa source, est admirable.

25. Page 75, lig. 11. *.....et que, sous nos pieds......*

> Et quæ pondera sunt sub terris, omnia sursum
> Nitier. . . . . .

Les anciens avaient deviné les antipodes.

26. Page 77, lig. 24. *.....qu'importe le lieu....*

> Nam quacunque prius de parti corpora cesse, etc.

Ces trois vers ne sont qu'une répétition des images exprimées dans le même paragraphe.

LIBER SECUNDUS.

Suave, mari magno, turbantibus æquora ventis,
E terra magnum alterius spectare laborem :
Non quia vexari quemquam est jucunda voluptas,
Sed, quibus ipse malis careas, quia cernere suave est.
Suave etiam belli certamina magna tueri
Per campos instructa, tua sine parte pericli.
Sed nil dulcius est, bene quam munita tenere
Edita doctrina sapientum templa serena :
Despicere unde queas alios, passimque videre
Errare, atque viam palantes quærere vitæ:
Certare ingenio, contendere nobilitate,
Noctes atque dies niti præstante labore,
Ad summas emergere opes, rerumque potiri.
O miseras hominum mentes! o pectora cæca!
Qualibus in tenebris vitæ, quantisque periclis
Degitur hoc ævi, quodcunque est! Nonne videre
Nil aliud sibi Naturam latrare, nisi ut, quum
Corpore sejunctus dolor absit, mente fruatur
Jucundo sensu, cura semota metuque?
Ergo corpoream ad naturam pauca videmus
Esse opus omnino, quæ demant cunque dolorem,
Delicias quoque uti multas substernere possint;

LIVRE SECOND.

Il est doux de contempler du rivage les efforts des nochers tourmentés par les vents furieux, sur le vaste gouffre des mers[1]. Non que leur infortune ait pour nous des charmes; mais il est doux d'être affranchi de leur effroi douloureux. Il est doux aussi d'observer, à l'abri du danger, des légions homicides se heurtant dans la plaine. Mais quel spectacle délicieux est réservé au sage qui, du temple serein de la philosophie, voit les mortels égarés dans les chemins de la vie, s'arracher de vains droits, ou les palmes du génie, prétendre au chimérique honneur de la naissance, et consumer les jours et les nuits dans des combats honteux pour s'élever à l'opulence et aux grandeurs!

Aveugles et malheureux humains! dans quelles ténèbres dangereuses, dans quels longs tourmens consumez-vous votre rapide existence? Hélas! vous ignorez à quel prix la nature accorde le bonheur: un corps exempt de souffrances, une âme calme, et l'absence de l'erreur.

Mais la nature a borné nos besoins; elle nous permet de jouir à peu de frais des voluptés et de nous préserver des douleurs. La richesse n'est-elle pas dans nos

Gratius interdum neque Natura ipsa requirit.
Si non aurea sunt juvenum simulacra per ædes
Lampadas igniferas manibus retinentia dextris,
Lumina nocturnis epulis ut suppeditentur;
Nec domus argento fulget, auroque renidet;
Nec citharis reboant laqueata aurataque templa:
Attamen inter se prostrati, in gramine molli,
Propter aquæ rivum, sub ramis arboris altæ,
Non magnis opibus, jucunde corpora curant:
Præsertim quum tempestas arridet, et anni
Tempora conspergunt viridantes floribus herbas.
Nec calidæ citius decedunt corpore febres,
Textilibus si in picturis, ostroque rubenti
Jactaris, quam si plebeia in veste cubandum est.
QUAPROPTER, quoniam nil nostro in corpore gazæ
Proficiunt, neque nobilitas, neque gloria regni,
Quod superest, animo quoque nil prodesse putandum.
Si non, forte tuas legiones per loca campi
Fervere quum videas belli simulacra cientes;
Fervere quum videas classem lateque vagari;
His tibi tum rebus timefactæ Relligiones
Effugiunt animo pavidæ, mortisque timores
Tum vacuum pectus linquunt curaque solutum.
QUOD si ridicula hæc ludibriaque esse videmus,
Reveraque metus hominum, curæque sequaces,
Nec metuunt sonitus armorum, nec fera tela;
Audacterque inter reges, rerumque potentes
Versantur; neque fulgorem reverentur ab auro,
Nec clarum vestis splendorem purpureai;
Quid dubitas quin omne sit hoc rationis egestas,

plaisirs? Si, pour soutenir les flambeaux de tes nocturnes festins, l'art n'a point transformé les métaux en statues², si le pompeux éclat de l'or ne resplendit point dans ton palais, si le son de la cithare mélodieuse ne retentit pas sous tes vastes lambris; étendu mollement au bords des ruisseaux, sous la fraîche épaisseur de la feuillée naissante, pressant les verts gazons, tu savoures de faciles et doux plaisirs, surtout lorsque de son sourire le printemps écarte les tempêtes et parsème la prairie du vif éclat des fleurs. La nature nous partage également. Le prince, sous la pourpre qui le couvre, n'est pas plus à l'abri des douleurs que le pâtre sous sa tunique indigente.

Si le faste, l'opulence et le rang suprême ne préservent point nos corps de la douleur, procurent-ils la félicité de l'âme? Non, non; quand les terribles légions font flotter leurs drapeaux dans nos champs, quand la mer écume sous le poids de nos vaisseaux gros de guerriers, la superstition farouche propage la crainte de la mort, et bannit la paix de ton âme consternée.

Absurde et vaine terreur! Le fracas des armes n'impose pas même aux soucis rongeurs; leur foule renaissante marche fièrement à la suite des rois; et, sans respecter ni la pourpre ni le diadème, ils siègent sur le trône à côté des pâles tyrans. Qui peut douter que ces maux ne soient le fruit d'une raison obscurcie dans les épaisses ténèbres dont notre vie est entourée?

Omnis quum in tenebris præsertim vita laboret?
Nam, veluti pueri trepidant atque omnia cæcis
In tenebris metuunt : sic nos in luce timemus
Interdum, nihilo quæ sunt metuenda magis, quam
Quæ pueri in tenebris pavitant, finguntque futura.
Hunc igitur terrorem animi, tenebrasque necesse est
Non radii solis, neque lucida tela diei
Discutiant, sed Naturæ species ratioque.
Nunc age : quo motu genitalia materiai
Corpora res varias gignant, genitasque resolvant,
Et qua vi facere id cogantur, quæve sit ollis
Reddita mobilitas magnum per inane meandi,
Expediam : tu te dictis præbere memento.
Nam certe non inter se stipata cohæret
Materies; quoniam minui rem quamque videmus,
Et quasi longinquo fluere omnia cernimus ævo,
Ex oculisque vetustatem subducere nostris :
Quum tamen incolumis videatur summa manere;
Propterea quia, quæ decedunt corpora cunque,
Unde abeunt, minuunt; quo venere, augmine donant;
Illa senescere, at hæc contra florescere cogunt;
Nec remorantur ibi : sic rerum summa novatur
Semper, et inter se mortales mutua vivunt :
Augescunt aliæ gentes, aliæ minuuntur;
Inque brevi spatio mutantur sæcla animantum,
Et, quasi cursores, vitai lampada tradunt.

Si cessare putas rerum primordia posse,
Cessandoque novos rerum progignere motus,

Ainsi que le timide enfant s'épouvantant dans l'ombre de la nuit[3], l'homme est le jouet d'une crainte non moins frivole pendant la clarté du jour. Pour calmer ce vain effroi, pour dissiper les ombres de l'erreur, n'empruntons ni l'éclat du jour, ni les feux du soleil; mais livrons-nous à l'étude profonde de la nature.

Maintenant, ô Memmius! apprenons par quel pouvoir les élémens forment les différens êtres, et comment ils les détruisent en se séparant; par quelle impulsion rapide ils traversent en tous sens les gouffres infinis de l'espace et du vide.

Souviens-toi de mes premières leçons. La matière ne peut, en s'amassant, rester immobile[4]; car tous les corps subissent une altération; leurs émanations continuelles les atténuent par degrés jusqu'au jour où ils disparaissent entièrement. Cependant la masse de l'univers ne souffre point de ces pertes particulières : les élémens, en se séparant de certains objets, vont en accroître d'autres, et ils ne laissent paraître d'un côté l'empreinte de la décrépitude, que pour faire éclater ailleurs la fleur de la jeunesse. Ils se livrent à une éternelle inconstance, qui sans cesse renouvelle la nature. Les espèces mortelles se transmettent rapidement l'existence : les unes se multiplient, les autres s'appauvrissent; les générations se pressent, et n'assistent qu'un moment aux scènes du monde, ainsi qu'à la course des jeux sacrés, nous nous transmettons de main en main le flambeau de la vie[5].

Tu t'abuses, ô Memmius! si tu crois que les principes élémentaires se livrent un moment au repos : et

Avius a vera longe ratione vagaris.
Nam, quoniam per inane vagantur cuncta, necesse est
Aut gravitate sua ferri primordia rerum,
Aut ictu forte alterius: nam, cita superne,
Obvia quum flixere, fit, ut diversa repente
Dissiliant: neque enim mirum, durissima quæ sint,
Ponderibus solidis, neque quidquam a tergis obstet.

Et quo jactari magis omnia materiai
Corpora pervideas, reminiscere Totius imum
Nil esse in summa; neque habere ubi corpora prima
Consistant; quoniam spatium sine fine modoque est;
Immensumque patere in cunctas undique partes,
Pluribus ostendi, et certa ratione probatum est.
Quod quoniam constat, nimirum nulla quies est
Reddita corporibus primis per inane profundum;
Sed magis assiduo varioque exercita motu,
Partim intervallis magnis conflicta resultant;
Pars etiam brevibus spatiis nexantur ab ictu.
Et quæcunque, magis condenso conciliatu,
Exiguis intervallis connexa, resultant,
Endopedita suis perplexis ipsa figuris;
Hæc validas saxi radices, et fera ferri
Corpora constituunt, et cætera de genere horum
Paucula: quæ porro magnum per inane vagantur,
Et cita dissiliunt longe, longeque recursant
In magnis intervallis; hæc aera rarum
Sufficiunt nobis, et splendida lumina solis.
Multaque præterea magnum per inane vagantur,
Consiliis rerum quæ sunt rejecta, nec usquam

que cette inaction enfante de nouveaux mouvemens; les élémens traversent le vide, soit en cédant à l'entraînement de la pesanteur, soit en obéissant à l'impulsion d'une cause étrangère. En se précipitant des hautes régions, ils rencontrent d'autres élémens qui les écartent de leur direction : ils sont pesans, solides, inaltérables, et dans leur essor, ne trouvant aucun obstacle, ils parcourent à jamais la profondeur de l'espace.

Pour mieux bannir ton doute, songe qu'il n'existe pas dans l'univers de lieu où les corps, après leur arrivée, puissent se fixer, parce que l'espace est sans borne, et que partout s'ouvre l'immensité. Utile vérité dont je t'ai déjà prouvé l'existence.

Les élémens ne ralentissent jamais leur essor; ils cèdent sans cesse à une impulsion variée dans ses effets; les uns parcourent une énorme distance; les autres, moins écartés, s'unissent dans leurs cours. Quand leur union est intime, leurs tissus analogues se lient étroitement par d'invincibles nœuds; ils produisent les rochers, les métaux et les corps solides. Au contraire, quand le choc les disperse et les fait flotter sans liaison dans l'espace, ils composent le fluide aérien, ou nourrissent la lumière du jour.

D'autres nagent incertains dans le vide, ne pouvant participer à aucun assemblage, où s'en trouvant écartés

Consociare etiam motus potuere recepta:
Cujus, uti memoro, rei simulacrum et imago
Ante oculos semper nobis versatur et instat.
Contemplator enim, quum solis lumina cunque
Insertim fundunt radios per opaca domorum;
Multa minuta, modis multis, per inane, videbis
Corpora misceri, radiorum lumine in ipso;
Et velut æterno certamine prœlia pugnasque
Edere turmatim certantia; nec dare pausam,
Conciliis et discidiis exercita crebris:
Conjicere ut possis ex hoc, primordia rerum
Quale sit in magno jactari semper inani.
Duntaxat rerum magnarum parva potest res
Exemplare dare et vestigia notitiai.
Hoc etiam magis hæc animum te advertere par est
Corpora, quæ in solis radiis turbare videntur;
Quod tales turbæ motus quoque materiai
Significant clandestinos cæcosque subesse.
Multa videbis enim plagis ibi percita cæcis
Commutare viam, retroque repulsa, reverti
Nunc huc, nunc illuc, in cunctas denique partes.
Scilicet hic a principiis est omnibus error.
PRIMA moventur enim per se primordia rerum;
Inde ea quæ parvo sunt corpora conciliatu,
Et quasi proxima sunt ad vires principiorum,
Ictibus illorum cæcis impulsa cientur;
Ipsaque, quæ porro paulo majora, lacessunt.
Sic a principiis ascendit motus, et exit
Paulatim nostros ad sensus, ut moveantur
Illa quoque, in solis quæ lumine cernere quimus;

comme étrangers au mouvement général. Chaque jour tu peux en apercevoir l'image sensible[6]. Lorsque dans un lieu ténébreux s'introduit un rayon du soleil, dans le cône brillant de légers corpuscules courent rapidement, s'élèvent, retombent, se pressent, s'attirent, se poursuivent. Tantôt rapprochés, tantôt désunis, ils semblent se livrer d'éternels combats. Leurs intarissables flots peuvent te donner l'idée des élémens créateurs qui promènent leur lutte féconde dans la nature entière. Ainsi les plus communs objets, médités par la raison, nous révèlent souvent d'importantes vérités.

Ces faibles corps, mus rapidement dans le rayon du soleil, sont d'autant plus dignes de ton attention, que leurs ébats mêmes naissent du choc invisible de la matière : les particules élémentaires, par de faibles et imperceptibles écarts dans leur route, les frappent, les entraînent, les repoussent et les font tourbillonner sans fin.

En effet, les premiers élémens dont l'essence est l'agitation, impriment leurs mouvemens aux corps les plus déliés et les plus aptes à recevoir leur contact, qui, se propageant et s'augmentant en raison de la force des objets qu'il agite, devient par degrés sensible comme dans les molécules qui tourbillonnent dans le cône lumineux, quoique la cause première du mouvement soit cachée à nos yeux.

Nec, quibus id faciant plagis, apparet aperte.
Nunc, quæ mobilitas sit reddita materiai
Corporibus, paucis licet hinc cognoscere, Memmi.
Primum, Aurora novo quum spargit lumine terras,
Et variæ volucres, nemora avia pervolitantes,
Aera per tenerum liquidis loca vocibus opplent;
Quam subito soleat sol ortus tempore tali
Convestire sua perfundens omnia luce,
Omnibus in promptu manifestumque esse videmus.
At vaporis, quem sol mittit lumenque serenum;
Non per inane meat vacuum; quo tardius ire
Cogitur, aerias quasi quum diverberet undas:
Nec singillatim corpuscula quæque vaporis,
Sed complexa meant inter se, cunque globata.
Quapropter simul inter se retrahuntur; et extra
Officiuntur, uti cogantur tardius ire.
At, quæ sunt solida primordia simplicitate,
Quum per inane meant vacuum, nec res remoratur
Ulla foris, atque ipsa suis e partibus unum,
Unum in quem cœpere locum connixa feruntur;
Debent nimirum præcellere mobilitate,
Et multo citius ferre, quam lumina solis;
Multiplicisque loci spatium transcurrere eodem
Tempore, quo solis pervolgant fulgura cœlum:
Nam neque consilio debent tardata morari,
Nec perscrutari primordia singula quæque,
Ut videant, qua quidque geratur cum ratione.
At quidam contra hæc, ignari, materiai
Naturam non posse, deûm sine numine, rentur
Tantopere humanis rationibus ac moderatis,

Apprends, surtout, quelle est la mobilité des élémens de la matière. Quand l'aurore verse ses feux nouveaux sur la terre; quand les oiseaux, saluant son réveil, voltigent sous les frais ombrages émus par les flots de leur suave mélodie; avec quel prompt essor la lumière du haut du firmament s'épanche sur la terre, et revêt la nature d'un voile resplendissant! Pourtant ces feux lancés du foyer du soleil ne se précipitent pas à travers un vide impalpable; ils combattent le fluide aérien, et sont froissés par un choc qui rallentit leur course. D'ailleurs ils ne sont point, comme les premiers élémens, simples et isolés; ils composent leur masse de différens faisceaux; leur propre masse, et le fluide qu'ils traversent, leur présentent des obstacles. Tandis que les purs élémens, simples et inaltérables, formant une masse unique, à l'abri des obstacles extérieurs, et réunissant leurs efforts vers le but de leur première impulsion, sont plus actifs, et peuvent, dans un temps égal, franchir un espace plus considérable que les rayons du soleil, lorsqu'ils tombent de la voûte céleste jusqu'à nos yeux. Car tu ne croiras pas que les élémens s'arrêtent volontairement, ni qu'ils aient concerté entre eux des lois invisibles qui les assujétissent.

Des sages cependant ont cru que la matière ne pouvait, sans le secours des dieux, régler la marche des saisons, alimenter les humains, enrichir la terre de ses

Tempora mutare annorum, frugesque creare.
Nec jam cætera, mortales quæ suadet adire,
Ipsaque deducit dux vitæ dia Voluptas,
Ut res per Veneris blanditim sæcla propagent,
Ne genus occidat humanum; quorum omnia causa
Constituisse deos fingunt : sed in ominbu' rebus
Magnopere a vera lapsi ratione videntur.
Nam, quamvis rerum ignorem primordia quæ sint,
Hoc tamen ex ipsis cœli rationibus ausim
Confirmare, aliisque ex rebus reddere multis,
Nequaquam nobis divinitus esse creatam
Naturam mundi, quæ tanta est prædita culpa:
Quæ tibi posterius, Memmi, faciemus aperta.
Nunc id quod superest de motibus expediemus.
Nunc locus est, ut opinor, in his illud quoque rebus
Confirmare tibi, nullam rem posse sua vi
Corpoream sursum ferri, sursumque meare.
Ne tibi dent in eo flammarum corpora fraudem:
Sursus enim vorsus gignuntur, et augmina sumunt;
Et sursum nitidæ fruges arbustaque crescunt,
Pondera, quantum in se est, quum deorsum cuncta ferantur.
Nec, quum subsiliunt ignes ad tecta domorum,
Et celeri flamma degustant tigna trabesque,
Sponte sua facere id, sine vi subigente, putandum est:
Quod genus, e nostro quum missus corpore sanguis
Emicat exsultans alte, spargitque cruorem.
Nonne vides etiam quanta vi tigna trabesque
Respuat humor aquæ? Nam quam magi' mersimus altum
Directa, et magna vi multi pressimus ægre,
Tam cupide sursum revomit magis, atque remittit,

fruits, la revêtir de sa parure, et r'ouvrir à chaque espèce les portes de la vie. Insensés! ils ignorent que la suave volupté est leur unique souveraine; qu'elle seule convie les êtres au plaisir, et que Vénus, par ses douces caresses, invite les espèces à repeupler le monde. C'est ainsi qu'ils ont feint des dieux créateurs[7], vain système, démenti par l'univers entier. Oui, si j'ignorais encore les secrets de la nature, le spectacle du ciel et de la terre, les vicissitudes du monde, son ordre imparfait, tout m'aurait dit qu'il n'est point sorti de la main des immortels. Mais réservons ces vérités à un autre temps, et reprenons l'examen des premiers élémens.

C'EST ici qu'il faut te prouver, Memmius, que nul corps, par sa propre essence, ne tend à s'élever[8]. Ne te laisse point abuser par la flamme qui sans cesse s'accroît et s'élance en pétillant. Les arbres, les moissons ne croissent non plus qu'en s'éloignant du sol nourricier, quoique la nature des corps pesans les en rapproche nécessairement. C'est donc en recevant l'impulsion d'un moteur secret renfermé dans leur sein, que les flammes de l'incendie élevées au faîte de nos demeures, en dévorent les combles; comme le sang échappé de la veine s'élance en jet de pourpre. Vois encore l'eau repousser les énormes pilotis que mille bras vigoureux s'efforcent de retenir sous les flots courroucés, qui se hâtent de revomir ces masses étrangères; sans cesse on les entasse et sans cesse l'onde les rejette, et les fait surnager plus qu'à demi au dessus de sa surface écumante. Tu ne doutes

Plus ut parte foras emergant, exsiliantque;
Nec tamen hæc, quantum est in se, dubitamus, opinor,
Quin vacuum per inane deorsum cuncta ferantur.
Sic igitur debent flammæ quoque posse per auras
Aeris expressæ sursum uccedere, quanquam
Pondera, quantum in se est, deorsum deducere pugnent.
Nocturnasque faces cœli sublime volantes,
Nonne vides longos flammarum ducere tractus,
In quascunque dedit partes Natura meatum?
Non cadere in terram stellas et sidera cernis?
Sol etiam summo de vertice dissupat omnes
Ardorem in partes, et lumine conserit arva:
In terras igitur quoque solis vergitur ardor;
Transversosque volare per imbres fulmina cernis;
Nunc hinc, nunc illinc abrupti nubibus ignes
Concursant; cadit in terras vis flammea volgo.
ILLUD in his quoque te rebus cognoscere avemus:
Corpora quum deorsum rectum per inane feruntur,
Ponderibus propriis, incerto tempore ferme,
Incertisque locis, spatio decedere paulum,
Tantum quod nomen mutatum dicere possis.

QUOD nisi declinare solerent, omnia deorsum,
Imbris uti guttæ, caderent per inane profundum;
Nec foret offensus natus, nec plaga creata
Principiis; ita nil unquam Natura creasset.
QUOD si forte aliquis credit graviora potesse
Corpora, quo citius rectum per inane feruntur,
Incidere e supero levioribus, atque ita plagas
Gignere, quæ possint genitales reddere motus;

pas cependant que par leur propre pesanteur, ces corps ne descendent dans le vide. Il en est ainsi de la flamme qui ne doit son essor qu'à une force étrangère, tandis que sa propre masse la contraint à se rapprocher du sol. Ne vois-tu pas, quoique légers, les brillans météores descendre du haut des airs à travers les voiles de la nuit, partout où le vide leur ouvre le passage 9? Ne vois-tu pas les flambeaux nocturnes se détacher du ciel et se précipiter sur la terre? Et le soleil lui-même, du sommet de la voûte azurée, précipite des torrens de chaleur et de lumière dont il inonde l'espace. Enfin, vois la foudre, à travers les nuages qu'elle brise, s'ouvrir rapidement une route sur la terre ébranlée de son fracas.

Cependant, observons que les élémens, infidèles à leurs cours perpendiculaires, en tombant vers les régions inférieures, s'écartent insensiblement de leur ligne verticale dans des temps et des espaces indéterminés; mais ces déclinaisons sont si légères, qu'à peine ma muse peut-elle leur trouver un nom.

Les élémens, sans ces déviations secrètes, n'étant point repoussés, tomberaient comme les gouttes de la pluie, et, ne se heurtant jamais, ne pourraient se livrer aux luttes fécondes qui vivifient la nature.

Tu supposes peut-être que les élémens les plus pesans, attirés plus rapidement dans leur chute directe, tombent sur les plus légers, et par ce choc se procurent mutuellement un pouvoir créateur. C'est, ô Memmius!

Avius a vera longe ratione recedit.
Nam per aquas quæcunque cadunt atque aera deorsum,
Hæc, pro ponderibus, casus celerare necesse est;
Propterea, quia corpus aquæ, naturaque tenuis
Aeris haud possunt æque rem quamque morari:
Sed citius cedunt gravioribus exsuperata.
At contra nulli de nulla parte, neque ullo
Tempore inane potest vacuum subsistere rei,
Quin, sua quod natura petit, concedere pergat.
Omnia quapropter debent per inane quietum
Æque ponderibus non æquis concita ferri.
Haud igitur poterunt levioribus incidere unquam
Ex supero graviora; neque ictus gignere per se,
Qui varient motus per quos Natura genat res.
QUARE etiam atque etiam paulum clinare necesse est
Corpora, nec plus quam minimum, ne fingere motus
Obliquos videamur, et id res vera refutet.
Namque hoc in promptu manifestumque esse videmus,
Pondera, quantum in se est, non posse obliqua meare,
Ex supero quum præcipitant; quod cernere possis.
Sed nihil omnino recta regione viai
Declinare, quis est qui possit cernere sese?

DENIQUE, si semper motus connectitur omnis,
Et vetere exoritur semper novus ordine certo;
Nec declinando faciunt primordia motus
Principium quoddam, quod fati fœdera rumpat,
Ex infinito ne causam causa sequatur:
Libera per terras unde hæc animantibus exstat,
Unde est hæc, inquam, fatis avolsa voluntas,

s'écarter du chemin de la vérité. Il est vrai qu'en traversant les fluides, les corps redoublent de vitesse à raison de leur poids, parce qu'il est de la nature de l'onde ou de l'air de céder plus facilement aux corps les plus graves, et de n'opposer de résistance qu'en proportion du choc qu'ils ont reçu. Mais telle n'est pas l'essence du vide. Il ne résiste à aucun corps; il leur ouvre un passage également libre. Ainsi les purs élémens, quelle que soit l'inégalité de leur masse, se meuvent avec une égale rapidité dans le vide, théâtre inactif de leur éternelle fécondité. Les corps les plus pesans ne peuvent donc, dans leur trajet, combattre ni se heurter avec les plus légers, et animer au hasard, par leur mobilité, la scène immense et variée de la nature.

Je le répète, ami, les élémens, par un oblique essor, s'écartent de leur ligne; mais songe que ce détour est tellement insensible, qu'il ne peut être aperçu que par la pensée. Ne m'accuse pas, en établissant cette obliquité, d'imposer des lois à l'univers. Il est évident, et l'œil seul nous le révèle, que les objets pesans tombent en suivant une ligne perpendiculaire : mais l'organe le plus exquis suffirait-il pour décider si, dans leur chute immense, ils ne subissent pas une légère déviation?

Dès l'éternité, si tous les mouvemens dans la nature sont enchaînés, si la nécessité les fait naître régulièrement les uns des autres, si la déclinaison des élémens variant les combinaisons ne vient rompre l'enchaînement éternel des causes et des effets [10], né d'un uniforme et unique principe, d'où vient cette liberté dont jouissent les êtres intelligens, ces déterminations soudaines et in-

Per quam progredimur, quo ducit quemque voluptas?
Declinamus item motus, nec tempore certo,
Nec regione loci certa, sed ubi ipsa tulit mens.
Nam, dubio procul, his rebus sua cuique voluntas
Principium dat; et hinc motus per membra rigantur.
Nonne vides etiam, patefactis tempore puncto
Carceribus, non posse tamen prorumpere equorum
Vim cupidam tam desubito, quam mens avet ipsa?
Omnis enim totum per corpus materiai
Copia conquiri debet, concita per artus
Omnes, ut studium mentis connexa sequatur;
Ut videas initum motus a corde creari,
Ex animique voluntate id procedere primum;
Inde dari porro per totum corpus et artus.
Nec simile est, ut quum impulsi procedimus ictu,
Viribus alterius magnis magnoque coactu:
Nam tum materiam totius corporis omnem
Perspicuum est, nobis invitis, ire rapique,
Donicum eam refrænavit per membra voluntas.
Jamne vides igitur, quanquam vis extera multos
Pellit, et invitos cogit procedere sæpe,
Præcipitesque rapit, tamen esse in pectore nostro
Quiddam, quod contra pugnare obstareque possit;
Cujus ad arbitrium quoque copia materiai
Cogitur interdum flecti per membra, per artus,
Et projecta refrænatur, retroque residit?
Quare in seminibus quoque idem fateare necesse est,
Esse aliam, præter plagas et pondera, causam
Motibus, unde hæc est nobis innata potestas,
De nihilo quoniam fieri nil posse videmus.

dépendantes, ce pouvoir d'éviter la douleur, d'appeler le plaisir, et d'arracher ainsi la volonté au destin? Car nos actions ne sont dépendantes ni des temps, ni des lieux déterminés : elles naissent de notre volonté propre; c'est elle qui donne le signal et soumet les sens à son empire. Vois les coursiers fougueux à l'instant où la barrière s'ouvre; ils frémissent de ne pouvoir atteindre le but au gré de leur bouillante ardeur. Il faut donc que tous les feux épars dans leurs membres se réunissent soudain pour obéir à l'âme. Tu le vois donc, le principe du mouvement est dans le cœur; la volonté avertit chaque organe, qui s'empresse d'obéir à sa loi souveraine.

Il n'en est pas ainsi quand une force étrangère nous attaque et nous soumet; la masse du corps, entraînée sans notre participation jusqu'au moment où la volonté se manifeste, impose un frein au désordre, et comprime ce mouvement étranger. Tu le vois, quelles que soient ces causes extérieures qui agissent sur l'homme à son insu, il règne au fond du cœur une puissance qui réprime ces mouvemens involontaires, et détourne à son gré le cours des choses, le modifie, ou l'anéantit.

Cette vérité nous décèle, dans les principes de la matière, une affection différente de la pesanteur et du choc, qui est la source de notre liberté, il faut en convenir; car le plus léger effet n'existe pas sans cause. J'avouerai

Pondus enim prohibet ne plagis omnia fiant,
Externa quasi vi; sed ne mens ipsa necessum
Intestinum habeat cunctis in rebus agendis,
Et devicta quasi cogatur ferre patique:
Id facit exiguum CLINAMEN principiorum,
Nec regione loci certa, nec tempore certo.
NEC stipata magis fuit unquam materiai
Copia, nec porro majoribus intervallis.
Nam neque adaugescit quidquam, neque deperit inde.
Quapropter, quo nunc in motu principiorum
Corpora sunt, in eodem anteacta ætate fuere,
Et posthac semper simili ratione ferentur.
Et quæ consuerunt gigni, gignentur eadem
Conditione; et erunt, et crescent, inque valebunt,
Quantum cuique datum est per fœdera Naturai.
Nec rerum summam commutare ulla potest vis.
Nam neque quo possit genus ullum materiai
Effugere ex Omni, quidquam est; neque rursus in Omne
Unde coorta queat nova vis irrumpere, et omnem
Naturam rerum mutare et vertere motus.

ILLUD in his rebus non est mirabile: quare,
Omnia quum rerum primordia sint in motu,
Summa tamen summa videatur stare quiete,
Præterquam si quid proprio dat corpore motus.
Omnis enim longe nostris ab sensibus infra
Primorum natura jacet: quapropter, ubi illa
Cernere jam nequeas, motus quoque surpere debent;
Præsertim quum, quæ possimus cernere, celent
Sæpe tamen motus, spatio diducta locorum.

que la pesanteur régularise tous les mouvemens, et les dispense d'être le fruit d'un choc et d'un pouvoir étrangers ; mais si l'âme n'a point pour mobile une force intime, si elle n'est point passive, elle doit à la déclinaison, au mouvement divergent de la matière, son intelligence et sa liberté.

Apprends encore que la masse des élémens n'a jamais été plus grande et plus faible qu'elle ne l'est aujourd'hui. Les facultés, les mouvemens dont ils sont doués, sont les mêmes que dans les siècles les plus reculés, et ils les conserveront éternellement. Les objets que la nature a coutume d'enfanter renaîtront d'âge en âge asservis aux mêmes lois. Présens et cachés alternativement aux scènes de la vie, ils recommenceront sans cesse leurs rôles éternels. Ne crains pas que la dissolution partielle des corps ébranle le grand Tout ; aucune force ne peut en triompher ; infini dans son pouvoir et dans son espace, il n'existe aucun lieu qui puisse recevoir les débris arrachés à son ensemble, ni qui facilite l'incursion d'élémens étrangers et ennemis. L'ordre et la puissance de la nature sont immuables, et lasseront le temps.

Ne sois pas surpris si, dans sa marche constante, l'univers paraît être immobile, ou ne recevoir d'autre impulsion que celle qui est propre à chaque individu. Car les élémens créateurs se dérobent à nos sens. Leur mouvement doit être non moins insensible que leur masse, puisque la distance cache même à nos yeux l'essor des objets les plus sensibles. Vois sur les collines verdoyantes les brebis attirées par une herbe épaisse où brillent encore les perles de la rosée. Les folâtres agneaux, enivrés d'un

Nam sæpe in colli tondentes pabula læta
Lanigeræ reptant pecudes, quo quamque vocantes
Invitant herbæ gemmantes rore recenti;
Et satiati agni ludunt blandeque coniscant:
Omnia quæ nobis longe confusa videntur,
Et veluti in viridi candor consistere colli.
Præterea magnæ legiones quum loca cursu
Camporum complent, belli simulacra cientes;
Et circumvolitant equites, mediosque repente
Tramittunt valido quatientes impete campos;
Fulgur ibi ad cœlum se tollit, totaque circum
Ære renidescit tellus, subterque virûm vi
Excitur pedibus sonitus, clamoreque montes
Icti rejectant voces ad sidera mundi:
Et tamen est quidam locus altis montibus, unde
Stare videtur, et in campis consistere fulgur.
Nunc age: jam deinceps cunctarum exordia rerum
Qualia sint, et quam longe distantia formis,
Percipe, multigenis quam sint variata figuris;
Non quod multa parum simili sint prædita forma,
Sed quia non volgo paria omnibus omnia constant.
Nec mirum: nam quum sit eorum copia tanta,
Ut neque finis, uti docui, neque summa sit ulla;
Debent nimirum non omnibus omnia prorsum
Esse pari filo, similique affecta figura.
Præterea genus humanum, mutæque natantes
Squammigerûm pecudes, et læta arbusta, feræque,
Et variæ volucres, lætantia quæ loca aquarum
Concelebrant circum ripas, fontesque, lacusque;
Et quæ pervolgant nemora avia pervolitantes:

lait pur, bondissent à côté de leur mère, et s'essaient à des luttes innocentes[11]. Ce mobile tableau se confond dans un vague lointain, et permet à nos yeux de distinguer le contraste de la verdure des gazons et de l'albâtre des troupeaux. Sous ses étendards flottans, vois-tu cette armée nombreuse franchir la plaine à grands pas? Tantôt des escadrons légers voltigent à côté des légions; tantôt ils s'élancent rapidement, en soulevant la poussière des glèbes. Les brillantes armures, les glaives font rejaillir les rayons du soleil; les champs se colorent du reflet de l'airain; le sol s'ébranle sous les pas tumultueux; les cris guerriers, répétés dans les rochers ténébreux, retentissent jusqu'aux voûtes du monde. Et cependant, vue du sommet des montagnes, cette multitude agitée semble se confondre avec les sillons de la plaine.

Explorons maintenant la différence des corps et la variété de leur configuration, non qu'ils présentent de grandes différences dans leur forme, mais parce que les êtres qu'ils enfantent n'ont jamais de ressemblance parfaite. Cesse de t'étonner en te rappelant que la masse des élémens est illimitée; je t'ai déjà prouvé cette vérité. Tu concevras que la nature, en reproduisant les mêmes formes, ne peut retracer tous leurs contours avec une fidélité absolue.

Observe les humains, les muets habitans de l'onde, les reptiles armés d'écailles, les féconds arbrisseaux, les monstres des forêts, l'innombrable famille des oiseaux, ceux qui habitent le bord des mers, des fleuves, des fontaines, des lacs, et les chantres solitaires du bocage.

Horum unum quodvis generatim sumere perge;
Invenies tamen inter se distare figuris.
Nec ratione alia proles cognoscere matrem,
Nec mater posset prolem: quod posse videmus,
Nec minus atque homines inter se nota cluere.

NAM saepe ante Deum vitulus delubra decora
Thuricremas propter mactatus concidit aras,
Sanguinis exspirans calidum de pectore flumen:
At mater, virides saltus orbata peragrans,
Linquit humi pedibus vestigia pressa bisulcis,
Omnia convisens oculis loca, si queat usquam
Conspicere amissum foetum; completque querelis
Frondiferum nemus adsistens, et crebra revisit
Ad stabulum, desiderio perfixa juvenci.
Nec tenerae salices, atque herbae rore vigentes,
Fluminaque ulla queunt, summis labentia ripis,
Oblectare animum subitamque avertere curam;
Nec vitulorum aliae species per pabula laeta
Derivare queunt alio curaque levare:
Usque adeo quiddam proprium notumque requirit.
PRAETEREA teneri tremulis cum vocibus haedi
Cornigeras norunt matres, agnique petulci
Balantum pecudes: ita, quod Natura reposcit,
Ad sua quisque fere decurrunt ubera lactis.
POSTREMO quodvis frumentum, non tamen omne,
Quodque suo in genere inter se simile esse videbis,
Quin intercurrat quaedam distantia formis:
Concharumque genus parili ratione videmus
Pingere telluris gremium, qua mollibus undis

Compare les individus de chaque espèce, et tu reconnaîtras des différences sensibles. Et comment, sans le secours de ces nuances utiles, les mères reconnaîtraient-elles leur famille, et les enfans distingueraient-ils leur mère? Jamais l'instinct éloquent de la nature ne les trompe, et l'intelligence humaine ne peut rien de plus.

Lorsqu'aux autels du sacrifice, la hache sacrée frappe un jeune taureau, et fait jaillir de son cœur expirant un ruisseau de sang qui fume et bouillonne[12], sa mère (qui déjà n'est plus mère) s'échappe, parcourt les sinueux détours des bois, imprime la trace de ses pas rapides sur le sol mouvant; son regard attentif interroge tous les lieux; elle leur demande le fils qu'on lui a ravi, et son cri lugubre fait retentir la forêt solitaire; elle revient sans cesse à l'étable déserte; immobile, elle semble l'interroger. Ni les tendres saules, ni l'herbe rafraîchie par la rosée, ni les bords fleuris du fleuve accoutumé, ne la détournent de ses soins douloureux. Les jeunes troupeaux bondissant dans la prairie ne peuvent faire illusion à son cœur; tant lui est connu l'objet de sa pénible recherche!

Le chevreau, dont la voix est encore tremblante, distingue sa mère dans la foule, et vers la brebis bêlante accourt le débile agneau. La nature leur apprend à connaître le sein qui les nourrit.

Dans ces flots d'épis balancés par le zéphir, tu n'en peux trouver aucun d'une ressemblance exacte. Ces différences sont encore plus sensibles dans ces innombrables coquillages qui colorent les flancs de la terre, aux lieux où jadis l'Océan fit gronder ses flots. Pourquoi les élé-

Littoris incurvi bibulam pavit æquor arenam.
Quare etiam atque etiam simili ratione necesse est,
Natura quoniam constant, neque facta manu sunt
Unius ad certam formam primordia rerum,
Dissimili inter se quædam volitare figura.
Perfacile est jam animi ratione exsolvere nobis
Quare fulmineus multo penetralior ignis,
Quam noster fluat e tædis terrestribus ortus.
Dicere enim possis coelestem fulminis ignem
Subtilem magis e parvis constare figuris,
Atque ideo transire foramina, quæ nequit ignis
Noster hic e lignis ortus, tædaque creatus.

PRÆTEREA lumen per cornu transit; at imber
Respuitur : quare? nisi luminis illa minora
Corpora sunt, quam de quibus est liquor almus aquarum.

Et quamvis subito per colum vina videmus
Perfluere : at contra tardum cunctatur olivum,
Aut quia nimirum majoribus est elementis,
Aut magis hamatis inter se, perque plicatis.
Atque ideo fit uti non tam deducta repente
Inter se possint primordia singula quæque,
Singula per cujusque foramina permanare.

Huc accedit uti mellis lactisque liquores
Jucundo sensu linguæ tractentur in ore;
At contra tetra absinthi natura, ferique
Centauri, foedo pertorquent ora sapore:
Ut facile agnoscas e lævibus atque rotundis
Esse ea, quæ sensus jucunde tangere possunt.

mens ne subiraient-ils pas la même variété? Ils sont l'ouvrage de la nature aveugle; l'art ne les a point façonnés dans un moule commun. Ils doivent donc, sous des formes variées, nager balancés dans l'éternel espace. Ainsi tu devines pourquoi les traits de la foudre sont plus pénétrans que le feu sorti des corps terrestres : car, formés d'élémens plus subtils, ils traversent rapidement les issues interdites à des feux lourds et grossiers.

Pourquoi la corne offre-t-elle un passage aux traits de la lumière, tandis qu'elle l'interdit à l'onde? Sinon que la lumière, se composant d'élémens plus déliés, acquiert plus d'activité que le fluide aqueux.

Le vin s'ouvre un chemin facile à travers les pores du filtre, et l'huile n'en sort que goutte à goutte, parce que les sucs du fruit de l'olivier, formés de principes pesans, entrelacés, ne peuvent se diviser assez promptement pour envahir les veines tortueuses de la pierre, et se frayer une issue.

Si la suavité du miel et du lait dilate délicieusement les fibres du palais, et si l'âpre centaurée et l'amère absinthe les irritent et les déchirent, tu reconnais que les douces saveurs résultent d'élémens lisses et arrondis, et que l'amertume et l'acreté naissent de la réunion de principes recourbés qui, fortement enlacés dans leur

At contra, quæ amara atque aspera cunque videntur,
Hæc magis hamatis inter se nexa teneri,
Proptereaque solere vias rescindere nostris
Sensibus, introituque suo perrumpere corpus.
OMNIA postremo bona sensibus, et mala tactu,
Dissimili inter se pugnant perfecta figura:
Ne tu forte putes serræ stridentis acerbum
Horrorem constare elementis lævibus æque
Ac musæa mele, per chordas organici quæ
Mobilibus digitis expergefacta figurant.

NEU simili penetrare putes primordia forma
In nares hominum, quum tetra cadavera torrent,
Et quum scena croco Cilici perfusa recens est,
Araque Panchæos exhalat propter odores.
NEVE bonos rerum simili constare colores
Semine constituas, oculos qui pascere possunt,
Et qui compungunt aciem lacrymareque cogunt;
Aut fœda specie tetri turpesque videntur.
Omnis enim sensus quæ mulcet causa juvatque,
Haud sine principali aliquo lævore creata est:
At contra, quæcunque molesta atque aspera constat,
Non aliquo sine materiæ squalore reperta est.
SUNT etiam quæ jam nec lævia jure putantur
Esse, neque omnino flexis mucronibus unca;
Sed magis angululis paulum prostantibus, et quæ
Titillare magis sensus, quam lædere possunt;
Fæcula jam quo de genere est, inulæque sapores.
DENIQUE jam calidos ignes, gelidamque pruinam,
Dissimili dentata modo compungere sensus

forme angulaire, ne pénètrent au siège de la sensation qu'en déchirant le chatouilleux organe.

En un mot, la douleur et le plaisir que les objets nous font éprouver par leur contact, dépendent de la configuration de leurs élémens. A moins que tu ne penses que l'aigre sifflement de la scie soit dû aux mêmes principes que les accords légers et suaves qui, sous les doigts mobiles et savans, s'exhalent avec mollesse des cordes de la lyre.

Peux-tu douer des mêmes élémens les exhalaisons fétides d'un cadavre dévoré par le feu, le safran doré de Cilicie qui parfume nos théâtres, et le suave encens destiné aux autels?

Accorderas-tu les mêmes principes aux couleurs complaisantes, amies de l'œil, et à celles qui le fatiguent, l'irritent et lui arrachent des larmes? Je le répète donc, les corps destinés à nous procurer de douces sensations sont formés d'élémens ronds et polis, et les objets qui nous blessent renferment des élémens grossiers et anguleux.

Il existe aussi des principes qui, n'étant point absolument lisses ni recourbés, se hérissent de pointes saillantes qui, sans le déchirer, peuvent irriter l'organe[13] : telles sont les saveurs de la fécule et de l'aulnée.

Enfin les flammes de l'été et les glaces de l'hiver nous attaquent avec des aiguillons d'une conformation diffé-

Corporis, indicio nobis est tactus uterque.
Tactus enim, tactus, proh Divûm numina sancta!
Corporis est sensus, vel quum res extera sese
Insinuat, vel quum lædit quæ in corpore nata est.
Aut juvat egrediens genitales per Veneris res;
Aut ex offensu quum turbant corpore in ipso
Semina, confunduntque inter se concita sensum:
Ut, si forte manu quamvis jam corporis ipse
Tute tibi partem ferias, æque experiare.
Quapropter longe formas distare necesse est,
Principiis, varios quæ possint edere sensus.

Denique, quæ nobis durata ac spissa videntur,
Hæc magis hamatis inter sese esse necesse est,
Et quasi ramosis alte compacta teneri.
In quo jam genere in primis adamantina saxa
Prima acie constant, ictus contemnere sueta,
Et validi silices, ac duri robora ferri,
Æraque, quæ claustris restantia vociferantur.
Illa autem debent ex lævibus atque rotundis
Esse magis, fluido quæ corpore liquida constant[14]:
Nec retinentur enim inter se glomeramina quæque,
Et procursus item in proclive volubilis exstat.
Omnia postremo quæ puncto tempore cernis
Diffugere, ut fumum, nebulas, flammasque, necesse est,
Si minus omnia sunt e lævibus atque rotundis,
At non esse tamen perplexis indupedita,
Pungere uti possint corpus penetrareque saxa;
Nec tamen hærere inter se, quod quisque videmus

rente, le tact seul nous prouve cette vérité ; le tact, grands dieux ! doux présent de la nature ! sens bienfaiteur, répandu dans l'être entier, ému par l'objet étranger qui s'insinue en nos corps, ou par l'action extérieure qui nous frappe et nous ébranle ; soit par la crise de la douleur et le désordre des principes, trop vivement affectés ; soit par l'aiguillon du plaisir, lorsque Vénus épanche les flots de la volupté. L'expérience aussi peut te convaincre à chaque instant de l'effet assuré du tact : ta main peut interroger toutes les parties de ton corps ; ainsi, par la jouissance qu'on éprouve, par la souffrance qu'on endure, il est facile de deviner la forme des élémens.

Les corps compactes et solides sont doués de principes recourbés, intimement unis, entrelacés comme des faisceaux. Tels sont l'indissoluble diamant, les durs rochers, les métaux inflexibles, et l'airain qui gémit sous le dur frottement des portes qu'il soutient.

Mais la forme lisse et sphérique appartient aux fluides : leurs globules liquides ne peuvent se lier ; et, plus libres, ils roulent aisément sur un plan incliné.

Les élémens du fluide que tu vois se dissiper rapidement, comme la flamme, la fumée, les nuages mouvans, ne sont pas absolument lisses et sphériques, et ne sont pas non plus courbés et entrelacés ; car, malgré leur légèreté, ils affectent nos organes et pénètrent les rochers. Arme-les de pointes plutôt que de crochets, et accorde-

Sentibus esse datum; facile ut cognoscere possis
Non e perplexis, sed acutis esse elementis.
SED quod amara vides eadem, quæ fluvida constant,
Sudor uti maris est, minime id mirabile habendum.
Nam quod fluvidum est, e lævibus atque rotundis
Est: at lævibus atque rotundis mista doloris
Corpora: nec tamen hæc retineri hamata necessum est;
Scilicet esse globosa, tamen quum squalida constent,
Provolvi simul ut possint, et lædere sensus.
ET quo mista putes magis aspera lævibus esse
Principiis, unde est Neptuni corpus acerbum,
Est ratio secernundi, seorsumque videndi.
Humor dulcit, ubi per terras crebrius idem
Percolatur, ut in foveam fluat, ac mansuescat.
Linquit enim supera tetri primordia viri
Aspera, quo magis in terris hærescere possunt.
QUOD quoniam docui, pergam connectere rem, quæ
Ex hoc apta fidem ducit; primordia rerum
Finita variare figurarum ratione.
Quod si non ita sit, rursum jam semina quædam
Esse infinito debebunt corporis auctu.
Namque in eadem una cujuscujus brevitate
Corporis, inter se multum variare figuræ
Non possunt. Fac enim minimis e partibus esse
Corpora prima; tribus, vel paulo pluribus auge:
Nempe ubi eas partes unius corporis omnes,
Summa atque ima locans, transmutans dextera lævis,
Omnimodis expertus eris, quam quisque det ordo
Formai speciem totius corporis ejus:
Quod superest, si forte voles variare figuras,

leur une forme mitoyenne qui occupe l'intervalle entre l'un et l'autre extrême.

Ne sois pas surpris de rencontrer des corps à la fois fluides et amers. Tels sont les flots de l'Océan, composés d'élémens polis, souples, arrondis, auxquels se mêlent des principes anguleux propres à exciter la douleur : cependant ils ne sont armés d'aucun crochet aigu; leur forme sphérique et raboteuse leur suffit pour se rouler dans le lit des mers et blesser notre organe.

Cherches-tu la preuve de ce mélange qui donne à l'Océan son amertume et sa fluidité? examine les parties de ses élémens séparés. L'eau des mers s'adoucit en s'infiltrant dans le sein de la terre pour retourner à la source des fleuves [15]; car ses principes amers, inégaux, raboteux, s'accrochent dans les pores sinueux du sol, et débarrassent l'onde de son âcreté.

Une autre vérité se lie à ce système, et le confirme par une preuve nouvelle : les élémens sont toujours limités dans leurs formes. Autrement leur grandeur pourrait être infinie. Et ces corps, dans leur ténuité extrême, ne sont pas aptes à revêtir des figures nombreuses. Suppose-les divisés en trois; réduis-les en portions plus petites encore; donne à ces parties toutes les dispositions que l'imagination leur assignera; place-les dans tous les sens, en ligne droite ou horizontale, debout ou renversés : et si tu veux varier leurs figures, il te faudra supposer de nouvelles parties jusqu'à l'infini. Tu ne peux donc multiplier les formes des élémens sans en accroître le volume, ni leur attribuer une multitude infinie d'aspects sans lui donner une grandeur incom-

Addendum partes alias erit; inde sequetur
Adsimili ratione, alias ut postulet ordo,
Si tu forte voles etiam variare figuras.
Ergo formai novitatem corporis augmen
Subsequitur : quare non est ut credere possis,
Esse infinitis distantia semina formis,
Ne quædam cogas immani maximitate
Esse : supra quod jam docui non posse probari.
Jam tibi barbaricæ vestes, Melibœaque fulgens
Purpura Thessalico concharum tincta colore, et
Aurea pavonum ridenti imbuta lepore
Sæcla, novo rerum superata colore jacerent:
Et contemptus odor myrrhæ, mellisque sapores,
Et cycnea mele, Phœbeaque dædala chordis
Carmina, consimili ratione oppressa silerent:
Namque aliis aliud præstantius exoreretur.
Cedere item retro possent in deteriores
Omnia sic partes, ut diximus in meliores.
Namque aliis aliud retro quoque tetrius esset
Naribus, auribus atque oculis orisque sapori.
Quæ quoniam non sunt in rebus reddita, certa et
Finis utrinque tenet summam, fateare necesse est
Materiam quoque finitis differre figuris.

Denique, ab ignibus ad gelidas, hiemisque pruinas
Finitum est, retroque pari ratione remensum est.
Finit enim calor, ac frigus, mediique tepores
Inter utrumque jacent, explentes ordine summam.
Ergo finita distant ratione creata;
Ancipiti quoniam mucrone utrinque notantur,

mensurable, et ma muse t'en a déjà prouvé l'impossibilité.

En effet, les précieux tissus de l'Orient, la pourpre de Mélibée, que la Thessalie emprunte à de brillans coquillages, la roue dorée qu'étale l'oiseau de Junon, seraient bientôt effacés par un coloris plus éclatant. Séduits par une perfection toujours croissante, tous les goûts s'émousseraient; on dédaignerait le parfum de la myrrhe et la douce saveur du miel. Le cygne mélodieux, le dieu même de l'harmonie, seraient bientôt réduits à un silence honteux, puisque des sensations toujours plus agréables se succèderaient sans interruption. Mais la progression des qualités désagréables devrait aussi s'accroître à l'infini : les yeux, l'odorat, le goût et l'ouïe devraient les redouter sans cesse. Mais comme l'expérience dément ces écarts de la nature, et que les qualités apparentes des corps ont des limites invariables, la configuration des élémens doit aussi avoir les siennes.

Depuis la chaleur dévorante des étés jusqu'aux glaces des hivers, un espace remplit l'intervalle. Le chaud et le froid siègent à ses limites, la tiédeur habite le centre commun. Ainsi les qualités sensibles des objets sont finies, puisqu'ici elles ont d'un côté pour bornes les feux brûlans, et de l'autre les âpres frimats.

Hinc flammis, illinc rigidis incessa pruinis.
Quod quoniam docui, pergam connectere rem, quæ
Ex hoc apta fidem ducit : primordia rerum,
Inter se simili quæ sunt perfecta figura,
Infinita cluere; etenim, distantia quum sit
Formarum finita, necesse est, quæ similes sint,
Esse infinitas : aut summam materiai
Finitam constare : id quod non esse probavi.
Quod quoniam docui, nunc suaviloquis, age, paucis
Versibus ostendam, corpuscula materiai
Ex infinito summam rerum usque tenere,
Undique protelo plagarum continuato.
Nam, quod rara vides magis esse animalia quædam,
Fœcundamque minus naturam cernis in illis;
At regione, locoque alio, terrisque remotis,
Multa licet genere esse in eo, numerumque repleri.
Sicuti quadrupedum cum primis esse videmus
In genere anguimanos elephantos, India quorum
Millibus a multis vallo munitur eburno,
Ut penitus nequeat penetrari : tanta ferarum
Vis est, quarum nos perpauca exempla videmus.
Sed tamen id quoque uti concedam, quam libet, esto
Unica res quædam, nativo corpore sola,
Cui similis toto terrarum non sit in orbe :
Infinita tamen nisi erit vis materiai
Unde ea progigni possit concepta : creari
Non poterit, neque, quod superest, procrescere alique.

Quippe etenim sumant oculi, finita per omne
Corpora jactari unius genitalia rei;

Mais les figures des élémens étant limitées, leur nombre est nécessairement infini dans chaque classe de figures semblables; et, s'il n'en était ainsi, l'univers (comme je l'ai déjà prouvé) serait borné lui-même dans son immense étendue. Apprends, Memmius, et peu de mots me suffiront, apprends que les élémens ne doivent qu'à leur infinité la puissance de renouveler éternellement les chocs et les courses fécondes qui entretiennent la scène vivante de l'univers.

Si tu remarques que la nature semble ne pas distribuer également ses largesses et paraît moins féconde dans la reproduction de plusieurs espèces, songe que, loin de nos yeux, dans d'autres climats, elle leur accorde ce qu'elle leur refuse ici. Tel est l'énorme quadrupède à la trompe adroite et flexible; à peine un seul vient-il nous étonner par son aspect imprévu, tandis que dans l'Inde leur foule est si nombreuse, qu'ils forment autour des cités d'impénétrables remparts d'ivoire.

Mais, quand il serait vrai que la nature permît l'existence d'un être dont le reste du monde n'offrît point le semblable, si les principes destinés à le former ne sont infinis dans leur nombre, comment cet être privilégié peut-il avoir reçu la vie, peut-il s'accroître et s'alimenter? étranger à l'ordre de la nature, elle serait inféconde pour lui.

Supposez, j'y consens, que les élémens de ce corps unique soient bornés; après sa dissolution, ces élémens

Unde, ubi, qua vi, et quo pacto congressa coibunt
Materiæ tanto in pelago, turbaque aliena?
Non, ut opinor, habent rationem conciliandi:
Sed quasi, naufragiis magnis multisque coortis,
Disjectare solet magnum mare transtra, guberna,
Antennas, proram, malos, tonsasque natantes,
Per terrarum omnes oras fluitantia aplustra;
Ut videantur, in indicium mortalibus edant,
Infidi maris insidias, viresque dolumque
Ut vitare velint, neve ullo tempore credant,
Subdola quum ridet placidi pellacia ponti:
Sic tibi, si finita semel primordia quædam
Constitues, ævum debebunt sparsa per omne
Disjectare æstus diversi materiai:
Nunquam in concilium ut possint compulsa coire,
Nec remorari in concilio, nec crescere adaucta.
Quorum utrumque palam fieri manifesta docet res,
Et res progigni, et genitas procrescere posse.
Esse igitur, genere in quovis, primordia rerum
Infinita palam est, unde omnia suppeditantur.
Nec superare queunt motus utique exitiales
Perpetuo, neque in æternum sepelire salutem;
Nec porro rerum genitales, auctificique
Motus perpetuo possunt servare creata.
Sic æquo geritur certamine principiorum
Ex infinito contractum tempore bellum.
Nunc hic, nunc illic superant vitalia rerum,
Et superantur item: miscetur funere vagor,
Quem pueri tollunt visentes luminis oras;
Nec nox ulla diem, neque noctem aurora secuta est,

égarés, perdus dans le vaste océan des flots de la matière, pourront-ils se rassembler et reparaître dans leur premier état? Par quelle force, dans quel lieu se réuniront-ils? la nature s'y oppose. Au contraire, ainsi qu'on voit, après la tempête, la mer grondant encore rejeter des bancs, des gouvernails, des antennes, des mâts, dispersés et flottant vers la vaste étendue de sa plaine mouvante, comme pour avertir les mortels de se défier de sa surface riante et de craindre l'orage, même quand le ciel est serein ; ainsi les principes élémentaires, si leur nombre n'était infini, balancés, confondus, nageraient éternellement dispersés dans les gouffres de l'espace. Quand le hasard les réunirait un moment, ce vain assemblage ne pourrait ni s'accroître ni s'alimenter. Mais, comme l'expérience te prouve chaque jour la formation et le progrès de tous les corps, tu dois reconnaître que chaque espèce ne s'entretient que par un nombre infini d'élémens créateurs.

Aussi les mouvemens destructifs ne peuvent obtenir un triomphe absolu sur les corps, ni ensevelir la vie éternellement. L'ascendant créateur ne peut non plus assurer à ses œuvres une durée sans bornes. Entre ces principes ennemis règne, depuis l'éternité, une guerre active soutenue avec une chance égale de succès et de revers. Au moment où l'existence s'allume pour les uns, elle s'éteint pour les autres : aussi la tendre aurore et la lugubre nuit ne visitent jamais la terre sans entendre les cris de l'enfant qui passe le seuil de la vie, et

Quæ non audierit mistos vagitibus ægris
Ploratus, mortis comites et funeris atri.
ILLUD in his obsignatum quoque rebus habere
Convenit, et memori mandatum mente tenere:
Nil esse in promptu, quorum natura tenetur,
Quod genere ex uno consistat principiorum;
Nec quidquam, quod non permisto semine constet.
Et quam quidque magis multas vis possidet in se,
Atque potestates; ita pluria principiorum
In sese genera, ac varias docet esse figuras.
PRINCIPIO tellus habet in se corpora prima,
Unde mare immensum volventes flumina fontes
Assidue renovent : habet ignes unde oriantur.
Nam multis succensa locis ardent sola terræ:
Eximiis vero furit ignibus impetus Ætnæ.
Tum porro nitidas fruges, arbustaque læta
Gentibus humanis habet unde extollere possit;
Unde etiam fluidas frondes, et pabula læta
Montivago generi possit præbere ferarum.

QUARE magna Deûm mater, materque ferarum,
Et nostri genitrix hæc dicta est corporis una.
Hanc veteres Graiûm docti cecinere poetæ
Sublimem in curru bijugos agitare leones;
Aeris in spatio magnam pendere docentes
Tellurem, neque posse in terra sistere terram.
Adjunxere feras; quia, quamvis effera, proles
Officiis debet molliri victa parentum:
Muralique caput summum cinxere corona;
Eximiis munita locis quod sustinet urbes:

les sanglots de la douleur qui se courbe sur un cercueil [16].

Mais une importante vérité doit se graver dans ta pensée : il n'existe aucun corps formé d'une seule espèce de principes, aucun qui ne soit enfanté par un mélange d'élémens : aussi plus un corps a de qualités diverses, plus il abonde en principes de figures différentes.

D'abord, interrogeons la terre; elle renferme les élémens de ces grands fleuves dont les flots rapides alimentent sans cesse les vastes mers; elle emprisonne aussi les principes de ces feux qui dévorent ses entrailles, et qu'elle vomit en tourbillons ardens arrachés des gouffres de l'impétueux Etna. C'est aussi dans ses flancs que se nourrissent les germes de ces brillans végétaux et des fruits dont elle nourrit les humains, et de ces frais pâturages, aliment renaissant des troupeaux et de la bête sauvage.

Telle est l'illustre origine de son titre de mère des dieux [17], de mère des hommes, et de tous les êtres. L'ingénieuse fiction des poètes de l'antique Hellénie la place sur un char traîné par des lions : c'est ainsi, disaient-ils, que, suspendue dans les champs aériens, sa masse ne repose sur aucune autre terre; à son joug apprivoisés, les monstres furieux offrent l'emblème des soins bienfaisans de l'amour paternel qui triomphent des caractères les plus farouches. Le front de la déesse est couronné de tours et de murailles, comme la surface de la

Quo nunc insigni per magnas praedita terras
Horrifice fertur divinae matris imago.
Hanc variae gentes, antiquo more sacrorum,
Idaeam vocitant matrem, Phrygiasque catervas
Dant comites, quia primum ex illis finibus edunt
Per terrarum orbem fruges coepisse creari.
Gallos attribuunt; quia, numen qui violarint
Matris, et ingrati genitoribus inventi sint,
Significare volunt indignos esse putandos,
Vivam progeniem qui in oras luminis edant.
Tympana tenta tonant palmis, et cymbala circum
Concava, raucisonoque minantur cornua cantu,
Et Phrygio stimulat numero cava tibia mentes:
Telaque praeportant, violenti signa furoris,
Ingratos animos, atque impia pectora volgi
Conterrere metu quae possint numine Divae.

Ergo quum primum, magnas invecta per urbes,
Munificat tacita mortales muta salute,
Aere atque argento sternunt iter omne viarum,
Largifica stipe ditantes; ninguntque rosarum
Floribus, umbrantes matrem comitumque catervas.

Hic armata manus (*Curetas* nomine Graii
Quos memorant *Phrygios*) inter se forte catenas
Ludunt, in numerumque exsultant, sanguine laeti; et
Terrificas capitum quatientes numine cristas,
Dictaeos referunt *Curetas*, qui Jovis illum
Vagitum in Creta quondam occultasse feruntur:

terre est couverte de forteresses et de cités. Cette belliqueuse image, promenée au milieu d'un peuple religieux, inspire encore l'épouvante. Selon l'usage antique et solennel, toutes les nations lui donnent le nom d'*Idéenne*, et composent son cortège de Phrygiens, peuple cultivateur à qui le genre humain doit les trésors des moissons. Des prêtres mutilés l'environnent : leçon terrible pour les mortels qui outragent la Divinité dans leur mère, et opposent l'ingratitude aux bienfaits paternels ; ils ne verront jamais leur race se perpétuer dans les champs de la vie. Ces vils prêtres frappent en mesure des tambours et des cymbales retentissantes ; ils font mugir le sinueux cornet au son rauque et menaçant, et les accens aigus de leur flûte phrygienne répandent la terreur. Leurs bras furieux agitent des dards homicides, afin que ce sinistre appareil, en imprimant l'effroi dans le cœur du vulgaire impie, le ramène à la vertu par la crainte divine.

Tandis que, portée à travers les opulentes cités, la muette déesse verse aux crédules mortels les bienfaits de sa présence[18], les métaux précieux, les plus riches présens s'entassent sur sa route. Elle avance au milieu des roses et des fleurs dont le doux parfum s'élève en nuage odorant autour de l'image divine.

Alors, la main armée, s'avancent des Curètes[19] nés aux champs de la Phrygie ; ils jouent avec des chaînes, bondissent, se frappent en mesure, et contemplent avec joie leur sang qui ruisselle ; une aigrette bruyante s'agite sur leur front terrible ; ils rappellent ainsi ces antiques Curètes dont les murmures, mêlés au choc de l'airain

Quum pueri circum puerum pernice chorea,
Armati in numerum pulsarent æribus æra,
Ne Saturnus eum malis mandaret adeptus,
Æternumque daret matri sub pectore volnus.
Propterea magnam armati matrem comitantur,
Aut quia significant Divam prædicere, ut armis
Ac virtute velint patriam defendere terram,
Præsidioque parent decorique parentibus esse.
Quæ bene et eximie quamvis disposta ferantur,
Longe sunt tamen a vera ratione repulsa;
Omnis enim per se Divûm natura necesse est
Immortali ævo summa cum pace fruatur,
Semota a nostris rebus sejunctaque longe.
Nam privata dolore omni, privata periclis,
Ipsa suis pollens opibus, nihil indiga nostri.
Nec bene promeritis capitur, nec tangitur ira.
Terra quidem vero caret omni tempore sensu:
Sed quia multarum potitur primordia rerum,
Multa modis multis effert in lumina solis.
Hic si quis mare Neptunum, Cereremque vocare
Constituet fruges, et Bacchi nomine abuti
Mavolt, quam laticis proprium proferre vocamen;
Concedamus ut hic terrarum dictitet orbem
Esse Deûm matrem, dum re non sit tamen apse.

Sæpe itaque ex uno tondentes gramina campo
Lanigeræ pecudes et equorum duellica proles,
Bucceriæque greges, sub eodem tegmine cœli,

frappé contre l'airain, retentissaient dans la Crète autour du berceau de Jupiter, de peur que Saturne, averti par les cris du divin enfant, ne découvrît le pieux larcin, et, le dévorant de sa dent féroce, ne portât une éternelle blessure au cœur de sa mère. Peut-être la déesse, environnée ainsi de guerriers, annonce que tout mortel doit être prêt à défendre sa patrie, et doit se rendre à la fois le soutien et la gloire de ses parens.

Quel que soit le charme de ces ingénieuses fictions, l'austère raison les repousse loin d'elle : elle sait qu'il est de l'essence des dieux de couler leur immortalité dans un calme imperturbable. Loin de nous, étrangers à notre sort, libres de douleurs, de périls, suffisant eux-mêmes à leur félicité, n'attendant rien des mortels, ils ne sont ni touchés de nos vertus, ni courroucés de nos crimes.

Quant à la terre personnifiée par la poésie, elle n'a jamais été qu'un vaste amas de matière dépourvue de sentiment : les productions dont elle se pare ne sont dues qu'à la combinaison et à l'énergie féconde des élémens divers renfermés dans son sein. Cependant, si tu veux animer le monde, donne aux flots le nom de Neptune, vois Cérès dans les moissons, Bacchus dans ton breuvage; substitue ces titres à leurs simples noms ; érige, s'il le faut, la terre en déité, mère des immortels : j'y consens, pourvu que, sous l'allégorie, apparaisse la vérité.

Mais rentrons dans la carrière : le timide animal qui porte la laine, le quadrupède belliqueux, les troupeaux armés de cornes, respirant le même air, abreuvés aux

Ex unoque sitim sedentes flumine aquai,
Dissimili vivunt specie, retinentque parentum
Naturam, et mores generatim quæque imitantur:
Tanta est in quovis genere herbæ materiai
Dissimilis ratio; tanta est in flumine quoque.

JAM vero, quamvis animantem ex omnibus unam
Ossa, cruor, venæ, calor, humor, viscera, nervi
Constituunt, quæ sunt porro distantia longe
Dissimili perfecta figura principiorum.
TUM porro quæcunque igni flammata cremantur,
Si nil præterea, tamen ex se ea corpora tradunt,
Unde ignem jacere et lumen summittere possint,
Scintillasque agere, ac late differre favillam.
Cætera consimili mentis ratione peragrans,
Invenies intus multarum semina rerum
Corpore celare, et varias cohibere figuras.
DENIQUE multa vides quibus et odor et sapor una
Reddita sunt, quum adoles: imprimis pleraque dona,
Relligione animum turpi quum tangere parto.
Hæc igitur variis debent constare figuris:
Nidor enim penetrat qua succus non it in artus:
Succus item seorsum et rerum sapor insinuatur
Sensibus, ut noscas primis differre figuris.
Dissimiles igitur formæ glomeramen in unum
Conveniunt, et res permisto semine constant.

QUIN etiam passim nostris in versibus ipsis

mêmes ruisseaux, nourris dans les mêmes pâturages, n'en conservent pas moins la différence de leurs espèces : chacun d'eux garde héréditairement ses goûts, ses mœurs, ses plaisirs; nul ne sort des limites tracées par la nature : les eaux des sources, les herbes des prairies renfermaient donc des molécules douées de différentes propriétés.

Ajoute que tout être se compose de sang, d'os, de veines, de fluide, de chaleur, de viscères, de nerfs, dont la différence naît de la combinaison et de la diversité de leurs principes élémentaires.

Mais les objets combustibles ne renferment-ils point les principes du feu, des étincelles, de la cendre, de la fumée ? Examine attentivement ces substances déjà formées, et tu les trouveras remplies de germes de mille corps différens.

Enfin il est des objets dont les émanations affectent à la fois le goût et l'odorat : telles sont les victimes que le coupable offre aux autels pour expier ses forfaits. Qui peut douter de la diversité des élémens qui composent ces corps ? car les parfums s'introduisent dans nos organes par des issues différentes des voies destinées à la saveur. La dissemblance entre l'odeur et la saveur naît donc de la différence dans la combinaison et la configuration de leurs principes. Ainsi le même corps renferme, sous une apparence uniforme, des molécules opposées : il n'est, en un mot, que le résultat d'un assemblage d'élémens homogènes, mais différens dans leurs formes.

Dans ces vers que t'offre ma muse, tu vois des ca-

Multa elementa vides multis communia verbis;
Quum tamen inter se versus ac verba necesse est
Confiteare alia ex aliis constare elementis.
Non quod multa parum communis littera currat,
Aut nulla inter se duo sint ex omnibus îsdem;
Sed quia non volgo paria omnibus omnia constant.
Sic aliis in rebus item communia multa
Multarum rerum quum sint primordia, longe
Dissimili tamen inter se consistere summa
Possunt : ut merito ex aliis constare ferantur
Humanum genus, ac fruges, arbustaque læta.
Nec tamen omnimodis connecti posse putandum est
Omnia : nam volgo fieri portenta videres;
Semiferas hominum species existere, et altos
Interdum ramos egigni corpore vivo;
Multaque connecti terrestria membra marinis;
Tum flammam tetro spirantes ore Chimæras.
Pascere Naturam per terras omniparentes.
Quorum nil fieri manifestum est; omnia quando
Seminibus certis, certa genitrice, creata
Conservare genus crescentia posse videmus.

Scilicet id certa fieri ratione necesse est :
Nam sua cuique, cibis ex omnibus, intus in artus
Corpora discedunt, connexaque convenientes
Efficiunt motus : at contra aliena videmus
Rejicere in terras Naturam : multaque cæcis
Corporibus fugiunt e corpore percita plagis,
Quæ neque connecti cuiquam potuere, neque intra

ractères communs à plusieurs mots ; cependant tu reconnais quelle différence existe entre le sens des mots et des vers : ils peuvent toutefois être composés des mêmes syllabes et des mêmes types ; mais leur masse n'est point le résultat d'une même combinaison. Ainsi, quoique les corps répandus dans la nature soient formés de principes communs, leur assemblage diffère dans sa forme et ses propriétés : avoue-le donc ; les hommes, les forêts, les moissons, ne sont pas produits par une même combinaison d'élémens.

Garde-toi de croire, cependant, que les élémens de toute espèce puissent s'allier et tenter de prendre toutes les formes ; car tu verrais l'univers se surcharger de monstres ; tu verrais des corps à la fois hommes et bêtes féroces, de verts feuillages croître du sein de l'être animé, les membres de l'hôte des flots se lier au corps de l'habitant de la terre, et la chimère horrible, vomissant les feux de sa bouche envenimée, dévorer les fruits et les moissons. Ces affreux prodiges n'affligent point l'univers, parce que, asservie à des lois invariables, chaque race conserve en s'accroissant et transmet pour toujours le type primitif qu'elle a reçu de la nature.

Cet ordre est éternel, parce que chaque être ne se repaît que d'alimens composés des sucs les plus analogues à sa propre substance, qui s'identifient aisément à son corps, lui prêtent la force, et répandent la vie dans la machine entière : mais les parties étrangères qui ne peuvent se lier avec elle, recevoir l'impression vitale, et concourir au but créateur, la nature s'en délivre par

Vitales motus consentire atque animari.
Sed ne forte putes animalia sola teneri
Legibus his, eadem ratio res terminat omnes.
Nam, veluti tota natura dissimiles sunt
Inter se genitæ res quæque, ita quamque necesse est
Dissimili constare figura principiorum :
Non quod multa parum simili sint prædita forma,
Sed quia non volgo paria omnibus omnia constent
Semina quum porro distent, differre necesse est
Intervalla, vias, connexus, pondera, plagas,
Concursus, motus : quæ non animalia solum
Corpora sejungunt, sed terras ac mare totum
Secernunt, cœlumque a terris omne retentant.

Nunc age, dicta meo dulci quæsita labore
Percipe : ne forte hæc albis ex alba rearis
Principiis esse, ante oculos quæ candida cernis;
Aut ea quæ nigrant nigro de semine nata;
Neve, alium quemvis quæ sunt induta colorem :
Propterea gerere hunc credas, quod materiai
Corpora consimili sint ejus tincta colore.
Nullus enim color est omnino materiai
Corporibus, neque par rebus, neque denique dispar.
In quæ corpora si nullus tibi forte videtur
Posse animi injectus fieri, procul avius erras.
Nam quum cæcigeni, solis qui lumina nunquam
Aspexere, tamen cognoscant corpora tactu,
Ex ineunte ævo, nullo contincta colore;
Scire licet, menti quoque nostræ corpora posse

une action insensible, les éloigne, ou les rend à la terre.

Ne crois pas que cette loi ne régisse que les êtres animés; elle s'étend à toutes les productions les plus insensibles. Comme les objets diffèrent entre eux, il faut que leurs élémens présentent diverses configurations : non parce que les principes constitutifs sont doués d'une grande variété [20], mais parce que les masses qu'ils composent, soumises à des modifications, ne peuvent être d'une exacte ressemblance; leurs élémens, étant divers, varient nécessairement dans leurs distances, leurs chocs, leurs directions et leurs rencontres, leurs liens et leur rapidité : telles sont les qualités qui, séparant la chaîne des êtres, nous empêchent de confondre entre elles les espèces animées, l'océan avec la terre, le globe avec les cieux.

Poursuis, ô Memmius ! et recueille les fruits de mes doux travaux. Garde-toi de croire que la blancheur du lis, la teinte sombre de l'ébène, ou les divers coloris dont les objets brillent à tes yeux, soient le résultat de la couleur de leurs élémens : les élémens ne sont point colorés, aucune nuance ne les distingue.

Quelle est ton erreur, si tu penses que les élémens ne peuvent exister sans cette qualité! Regarde l'infortuné qui n'a jamais entr'ouvert sa débile paupière à la clarté des cieux : l'habitude pour lui enseigne au tact à discerner les objets que l'œil n'aperçoit pas. Ainsi, par la pensée, nous pouvons nous représenter les élémens

Verti in notitiam nullo circumlita fuco.
Denique nos ipsi, cæcis quæcunque tenebris
Tangimus, haud ullo sentimus tincta colore.
Quod quoniam vinco fieri, nunc esse docebo.
Omnis enim color omnino mutatur in omnes:
Quod facere haud ullo debent primordia pacto:
Immutabile enim quiddam superare necesse est,
Ne res ad nihilum redigantur funditus omnes.
Nam, quodcunque suis mutatum finibus exit,
Continuo hoc mors est illius, quod fuit ante.
Proinde colore cave contingas semina rerum,
Ne tibi res redeant ad nilum funditus omnes.

Præterea, si nulla coloris principiis est
Reddita natura; at variis sunt prædita formis
E quibus omnigenos gignunt, variantque colores.
Propterea magni quod refert semina quæque
Cum quibus et quali positura contineantur,
Et quos inter se dent motus accipiantque:
Perfacile extemplo rationem reddere possis,
Cur ea, quæ nigro fuerint paulo ante colore,
Marmoreo fieri possint candore repente:
Ut mare, quum magni commorunt æquora venti,
Vertitur in canos candenti marmore fluctus.
Dicere enim possis nigrum quod sæpe videmus,
Materies ubi permista est illius, et ordo
Principiis mutatus, et addita demptaque quædam,
Continuo id fieri ut candens videatur et album:
Quod si cæruleis constarent æquora ponti
Seminibus, nullo possent albescere pacto.

sans les douer de coloris. Enfin des corps que nous touchons pendant la nuit, l'éclat est entièrement effacé.

Mais joignons à l'expérience le pouvoir de la raison. Il n'est point de couleur; toute couleur est apte à varier ses reflets, à se changer entièrement. Ces variations ne peuvent être subies par les élémens qui, s'ils n'étaient inaltérables, précipiteraient l'univers dans le néant, puisque les corps ne peuvent franchir les limites de leur nature sans perdre leur première existence. Ne crois donc pas que les principes de la matière soient colorés : sinon il faudrait admettre le désordre et la destruction de l'univers.

Cependant, s'ils sont eux-mêmes privés de tout coloris, ils sont doués de différentes propriétés qui produisent et varient les couleurs à l'infini. Il faut donc explorer attentivement leur mélange, leur essor et leur situation. Tu connais par quel secret moyen l'objet qui naguère étalait la couleur de l'ébène, revêt tout-à-coup l'éclat de l'ivoire, pourquoi le sombre azur des mers enlevé par les vents se soulève en écume blanchissante. Alors tu conviendras que, si les principes d'un corps qui te paraît noir s'agitent, se confondent; s'ils altèrent leur ordre primitif; si quelques élémens mobiles font place à d'autres élémens, la surface de ce corps brille d'un coloris nouveau : tandis que si les élémens des flots étaient azurés, jamais ils ne blanchiraient; et, quelles que soient les perturbations de leur rapide mobilité, jamais leur surface ne se soulèverait en monceaux d'albâtre.

Nam quocunque modo perturbes, cærula quæ sint
Nunquam in marmoreum possunt migrare colorem.
Sin alio atque alio sunt semina tincta colore,
Quæ maris efficiunt unum purumque nitorem:
Ut sæpe ex aliis formis variisque figuris,
Efficitur quiddam quadratum, unæque figuræ:
Conveniebat, uti in quadrato cernimus esse
Dissimiles formas, ita cernere in æquore ponti:
Aut alio, in quovis uno puroque nitore
Dissimiles longe inter se variosque colores.
Præterea, nihil officiunt obstantque figuræ
Dissimiles, quo quadratum minus omne sit extra:
At varii rerum impediunt prohibentque colores,
Quo minus esse uno possit res tota nitore.
Tum porro, quæ ducit et inlicit, ut tribuamus
Principiis rerum nonnunquam, causa, colores,
Occidit; ex albis quoniam non alba creantur:
Nec quæ nigra cluent, de nigris; sed variis de.
Quippe etenim multo proclivius exorientur
Candida de nullo, quam de nigrante colore,
Aut alio quovis, qui contra pugnet et obstet.

Præterea, quoniam nequeunt sine luce colores
Esse, neque in lucem exsistunt primordia rerum:
Scire licet quam sint nullo velata colore.
Qualis enim cæcis poterit color esse tenebris,
Lumine qui mutatur in ipso, propterea quod
Recta aut obliqua percussus luce refulget?
Pluma columbarum quo pacto in sole videtur,
Quæ sita cervices circum collumque coronat,

Prétends-tu que la couleur des mers, quoique pure, résulte d'élémens de coloris divers, comme, en réunissant des formes irrégulières, on peut obtenir un carré exact? il faudrait aussi, puisque nous distinguons l'irrégularité des figures qui composent le carré, que l'on discernât, soit dans la mer, soit dans d'autres objets dont la couleur est sans mélange, ces fragmens de couleurs, si dissemblables, et dont résulte la couleur dominante.

D'ailleurs, la variété des parties rassemblées sous une forme carrée, n'altère point la régularité de la masse, tandis que la moindre différence dans la couleur des élémens dégraderait la couleur principale.

Enfin si, convaincu par mes discours, tu cesses d'attribuer des couleurs aux élémens des corps colorés, la raison qui t'obligeait d'attribuer à la blancheur ou à la noirceur des principes d'une couleur analogue, n'existe plus, et tu le sens; la blancheur sera plus facilement produite par des élémens sans coloris que par des élémens d'ébène, ou revêtus d'une couleur non moins opposée.

Que dis-je? Puisque les couleurs n'existent que par la lumière, et que les élémens ne sont point soumis à son action, ils ne peuvent donc être doués d'aucun coloris : comment les couleurs éclateraient-elles dans les ténèbres, puisque, toujours mobiles, elles varient leurs reflets selon l'obliquité ou la masse de la clarté qui les frappe? Tel le brillant collier qui ceint la gorge de la colombe, tantôt réfléchit les feux du rubis, et tantôt

Namque alias fit uti rubro sit clara pyropo :
Interdum quodam sensu fit uti videatur
Inter cæruleum virides miscere maragdos.
Caudaque pavonis, larga quum luce repleta est,
Consimili mutat ratione obversa colores.
Qui, quoniam quodam gignuntur luminis ictu,
Scilicet id sine eo fieri non posse putandum est.
Et quoniam plagæ quoddam genus excipit in se
Pupula, quum sentire colorem dicitur album,
Atque aliud porro, nigrum quum et cætera sentit,
Nec refert ea quæ tangis, quo forte colore
Prædita sint, verum quali magis apta figura :
Scire licet nil principiis opus esse colores,
Sed variis formis variantes edere tactus.
Præterea, quoniam non certis certa figuris
Est natura coloris, et omnia principiorum
Formamenta queunt in quovis esse nitore;
Cur ea quæ constant ex illis, non pariter sunt
Omnigenis perfusa coloribus in genere omni ?
Conveniebat enim corvos, quoque sæpe volantes
Ex albis album pennis jactare colorem,
Et nigros fieri nigro de semine cycnos,
Aut alio quovis uno varioque colore.

Quin etiam, quanto in partes res quæque minutas
Distrahitur magis, hoc magis est ut cernere possis
Evanescere paulatim stinguique colorem.
Ut fit, ubi in parvas partes discerpitur aurum,
Purpura, Pœniceusque color clarissimu multo,
Filatim quum distractus disperditur omnis :

marie le vert de l'émeraude à l'azur céleste : telle la queue épanouie du paon change ses riches couleurs selon les différens points d'où jaillit la clarté. Les couleurs, modifiées et ainsi asservies à la mobilité de la lumière, ne peuvent donc exister sans les rayons lumineux.

Observons que l'organe de la vue reçoit des impressions différentes, selon les diverses couleurs dont il est affecté[21], et que le tact est sensible à la seule forme des objets, et non à leur coloris. Avoue, ô Memmius! que les couleurs ne sont pas inhérentes aux élémens, et qu'ils n'ont besoin, pour produire des impressions diverses, que de formes variées.

Ne conviens-tu point d'ailleurs que la couleur des élémens est indépendante de leur forme; que, quels que soient leurs contours, leurs variétés, ils peuvent posséder toutes les couleurs? Pourquoi donc ce privilège n'appartient-il point aux corps qu'ils ont produits? Pourquoi leur espèce leur assigne-t-elle invariablement leurs couleurs? Pourquoi le sombre corbeau ne réjouit-il jamais la vue par un plumage argentin, et pourquoi les élémens du cygne ne lui impriment-ils jamais le reflet de l'ébène, ou le mélange de lugubres couleurs?

Enfin, ne vois-tu pas qu'en divisant un objet, il se décolore, et qu'en l'atténuant, son coloris décroît, s'efface et s'évanouit? Tel l'or, réduit en poudre, perd son lustre brillant, et la pourpre, plus éclatante encore, pâlit en se réduisant en fils déliés. L'expérience, ami, t'enseigne que les principes des corps se dépouillent de

Noscere ut hinc possis, prius omnem efflare colorem
Particulas, quam discedant ad semina rerum.

POSTREMO, quoniam non omnia corpora vocem
Mittere concedis, neque odorem; propterea fit
Ut non omnibus attribuas sonitus et odores.
Sic, oculis quoniam non omnia cernere quimus,
Scire licet quædam tam constare orba colore,
Quam sine odore ullo quædam sonituque remota;
Nec minus hæc animum cognoscere posse sagacem,
Quam quæ sunt aliis rebus privata notisque.

SED, ne forte putes solo spoliata colore
Corpora prima manere, etiam secreta teporis
Sunt, ac frigoris omnino calidique vaporis;
Et sonitu sterila, et succo jejuna feruntur;
Nec jaciunt ullum proprio de corpore odorem,
Sicut amaricini blandum, stactæque liquorem,
Et nardi florem, nectar qui naribus halant,
Quum facere instituas; cum primis quærere par est,
Quoad licet ac potis es reperire, inolentis olivi
Naturam, nullam quæ mittat naribus auram;
Quam minime ut possit mistos in corpore odores
Concoctosque, suo contactos perdere viro.

PROPTEREA demum debent primordia rerum
Non adhibere suum gignundis rebus odorem,
Nec sonitum, quoniam nihil ab se mittere possunt:
Nec simili ratione saporem denique quemquam,
Nec frigus, neque item calidum tepidumque vaporem, et
Cætera: quæ quum ita sunt tandem, et mortalia constent,
Molli lenta, fragosa putri, cava corpore raro,

leur coloris, avant même d'être réduits à leur état primitif.

La raison t'empêche d'attribuer le son et l'odeur à tous les corps [22], parce que tous n'affectent point l'odorat ou l'ouïe. Puisque plusieurs corps sont imperceptibles à nos sens, quelques-uns, sans doute, existent dénués de couleurs, comme il en est d'autres inaccessibles à l'ouïe et à l'odorat. Ton esprit pénétrant peut donc concevoir des corps privés de coloris, et appliquer ces lois aux élémens de la matière.

Ne crois pas que la couleur soit l'unique qualité refusée aux élémens; ils sont étrangers au froid et à la chaleur, dénués de saveur, de fluidité et d'émanation : tel est l'ordre de la nature. Ainsi, pour composer un doux parfum, en réunissant la myrrhe, la marjolaine et le nard précieux, pour base on choisit l'essence de l'olive la moins odorante, de peur que des sucs trop pénétrans ne fermentent tout à coup, et n'altèrent la suavité de l'esprit des fleurs.

Enfin les élémens des corps n'ont ni odeur, ni son, parce qu'indivisibles, ils n'exhalent aucune émanation : de même, ils ne sont ni savoureux, ni glacés, ni brûlans, ni tièdes; et, si tu leur accordais les autres propriétés qui dissolvent les corps, tels que la mollesse, la fluidité, la corruption, la fragilité, le mélange de matière et de vide, si ces agens destructeurs étaient renfermés

Omnia sint a principiis sejuncta necesse est,
Immortalia si volumus subjungere rebus
Fundamenta, quibus nitatur summa salutis;
Ne tibi res redeant ad nilum funditus omnes.
Nunc ea quæ sentire videmus cunque, necesse est
Ex insensilibus tamen omnia confiteare
Principiis constare : neque id manifesta refutant,
Nec contra pugnant, in promptu cognita quæ sunt:
Sed magis ipsa manu ducunt et credere cogunt,
Ex insensilibus, quod dico, animalia gigni.
Quippe videre licet, vivos exsistere vermes
Stercore de tetro, putrorem quum sibi nacta est
Intempestivis et imbribus humida tellus :
Præterea cunctas itidem res vertere sese.
Vertunt se fluvii, frondes, et pabula læta
In pecudes : vertunt pecudes in corpora nostra
Naturam ; et nostro de corpore sæpe ferarum
Augescunt vires, et corpora pennipotentum.
Ergo omnes Natura cibos in corpora viva
Vertit, et hinc sensus animantum procreat omnes:
Non alia longe ratione atque arida ligna
Explicat in flammas, et in ignes omnia versat.
Jamne vides igitur, magni primordia rerum
Referre in quali sint ordine quæque locata :
Et commista quibus dent motus accipiantque ?
Tum porro quid id est animum quod percutit ipsum ?
Quod movet ? et varios sensus expromere cogit ?
Ex insensilibus ni credas sensile gigni ?

Nimirum, lapides et ligna et terra quoque una

dans les élémens, ils ébranleraient les fondemens inébranlables de la nature.

Tu me diras : les corps doués de sentimens sont cependant composés d'élémens insensibles. Loin de combattre cette vérité, l'expérience, ami, qui te conduit par la main, te montre des êtres animés formés d'élémens inertes. Vois-tu, quand la terre a été humectée par des pluies abondantes, une peuplade de vermisseaux puiser la vie dans une fange immonde : quels corps ne sont soumis à de semblables métamorphoses ? Le cristal des fleuves, le feuillage, le gazon des prairies, se changent en troupeaux ; les troupeaux s'identifient aux corps humains qu'ils repaissent, et nous-mêmes peut-être, en rassasiant la faim du tigre et du vautour, nous accroîtrons la vigueur de leurs membres robustes.

La nature, toujours agissante, convertit les alimens insensibles en corps intelligens ; des objets les plus inertes elle forme des êtres animés : c'est ainsi qu'elle convertit le bois aride en flamme pétillante. Tu vois combien sont importans au but de la nature la situation, le nombre, le mélange, les mouvemens réciproques des élémens ; car, sans leurs combinaisons, d'où proviendraient les constans résultats des sens et de l'intelligence, et de quelle essence seraient les objets qui émeuvent notre âme, si tu refusais à la matière la faculté de créer des êtres sensibles ?

Non, le mélange grossier du bois, du limon et des

Mista, tamen nequeunt vitalem reddere sensum.
Illud in his igitur fœdus meminisse decebit;
Non ex omnibus omnino quæcunque creant res,
Sensilia extemplo, et sensus me dicere gigni:
Sed magni referre, ea primum quantula constent,
Sensile quæ faciunt, et qua sint prædita forma,
Motibus, ordinibus, posituris denique quæ sint:
Quarum nil rerum in ligna glebisque videmus,
Et tamen hæc quum sunt quasi putrefacta per imbres,
Vermiculos pariunt, quia corpora materiai
Antiquis ex ordinibus, permota nova re,
Consiliantur ita ut debent animalia gigni.

DEINDE ex sensilibus quum sensile posse creari
Constituunt, porro ex aliis sentire suetis;
Mollia tum faciunt : nam sensus jungitur omnis
Visceribus, nervis, venis, quæcunque videmus
Mollia mortali consistere corpore creta.

SED tamen esto jam posse hæc æterna manere;
Nempe tamen debent aut sensum partis habere,
Aut similia totis animalibus esse putari.
At nequeunt per se partes sentire nec esse.
Namque alium sensus membrorum respuit omnes.
Nec manus a nobis potis est secreta, neque ulla
Corporis omnino sensum pars sola tenere.
Linquitur ut totis animalibus adsimilentur,
Vitali ut possint consentire undique sensu.
Qui poterunt igitur rerum primordia dici

pierres ne peut produire la vie et l'intelligence. Eh! je ne prétends pas que les élémens soient indistinctement doués du privilège d'engendrer des corps sensibles et intelligens. Ma muse, au contraire, te répète que, loin de les produire au hasard, il faut que les élémens unissent à leurs qualités l'étendue, l'ordre, la situation, les liens propres à donner la vie; il leur faut d'autres rapports, d'autres circonstances pour former les arbres des forêts et les épis de nos champs; cependant la recomposition même de ces corps insensibles fait éclore une foule d'insectes, parce que leurs élémens déplacés retrouvent des combinaisons nouvelles propres à faire briller la flamme de la vie.

Ne crois pas que le sentiment ne soit dû qu'à des élémens sensibles, résultant eux-mêmes d'une matière analogue; tu les ferais ainsi participer à la mollesse de nos organes, puisque la sensibilité est liée intimement aux veines, aux nerfs, en un mot à toutes les parties du corps susceptibles de sentiment, et que leur fragilité condamne à la destruction.

Quand ces principes inhérens aux organes seraient doués de l'immortalité, ne possèderont-ils ce sentiment que comme partie, ou seront-ils de faibles corps animés? Mais une partie ne peut exister ni vivre indépendante; elle ne partage pas le don de sentir en commun avec les autres membres; ainsi la main et les autres organes séparés du corps deviennent étrangers à la sensibilité. Tu pourras, pour dernier refuge, personnifier les élémens, et leur accorder une entière sensibilité. Alors le titre d'élémens leur appartient-il encore? et

Et lethi vitare vias, animalia quum sint,
Atque animalibu' sint mortalibus una eademque?
Quod tamen ut possint, ab coetu concilioque,
Nil facient praeter vulgum turbamque animantum :
Scilicet ut nequeunt homines, armenta feraeque
Inter sese ullam rem gignere conveniendo
Per Veneris res, extra homines, armenta ferasque.
Quod si forte suum dimittunt corpore sensum,
Atque alium capiunt, quid opus fuit attribui quod
Detrahitur? Tum praeterea (quod fugimus ante),
Quatinus in pullos animales vertier ova
Cernimus alituum, vermesque effervere, terram
Intempestivos quum putror cepit ob imbres :
Scire licet gigni posse ex non sensibu' sensus.

Quod si forte aliquis dicet duntaxat oriri
Posse ex non-sensu sensus, mutabilitate
Ante aliqua, tanquam partum, quam proditur extra:
Huic satis illud erit planum facere atque probare,
Non fieri partum nisi concilio ante coacto;
Nec commutari quidquam sine conciliatu
Primorum, ut nequeant ullius corporis esse
Sensus ante ipsam genitam naturam animantis.
Nimirum quia materies disjecta tenetur
Aere, fluminibus, terris flammaque creatis :
Nec congressa modo vitales convenienti,
Contulit inter se motus, quibus omnituentes
Accensi sensus animantem quamque tuentur.

s'ils sont semblables aux êtres que le temps dévore sans cesse, les portes du trépas sont-elles fermées pour eux?

Si tu le veux, j'y consens; mais aussi leur union ne pourra enfanter qu'une peuplade innombrable d'animaux semblables à eux-mêmes. Ainsi qu'on voit les humains, les monstres des forêts, les troupeaux unis par l'amour renaître à jamais dans leur postérité.

Supposes-tu que chaque élément, dans un intime assemblage, se dépouille de sa propre sensibilité afin de se revêtir de la sensibilité commune par un mutuel échange? Pourquoi leur faire un tel don, qu'il faudra leur ravir? D'ailleurs ce don est vain; car tu vois les œufs de l'oiseau se transformer en volatiles, et les objets corrompus transmettre l'existence à des peuplades d'insectes. Peux-tu, après de tels exemples, douter que des élémens insensibles ne fassent, par leur combinaison, éclore la vie et le sentiment?

Tu prétendras, peut-être, que la matière insensible, par une rapide métamorphose, obtient le sentiment, comme l'animal pendant sa conception; et avant qu'il ne soit entré dans la vie. Mais, tu ne peux en douter, rien ne reçoit la naissance sans une formation antérieure, et il ne s'opère aucun changement qu'à l'aide d'un assemblage de parties; ainsi la sensibilité n'a jamais précédé les sens de l'être appelé à l'existence : tous les élémens, avant de se réunir pour l'enfanter, erraient épars dans le sein des eaux ou de la terre, dans le feu ou dans le fluide aérien. Ils n'avaient point combiné leur choc, leur union et tous ces rapports qui préparent la vie et la confient à la garde des sens.

PRÆTEREA, quamvis animantem grandior ictus,
Quam patitur natura, repente adfligit, et omnes
Corporis atque animi pergit confundere sensus.
Dissolvuntur enim positura principiorum,
Et penitus motus vitales impediuntur;
Donec materies, omnes concussa per artus,
Vitales animæ nodos e corpore solvit,
Dispersamque foras per caulas ejicit omnes.
Nam quid præterea facere ictum posse reamur
Oblatum, nisi discutere ac dissolvere quæque?
FIT quoque, uti soleant minus oblato acriter ictu
Reliquiæ motus vitalis vincere sæpe,
Vincere, et ingentes plagæ sedare tumultus,
Inque suos quidquid rursus revocare meatus,
Et quasi jam lethi dominantem in corpore motum
Discutere, ac pæne amissos accendere sensus.
Nam, quare potius lethi jam limine ab ipso
Ad vitam possint conlecta mente reverti,
Quam quo decursum prope jam siet ire et abire?
PRÆTEREA, quoniam dolor est ubi materiai
Corpora vi quadam per viscera viva, per artus
Sollicitata suis trepidant in sedibus intus;
Inque locum quando remigrant, fit blanda voluptas:
Scire licet, nullo primordia posse dolore
Tentari, nullamque voluptatem capere ex se:
Quandoquidem non sunt ex ullis principiorum
Corporibus, quorum motus novitate laborent;
Aut aliquem fructum capiant dulcedinis almæ.
Haud igitur debent esse ullo prædita sensu.
DENIQUE, uti possint sentire animalia quæque,

Suppose, en effet, une attaque dont la violence triompherait de la force vitale; l'être est terrassé soudain, ses ressorts n'agissent plus, les facultés de l'âme et du corps sont livrées au désordre, chaque élément se déplace, la vie a perdu son empire, enfin la matière, ébranlée dans tous les organes, se dissout, rompt les liens de l'âme; disséminée, elle se précipite vers toutes les issues, s'échappe et s'évapore[23]; ce choc terrible ébranle la machine, la décompose et borne là ses ravages.

Quand l'attaque a moins de violence, l'équilibre se rétablit bientôt, et des assauts de la douleur la vie sort triomphante : elle apaise le désordre, rappelle chaque sens à son emploi, enchaîne les mouvemens destructeurs, presque maîtres de la machine, et rallume le pâle flambeau du sentiment près de s'éteindre. Telle est la cause qui termine la révolution des sens, et qui empêche l'âme de céder aux tourmens qui l'assiégeaient, et des portes du trépas la ramène à la vie.

Comme la douleur n'est ressentie que quand les élémens qui nous constituent sont troublés par des chocs ennemis, et s'agitent en désordre dans toute la machine, et que la volupté n'est due qu'à l'heureuse disposition qui entretient leur harmonie; tu le vois donc, les élemens n'éprouvent jamais ni la douleur, ni le plaisir, dont ils sont les auteurs, parce que, n'étant point susceptibles de division ni de froissement, ils sont affranchis des lois du changement; rien ne les blesse ou ne les flatte : le sentiment n'est donc pas fait pour eux.

Si pour sentir enfin, l'être animé doit se former

Principiis si etiam est sensus tribuendus eorum;
Quid? genus humanum propritim de quibu' factum est,
Scilicet et risu tremulo concussa cachinnant,
Et lacrymis spargunt rorantibus ora genasque,
Multaque de rerum mistura dicere callent,
Et sibi proporro quæ sint primordia quærunt:
Quandoquidem totis mortalibus adsimulata,
Ipsa quoque ex aliis debent constare elementis;
Inde alia ex aliis, nusquam consistere ut ausis.
Quippe sequar, quodcunque loqui, ridereque dices
Et sapere, ex aliis eadem hæc facientibus, ut sit.
Quod si delira hæc furiosaque cernimus esse,
Et ridere potest ex non ridentibu' factus,
Et sapere et doctis rationem reddere dictis,
Non ex seminibus sapientibus atque disertis:
Qui minus esse queant ea quæ sensire videmus,
Seminibus permista carentibus undique sensu?
DENIQUE cœlesti sumus omnes semine oriundi:
Omnibus ille idem pater est, unde, alma liquentes
Humorum guttas mater quum terra recepit,
Fœta parit nitidas fruges arbustaque læta,
Et genus humanum; parit omnia sæcla ferarum,
Pabula quum præbet, quibus omnes corpora pascunt,
Et dulcem ducunt vitam prolemque propagant.
Quapropter merito maternum nomen adepta est;
Cedit item retro, de terra quod fuit ante,
In terras; et quod missum est ex ætheris oris,
Id rursum cœli relatum templa receptant.
Neve putes æterna minus residere potesse
Corpora prima, quod in summis fluitare videmus

d'élémens sensibles, les principes qui composent l'espèce humaine seront donc tristes ou joyeux, feront éclater le rire ou verseront des larmes, aborderont les hauteurs de la philosophie, en un mot, ils analyseront eux-mêmes la matière qui les enfante : car si vous les douez de qualités pareilles à celle de l'homme, ils devront, comme lui, résulter de principes divers. Vainement tu t'enfoncerais dans ce dédale de raisonnemens obscurs ; mes pas suivront tes pas, rien ne me rebutera, et lorsque tu me montreras les facultés d'un être, tu devras les accorder à ses élémens : mais si tu apprécies ces rêves du délire, si tu reconnais que l'on peut rire sans principes rians, que l'on peut rechercher la vérité et se livrer à l'éloquence philosophique sans élémens orateurs et doctes, tu conviendras, ô Memmius ! que par leur empire et leur combinaison, les élémens peuvent, sans la posséder, donner l'intelligence.

La raison le proclame ; oui nous sommes tous les enfans de l'air et de la terre ; le sein amoureux de notre mère commune, fécondé par les flots dont l'éther l'abreuve, enfante à la fois les végétaux rians, les fruits savoureux, les monstres féroces, les troupeaux, les hommes et cette foule innombrable d'espèces à qui elle offre sans cesse des alimens variés, et les ramène de race en race au lumineux séjour de la vie. Aussi on l'honore du nom sacré de Mère ; les corps sortis de ses flancs dans ses flancs doivent rentrer ; l'essence descendue de la plaine éthérée retourne vers les cieux [24]. Si les élémens semblent se détruire, et s'ils se détachent sans cesse des corps, ne sois pas moins sûr de leur éternité [25]. Le trépas brise

Rebus et interdum nasci subitoque perire;
Nec sic interimit mors res, ut materiai
Corpora conficiat, sed cœtum dissupat ollis :
Inde aliis aliud conjungit, et efficit omnes
Res ut convertant formas, mutentque colores,
Et capiant sensus, et puncto tempore reddant :
Ut noscas referre eadem primordia rerum
Cum quibus, et quali positura contineantur,
Et quos inter se dent motus accipiantque.
Namque eadem cœlum, mare, terras, flumina, solem
Significant; eadem fruges, arbusta, animantes;
Quin etiam refert nostris in versibus ipsis,
Cum quibus, et quali sint ordine, quæque locata :
Si non omnia sint, at multo maxima pars est
Consimilis : verum positura discrepitant hæc.
Sic ipsis in rebus item jam materiai
Intervalla, viæ, connexus, pondera, plagæ,
Concursus, motus, ordo, positura, figuræ
Quum permutantur, mutari res quoque debent.
Nunc animum nobis adhibe veram ad rationem;
Nam tibi vehementer nova res molitur ad aures
Accidere, et nova se species ostendere rerum.
Sed neque tam facilis res ulla est, quin ea primum
Difficilis magis ad credendum constet : itemque
Nil adeo magnum, nec tam mirabile quidquam
Principio, quod non minuant mirarier omnes
Paulatim; ut cœli clarum purumque colorem;
Quemque in se cohibent palantia sidera passim,
Lunæque et solis præclara luce nitorem :
Omnia quæ si nunc primum mortalibus adsint,

les corps et respecte leurs élémens ; il se borne à les désunir, à reproduire de nouveaux assemblages, à varier les formes et les couleurs, à donner et à reprendre tour-à-tour le sentiment. Observe donc, ami, je le répète, le nombre, l'essor, les mouvemens mutuels de ces flots créateurs, qui produisent, selon leurs combinaisons, le fluide céleste, la terre, l'océan, le soleil, les moissons et les êtres animés. Ainsi dans mes vers le choix et l'ordre des mots sont essentiels, puisque chaque pensée, reproduite à peu près avec les mêmes lettres, ne diffère que par l'arrangement des caractères ; ainsi change les chocs, la direction, les liens, la pesanteur, le mélange des élémens qui enfantent tous les corps, et tu donneras une face nouvelle à la nature.

MAINTENANT, ô mon noble ami ! recueille attentivement les accens de la philosophie, impatiente de te révéler des vérités inconnues, et de te dévoiler, sous un aspect nouveau, le spectacle de l'univers. Mais comme il n'est pas d'opinion si simple qui n'entre avec peine dans l'esprit des humains, il n'est pas non plus de prodige qui, toujours renouvelé, ne cesse de nous surprendre. Si l'éblouissante splendeur des cieux, si la marche imposante de leurs innombrables flambeaux, si la lampe des nuits, si le char enflammé du soleil, par une apparition soudaine éclataient à nos yeux pour la première fois,

Ex improviso ceu sint objecta repente,
Quid magis his rebus poterat mirabile dici,
Aut minus ante quod auderent fore credere gentes?
Nil, ut opinor; ita hæc species miranda fuisset;
Quum tibi jam nemo fessus satiate videndi
Suspicere in cœli dignatur lucida templa.
Desine quapropter, novitate exterritus ipsa,
Exspuere ex animo rationem : sed magis acri
Judicio perpende, et, si tibi vera videtur,
Dede manus : aut, si falsa est, accingere contra.
Quærit enim ratione animus, quum summa loci sit
Infinita foris, hæc extra mœnia mundi;
Quid sit ibi porro, quo prospicere usque velit mens,
Atque animi jactus liber quo pervolet ipse.
Principio, nobis in cunctas undique partes,
Et latere ex utroque infra superaque, per omne
Nulla est finis, uti docui res; ipsaque per se
Vociferatur, et elucet natura profundi.
Nullo jam pacto verisimile esse putandum est,
Undique quum vorsus spatium vacet infinitum,
Seminaque innumero, numero, summaque profunda
Multimodis volitent æterno percita motu,
Hunc unum terrarum orbem cœlumque creatum,
Nil agere illa foris tot corpora materiai,
Quum præsertim hic sit Natura factus, et ipsa
Sponte sua forte offensando semina rerum
Multimodis, temere, incassum frustraque coacta,
Tandem colarint ea, quæ conjecta repente
Magnarum rerum fierent exordia semper,
Terrai, maris et cœli, generisque animantum.

quel phénomène plus admirable pourrait nous frapper d'étonnement; quel peuple aurait osé en supposer l'existence? Cependant, rassasiés de leur pompe harmonieuse, à peine jetons-nous un regard inattentif sur les merveilles des cieux. O Memmius! que la nouveauté du sujet, loin de te rebuter, aiguillonne ton ardeur studieuse; pèse mes discours avec rigueur, mais embrasse la vérité si ma muse la dévoile à ta vue; et sois inflexible si l'erreur t'apparaît. Viens, je m'élance au delà des limites du monde, dans l'espace infini où l'esprit, affranchi d'entraves, s'abandonne, sans frein, sur l'aile magique du Génie.

Le grand Tout est sans fin : ici, là, sous nos pieds, sur nos têtes, l'espace est illimité. Je te l'ai dit, et la voix de la nature le proclame. Ainsi, dans l'incommensurable espace qui se prolonge à jamais dans tous les sens divers, si les innombrables flots créateurs de la matière, depuis l'éternité s'agitent et nagent sous mille formes variées, à travers l'océan de l'espace infini, dans leur lutte féconde, n'auraient-ils enfanté que l'orbe de la terre et sa voûte céleste : croira-t-on qu'au delà de ce monde un si vaste amas d'élémens se condamne à un oisif repos? Non, non, si notre globe est l'œuvre de la nature, et si les principes générateurs, par leur propre essence, conduits par la nécessité, après mille et mille essais infructueux, se sont enfin unis, modifiés, et ont donné naissance à des masses, d'où sortirent le ciel, les ondes, la terre et ses habitans, conviens donc que dans le reste

Quare etiam atque etiam tales fateare necesse est
Esse alios alibi congressus materiai,
Qualis hic est, avido complexu quem tenet æther.
Præterea, quum materies est multa parata,
Quum locus est præsto, nec res nec causa moratur
Ulla, geni debent nimirum et confieri res.
Nunc et seminibus si tanta est copia, quantam
Enumerare ætas animantum non queat omnis;
Visque eadem et natura manet, quæ semina rerum
Conjicere in loca quæque queat, simili ratione,
Atque huc sint conjecta; necesse est confiteare
Esse alios aliis terrarum in partibus orbes,
Et varias hominum gentes et sæcla ferarum.
Huc accedit, ut in summa res nulla sit una,
Unica quæ gignatur, et unica solaque crescat:
Quin cujusque sient sæcli, permultaque eodem
Sint genere : inprimis animalibus injice mentem ;
Invenies sic montivagum genus esse ferarum,
Sic hominum genitam prolem, sic denique mutas
Squammigerum pecudes et corpora cuncta volantum :
Quapropter cœlum simili ratione fatendum est,
Terramque, et solem, lunam, mare, cætera quæ sunt,
Non esse unica, sed numero magis innumerali;
Quandoquidem vitæ depactus terminus alte
Tam manet his, et tam nativo hæc corpore constant,
Quam genus omne quod his generatim rebus abundat.
Multaque post mundi tempus genitale, diemque
Primigenum maris et terræ solisque coortum,
Addita corpora sunt extrinsecus; addita circum
Semina, quæ magnum jaculando contulit omne:

du vide, les élémens de la matière ont enfanté, sans nombre, des êtres animés, des mers, des cieux, des terres, et parsemé l'espace de mondes semblables à celui qui se balance sous nos pas dans les flots aériens.

Partout enfin où la matière immense trouvera un espace pour la contenir, et ne rencontrera nul obstacle à son essor, elle fera éclore la vie sous des formes variées; et si la masse des élémens est telle que pour les dénombrer les âges réunis de tous les êtres seraient insuffisans, et si la nature les a dotés des facultés qu'elle accorda aux principes auteurs de notre globe, les élémens, dans les autres régions de l'espace, ont semé des êtres, des mortels et des mondes.

D'ailleurs nul objet ne naît isolé, unique dans son espèce; il a sa famille, il se classe dans la chaîne des êtres. Tel est le sort de tous les animaux, des hôtes des montagnes et des forêts, des habitans de l'onde, des oiseaux et des humains. Tout nous prouve donc que le ciel, l'océan, les astres, le soleil et tous ces grands corps de la nature, loin d'être seuls semblables à eux-mêmes, sont répandus en nombre infini dans les plaines de l'espace interminable; leur durée est limitée, et comme les autres corps, ils ont reçu la naissance, ils subiront la mort.

Dans le temps où notre monde se forma [26], où la terre, les ondes, le soleil surgirent du chaos, les flots superflus de la matière, versés de tous les points de l'espace, déposèrent, autour et hors des limites de notre globe récent, des élémens et des semences innombrables. C'est

Unde mare et terræ possent augescere; et unde
Adpareret spatium cœli domus, altaque tecta
Tolleret a terris procul, et consurgeret aer.

Nam sua cuique locis ex omnibus omnia plagis
Corpora distribuuntur, et ad sua sæcla recedunt:
Humor ad humorem, terreno corpore terra
Crescit; et ignem ignes producunt, ætheraque æther;
Donicum ad extremum crescendi perfica finem
Omnia perduxit rerum Natura creatrix:
Ut fit, ubi nihilo jam plus est, quod datur intra
Vitales venas, quam quod fluit atque recedit.
Omnibus his ætas debet consistere rebus:
His Natura suis refrænat viribus auctum.
Nam, quæcunque vides hilaro grandescere adauctu,
Paulatimque gradus ætatis scandere adultæ,
Plura sibi adsumunt quam de se corpora mittunt;
Dum facile in venas cibus omnis diditur; et dum
Non ita sunt late dispersa, ut multa remittant,
Et plus dispendî faciant quam vescitur ætas;
Nam certe fluere ac decedere corpora rebus
Multa, manus dandum est: sed plura accedere debent,
Donicum olescendi summum tetigere cacumen;
Inde minutatim vires, et robur adultum
Frangit et in partem pejorem liquitur ætas.
Quippe etenim quanto est res amplior, augmine dempto,
Et quo latior est, in cunctas undique partes,
Pluria eo dispergit, et a se corpora mittit:
Nec facile in venas cibus omnis diditur eii;
Nac satis est, pro quam largos exæstuat æstus,

dans cette source féconde que le ciel et la terre puisent sans cesse des forces nouvelles. C'est là que l'air s'alimente, c'est là que le firmament rassemble les torrens enflammés dont il fait resplendir ses palais.

Ces élémens nourriciers, par leur choc continu, sont entraînés vers les objets analogues à leur substance : les corps amis se cherchent et s'allient, la terre se marie à la terre, l'eau reflue vers l'eau, l'air se répand dans l'air, les feux se réunissent, et la nature créatrice qui préside à leur harmonie, leur ouvre la carrière, les dirige et les conduit à la maturité, elle arrive pour chaque être, quand il n'entre plus dans les veines de la vie que des tributs proportionnés aux pertes; la nature met un frein à ses largesses, et la vie, en équilibre, se calme et se balance.

En effet, les corps qui, par un accroissement généreux, s'élèvent rapidement à la maturité, reçoivent plus qu'ils ne dissipent; doués de force et de jeunesse, ils admettent facilement dans leurs veines actives le suc des alimens, et les pores resserrés de leurs membres vigoureux ne laissent échapper qu'une faible partie du fluide vital; ils dépensent, en un mot, moins qu'ils ne reçoivent. Nos corps font sans cesse des pertes considérables que la vigueur répare avec usure jusqu'au terme où ils jouissent de leur force entière; mais elle s'affaiblit par degrés : l'être, dépouillé sans cesse de sa puissance, est entraîné par une pente insensible vers la caducité. A son déclin, ses pertes sont d'autant plus grandes que les corps ont une étendue considérable qui n'est plus proportionnée à leur force. Les sucs de la santé, appauvris, ne circulent plus qu'avec peine; les flots de la matière

Unde queat tantum suboriri ac suppeditare
Quantum opus est, et quod satis est, Natura novare.
Jure igitur pereunt, quum rarefacta fluendo
Sunt, et quum externis succumbunt omnia plagis:
Quandoquidem grandi cibus ævo denique defit;
Nec tuditantia rem cessant extrinsecus ullam
Corpora conficere, et plagis intesta donare.
Sic igitur magni quoque circum mænia mundi
Expugnata dabunt labem putresque ruinas.
Omnia debet enim cibus integrare novando,
Et fulcire cibis ac omnia sustentare.
Nequicquam, quoniam nec venæ perpetiuntur
Quod satis est, neque quantum opus est Natura ministrat;
Jamque adeo affecta est ætas, effœtaque tellus.
Vix animalia parva creat, quæ cuncta creavit
Sæcla, deditque ferarum ingentia corpora partu.
Haud, ut opinor, enim mortalia sæcla superne
Aurea de cœlo demisit funis in arva;
Nec mare, nec fluctus plangentes saxa crearunt
Sed genuit tellus eadem, quæ nunc alit ex se.
Præterea nitidas fruges vinetaque læta
Sponte sua primum mortalibus ipsa creavit:
Ipsa dedit dulces fœtus et pabula læta,
Quæ nunc vix nostro grandescunt aucta labore;
Conterimusque boves et vires agricolarum
Conficimus, ferrum vix arvis suppeditatur:
Usque adeo pereunt fœtus augentque labores.

s'échappent largement du corps affaibli ; et la nature, pour lui devenue avare, ne les renouvelle plus. Épuisé par ses émanations continues, plus sensible aux attaques étrangères, privé de nourriture par la vieillesse, languissant en lui-même, sans cesse tourmenté par les objets extérieurs, le corps tombe et périt.

Un jour, les immenses voûtes du monde, assaillies par des chocs nombreux, elles-mêmes s'écrouleront, et leurs brûlans débris se disperseront dans l'espace [27]. Tous les corps sont alimentés par la nature ; ils attendent les sucs nourriciers qu'elle leur distribue sans cesse, et qui les maintiennent dans la plénitude de leur puissance ; mais cet heureux artifice ne peut toujours durer ; car les canaux où s'introduisent les sucs vivifians perdent leur capacité, et se ferment à demi ; d'ailleurs la nature se lasse de fournir aux réparations du même être. Hélas ! ce temps de décrépitude n'est-il point arrivé pour notre monde ? Ce vaste corps n'est-il point sillonné des rides de la vieillesse ? La terre fatiguée n'enfante plus qu'avec peine quelques êtres débiles dans son stérile limon. La terre... qui, dans le premier essor de sa fécondité, donna la vie à tous les êtres, construisit les robustes flancs des animaux féroces, et se surchargea d'hôtes innombrables. Car je ne croirai pas qu'une chaîne d'or les ait descendus des cieux, ni qu'ils soient sortis d'entre les rochers, sous les flots écumans [28]. La terre qui les nourrit encore, jadis leur a donné la vie. C'est elle qui offrit à ses enfans les pâturages, les trésors des moissons et les vignobles joyeux [29]. A peine accorde-t-elle aujourd'hui ces mêmes bienfaits à nos laborieux efforts. Les taureaux

Jamque caput quassans grandis suspirat arator
Crebrius incassum magnum cecidisse laborem,
Et, quum tempora temporibus præsentia confert
Præteritis, laudat fortunas sæpe parentis;
Et crepat, antiquum genus ut pietate repletum
Perfacile angustis tolerarit finibus ævum,
Quum minor esset agri multo modus ante viritim:
Nec tenet omnia paulatim tabescere, et ire
Ad scopulum spatio ætatis defessa vetusto.

Quæ bene cognita si teneas, Natura videtur
Libera continuo, dominis privata superbis,
Ipsa sua per se sponte omnia Diis agere expers;
Nam, proh sancta Deûm tranquilla pectora pace,
Quæ placidum degunt ævum vitamque serenam?
Quis regere immensi summam, quis habere profundi
Endo manu validas potis est moderanter habenas?
Quis pariter cœlos omnes convertere, et omnes
Ignibus ætheriis terras suffire feraces?
Omnibus inque locis esse omni tempore præsto?
Nubibus ut tenebras faciat, cœlique serena
Concutiat sonitu? tum fulmina mittat, et ædes
Sæpe suas disturbet, et in deserta recedens
Sæviat exercens telum, quod sæpe nocentes
Præterit, exanimatque indignos inque merentes?

s'épuisent en travaux imparfaits, le fer ne suffit plus pour triompher d'un sol ingrat : l'abondance diminue, et la fatigue augmente.

Le vieux cultivateur, secouant son front sillonné, raconte en soupirant combien de fois la terre a frustré son espérance; il compare la fécondité du passé avec la stérilité présente. Il envie le destin de ses pères : sans cesse il vante ces siècles fortunés où les mortels pieux, favorisés du ciel, après des labeurs moins pénibles, recueillaient dans des champs moins spacieux des moissons plus abondantes. Hélas! il ne voit pas que tout, appesanti par l'âge, penche vers son déclin, et que le temps est l'inévitable écueil où les corps viennent se briser dans un commun naufrage.

Si les accens de la vérité, ô mon ami! se sont imprimés dans ton âme, la nature t'apparaît dans toute sa puissance[80]; elle brise le joug de ses maîtres superbes; libre, elle gouverne son immortel empire sans le secours des dieux. Grands dieux! âmes saintes et paisibles, vous qui coulez dans le bonheur une vie éternelle et sereine, qui d'entre vous tient d'une main infaillible les rênes de l'univers, et régit son empire immense? qui de vous suspend et fait mouvoir les cieux, allume leurs flambeaux, verse leurs flammes fécondes sur la terre, veille au destin de ses hôtes innombrables, est à la fois présent dans tous les lieux? qui de vous rassemble ces nuages ténébreux au milieu d'un ciel serein, fait éclater le tonnerre et lance les traits de la foudre? la foudre, flamme aveugle qui brise vos temples sacrés, égare sa fureur dans les déserts, passe à côté d'un coupable, et va frapper une tête innocente!

NOTES

DU LIVRE SECOND.

1.   Suave, mari magno, turbantibus æquora ventis.

Rien n'est plus naturel que de contempler avec avidité les grandes catastrophes, et comme l'observe Lucrèce,

> Non quia vexari quemquam est jucunda voluptas,
> Sed, quibus ipse malis careas, quia cernere suave est.

Voltaire, dans une épître à madame Duchâtelet, a essayé la traduction d'une partie de ce début.

2.   Si non aurea sunt juvenum simulacra per ædes.

Virgile a senti le mérite de ce passage, qu'il a imité avec exactitude dans le deuxième livre des *Géorgiques* :

> O fortunatos nimium, sua si bona norint,
> Agricolas, quibus ipsa, procul discordibus armis,
> Fundit humo facilem victum justissima tellus!
> Si non ingentem foribus domus alta superbis
> Mane salutantum totis vomit ædibus undam,
> Nec varios inhiant pulchra testudine postes,
> Illusasque auro vestes, Ephyreiaque æra;
> Alba nec Assyrio fucatur lana veneno,
> Nec casia liquidi corrumpitur usus olivi :
> At secura quies, et nescia fallere vita,
> Dives opum variarum; at latis otia fundis,
> Speluncæ, vivique lacus; at frigida Tempe,
> Mugitusque boum, mollesque sub arbore somni,
> Non absunt; illic saltus ac lustra ferarum,
> Et patiens operum parvoque assueta juventus,
> Sacra deûm, sanctique patres : extrema per illos
> Justitia excedens terris vestigia fecit.

NOTES DU LIVRE II.

Voici la traduction en vers du tableau dont Lucrèce a offert le modèle à Virgile :

> Nos besoins sont bornés, et la terre féconde
> Accorde à nos travaux les biens dont elle abonde.
> D'un prestige éclatant, ah! loin de s'éblouir,
> N'est-il pas riche assez celui qui sait jouir!
> O toi! mortel heureux dans ta noble indigence,
> Si du luxe trompeur la magique élégance
> N'a point, pour soutenir tes superbes flambeaux,
> En statue, avec art, transformé les métaux;
> Si l'or, resplendissant du feu qui le colore,
> Ne rend point à tes nuits la clarté de l'aurore;
> De la lyre, pour toi, si les sons mesurés
> Ne retentissent pas sous des lambris dorés;
> Dédaignant des plaisirs la frivole imposture,
> Sitôt que le printemps rajeunit la nature,
> Étendu mollement au bord des frais ruisseaux
> Tu reposes, couvert de riants arbrisseaux.
> A tes yeux enchantés la terre est refleurie;
> La vapeur du matin, les forêts, la prairie,
> La voûte d'un beau ciel, le zéphir caressant,
> Tout porte le bonheur dans ton cœur innocent.
>
> De Pongerville. Luc., chant ii.

3. *Nam, veluti pueri trepidant.*

Lucrèce a reproduit plusieurs fois cette comparaison dans les mêmes termes. La confusion qui semble exister ici entre les objets moraux et physiques a donné lieu à quelques reproches critiques adressés à Lucrèce avec une apparence de fondement.

4. *Nam certe non inter se stipata cohæret*
Materies.......

Ovide exprime à peu près les mêmes pensées :

> L'âme toujours errante, et légère et mobile,
> Dans les corps, à son gré, se choisit un asile;
> Avec rapidité variant son destin,
> Elle anime la brute, habite un corps humain,
> Et revêt tout à coup une forme nouvelle;
> Le temps n'outrage point son essence éternelle.
> Telle, sans s'altérer, la cire, sous ta main,
> Prend un aspect, le quitte et le reprend soudain.

> Ah ! si de corps en corps l'âme se réfugie,
> De l'être qui respire épargne donc la vie !
> Homme pieux, respecte un esprit passager,
> Qui, peut-être, à ton cœur ne fut pas étranger ;
> Modère, il en est temps, cette ardeur dévorante,
> Et que jamais de sang ton sang ne s'alimente.
>
> De Pongerville. *Metam.*, liv. xv, vers 253 à 275.

5. Inque brevi spatio mutantur sæcla animantum,
   Et quasi cursores, vitaï lampada tradunt.

Rien n'est au dessus de la beauté de cette comparaison, qui a le double mérite de servir de développement à la pensée de l'auteur.

6. Cujus, uti memoro, rei simulacrum et imago
   Ante oculos semper nobis versatur et instat.

Les détracteurs de Lucrèce ont trouvé dans ce passage des armes contre le système corpusculaire. On a développé, dans la préface de la traduction en vers, des éclaircissemens qu'il est inutile de reproduire ici ; mais les hommes de bonne foi sentiront que Lucrèce n'a eu d'autre intention que d'offrir cette image comme une comparaison : *Cujus.... semper instat ante oculos imago et simulacrum rei.* Il ne prétend point montrer la chose même, mais l'image, le simulacre de *la chose ;* et les deux vers qui terminent le morceau,

> Duntaxat rerum magnarum parva potest res
> Exemplare dare et vestigia notitiaï,

prouvent qu'il n'est ici question que d'une similitude. *Dans les plus petites choses, dans les objets les plus communs, nous trouvons souvent l'indice des vérités les plus importantes.* L'estimable devancier de La Grange, Panckoucke, qui a souvent senti Lucrèce, et qui a eu ce mérite l'un des premiers parmi nos littérateurs, semble, par la manière dont il traduit ce passage, ne le regarder que comme une comparaison. J'ai fait remarquer dans les notes de ma traduction en vers qu'Épicure n'a pu confondre les molécules détachées des meubles et des vêtemens, que l'on voit flotter dans un lieu fermé au milieu d'un rayon solaire qui s'y introduit par une ouverture, avec les élémens constitutifs de l'univers, pour lesquels il a établi une théorie si compliquée, et qu'il regarde comme purs, indivisibles et éternels. La fausse interprétation du mot atôme a seule occasioné l'erreur, et ce mot atôme ne paraît pas une seule fois dans le poëme.

7. Ut res per Veneris blanditim sæcla propagent;
    Nec genus occidat humanum : *quorum omnia causa*
    Constituisse deos fingunt.

La traduction de La Grange est ici inexacte, et donne à entendre que Lucrèce nie l'existence des dieux; il a pu le penser, mais il ne l'a jamais affirmé positivement.

8. Corpoream sursum ferri, sursumque meare.

Lucrèce peint ici la gravitation comme le ferait un physicien du XIXe siècle.

9. Non cadere in terram stellas et sidera cernis?

Cette supposition de la chute des étoiles paraîtrait excessivement ridicule, si on ignorait qu'Épicure et Lucrèce ne regardaient les astres que comme des ornemens de la voûte céleste.

10. Nec declinando faciunt primordia motus.

L'obscurité métaphysique est ici portée au comble; mais Lucrèce rattache ces détails par des fils imperceptibles à son raisonnement; il en fait son arme principale pour combattre le destin, *fatis avolsa voluntas.*

11. Nam sæpe in colli tondentes pabula læta
    Lanigeræ reptant pecudes......

On retrouve dans ce riant tableau la grâce et le naturel qui ont inspiré l'auteur des *Géorgiques*.

12. Nam sæpe ante Deûm vitulus delubra decora.

Lucrèce ajoute ici la beauté du style à l'intérêt du sujet. Ces vers sont dignes d'être comparés aux plus brillans passages de Virgile.

At mater, virides saltus orbata peragrans,
Linquit humi pedibus vestigia pressa bisulcis.

Celle qui l'enfanta, qui déjà n'est plus mère,
S'échappe, fuit, parcourt la forêt solitaire,

Promène tristement son regard éperdu,
Réclame à chaque objet le fils qu'elle a perdu :
Les torrens, les rochers, nul lieu ne l'intimide.
Elle imprime ses pas dans la campagne humide :
Soudain elle s'arrête, et son cri douloureux,
Lugubre, retentit dans les bois ténébreux :
Souvent elle retourne à l'étable déserte,
Semble l'interroger, lui raconter sa perte;
Le fleuve accoutumé, l'herbe épaisse, les fleurs,
Rien ne parle à ses goûts, ne distrait ses douleurs.
Près des jeunes troupeaux en vain elle s'adresse;
Ah! qui peut d'une mère abuser la tendresse!

13. Sunt etiam quæ jam nec lævia jure putantur.

Les longs détails sur la configuration des premiers élémens sont difficiles à saisir.

14. Esse magis, etc.

Après ce vers, les anciennes éditions portent celui-ci :

Namque papaveris haustus item est facilis quod aquarum,

que les commentateurs les plus éclairés ont jugé avec raison devoir être rejeté du texte. Je partage leur avis.

15. Humor dulcit, ubi per terras.....

Lucrèce semble ailleurs assigner un autre aliment à la source des fleuves :

Les fleuves, les torrens et la plaine des mers
S'alimentent sans cesse au sein de l'univers;
Mais, réglant le concours et les tributs de l'onde,
Ils expulsent les flots dont leur lit surabonde.
Le soleil les attire aux vastes champs des cieux,
Et de ce voile humide environne ses feux.
Les aquilons, errant sur la plaine liquide,
En légères vapeurs dissipent le fluide;
De la terre abreuvant les antres montueux,
L'onde coule et s'infiltre en replis sinueux,
Fuit, revient, disparaît, s'épure dans sa course;
Des fleuves lentement elle rejoint la source,
Et, du globe baignant les contours sillonnés,
Ses flots impétueux roulent emprisonnés.

LUCRÈCE, chant V.

16. *Nec nox ulla diem, neque noctem aurora secuta est.*

Rien n'est plus touchant que cette réflexion si simple et si vraie :

> Aussi la tendre aurore, aussi la nuit profonde,
> Reverront à jamais, en visitant le monde,
> L'enfant qui de la vie ose franchir le seuil,
> Et la douleur plaintive à côté d'un cercueil.
>   DE PONGERVILLE, chant v, traduction en vers.

17. *Quare magna Deûm mater materque ferarum.*

Les allégories de ce culte sont ingénieuses et pleines de la plus noble philosophie; mais les applications en sont un peu forcées.

18. *Munificat tacita mortales muta salute.*

La Terre, selon Lucien, fut la première qui rendit des oracles à Delphes. Le langage des oracles était obscur et énigmatique. Lucien ne voudrait-il pas nous apprendre par-là que ce fut la manière secrète et mystérieuse dont la terre procède dans ses différentes productions, qui porta les hommes à en faire une déesse et à lui adresser leurs hommages? N'est-ce pas là ce que veut dire Lucrèce par ce beau vers :

> *Munificat tacita mortales muta salute?*

N'était-ce pas là enfin, dit La Grange, la cause de ce silence mystérieux qui régnait dans les cérémonies secrètes de la bonne déesse? En effet, en y réfléchissant, on se convaincra que ce fut plus l'ignorance que la crainte, qui multiplia si fort les dieux du paganisme. L'homme, né orgueilleux, se console, pour ainsi dire, de sa faiblesse, en regardant comme surnaturel tout ce qu'il ne conçoit pas.

Les premiers hommes, barbares, grossiers, occupés de l'unique soin de se procurer leur nourriture, jouissaient des productions de la terre, sans lui demander par quel mécanisme intérieur elle avait accru et développé les germes abandonnés à sa fécondité. Ne voyons-nous pas encore aujourd'hui que les laboureurs, ces hommes infatigables qui coopèrent tous les jours avec la terre pour la subsistance du genre humain, sont de tous les hommes ceux qui connaissent le mieux les résultats, et qui ignorent le plus les procédés intérieurs? Mais quand la philosophie, qui n'était dans l'origine que la théologie même, eut commencé l'étude de la nature par l'examen des objets les plus connus et les plus familiers; quand elle eut remarqué, dans toutes les productions terrestres, un enchaînement de causes et d'effets concourans à un même but, soumis à des lois constantes et invariables, et portant le caractère d'un plan sage et réglé; quand, voulant sonder plus avant, elle se fut aperçue que la faiblesse des organes humains ne pouvait suivre une marche aussi fine et aussi délicate, ni suffire à tant de détails compliqués, à tant de nuances imperceptibles, l'intelligence divine devint alors, pour ainsi dire, le supplément de l'intelligence humaine. On crut que la terre était douée d'une raison surnaturelle : on l'adora comme une divinité bienfaisante, qui daignait présider à tant d'opérations admirables, pour le bonheur des mortels. Son intelligence fut révérée sous les noms de forme, de nature plastique, d'âme divine. Bientôt elle fut subdivisée en autant d'intelligences particulières, qu'elle renfermait de différentes productions dont le mécanisme était ignoré. De là les nymphes, les faunes, les sylvains, etc. De là, enfin, les métamorphoses et la métempsycose qui n'est elle-même qu'une métamorphose renouvelée.

19. Hic armata manus, Curetas nomine Graii.

Les Curètes étaient les plus anciens ministres de la religion; ils sont, dit-on, les inventeurs des arts.

20. Non quod multa parum simili sint praedita forma.

Ce morceau est répété plus haut.

21. Et quoniam plagæ quoddam genus excipit in se
Pupula, quum sentire colorem.

Épicure regardait la vision comme un tact.

22. Ut non omnibus *attribuas* sonitus et odores.

Le mot *attribuas* offre un sens opposé au raisonnement du poète.

23. Dispersamque foras per caulas ejicit omnes.

On sait que Lucrèce prétend que l'âme ne périt qu'en liquéfiant ses principes.

24.   Cedit item retro, de terra quod fuit ante,
      In terras; et quod missum est ex ætheris oris,
      Id rursum cœli rellatum templa receptant.

Il est inutile de faire remarquer l'absurdité des critiques de Lucrèce, qui ont vu dans ces vers un aveu de l'immortalité de l'âme arraché au philosophe par la force de la vérité. Lactance, le premier, lui adresse ce reproche, répété depuis par Racine le fils, qui le répétait sans l'examiner, comme la plupart des esprits prévenus qui se rendent les échos des absurdités conformes à leur croyance et à leurs principes. Ils n'ont pas su reconnaître que Lucrèce, composant l'âme de trois substances diverses, les fait retourner, après la dissolution, à la source dont elles sont émanées. Ce n'est point l'âme entière que le poëte fait monter vers la voûte étoilée, mais bien la partie éthérée, qui est, selon lui, la plus subtile portion de ce qu'il appelle l'âme, à laquelle il n'accorde jamais qu'une existence matérielle.

25.   Neve putes æterna minus residere potesse
      Corpora prima.

On a rendu à ces trois vers la place que les meilleurs commentateurs leur ont assignée.

26.   Multaque post mundi tempus.

Lucrèce parle de la pluralité des mondes avec autant de certitude que le ferait un savant de notre siècle. Cette vérité ne lui était cependant révélée que par son génie. Car les astres que nous voyons briller sur nos têtes, et dont le compas a mesuré la distance et le cours, n'étaient pour lui que des étincelles, ornemens de la voûte céleste.

27.   Sic igitur magni quoque circum mœnia mundi
      Expugnata dabunt labem putresque ruinas.

Saint Cyprien, lui-même, dit presque mot pour mot ce que Lucrèce avance ici : *Scire debes jam mundum non illis viribus stare quibus ante steterat, nec eo robore valere quo ante prævalebat, etc.....*

28. Nec mare, nec fluctus plangentes saxa crearunt.

Lucrèce réfute, par ce vers, une opinion long-temps accréditée, et chantée par les poètes; Homère fait naître tous les dieux de l'Océan.

> Ὠκεανόν τε θεῶν γένεσιν καὶ μητέρα Τηθύν.
> Oceanumque deorum originem et matrem Tethyn.

29. Ipsa dedit dulces fœtus et pabula læta,
Quæ nunc vix nostro grandescunt aucta labore;
Conterimusque boves et vires agricolarum.....

Voltaire traduit ainsi les trois vers de Lucrèce :

> La nature languit, la terre est épuisée;
> L'homme dégénéré, dont la force est usée,
> Fatigue un sol ingrat par ses bœufs affaiblis.

30. Quæ bene cognita si teneas, natura videtur
Libera continuo dominis privata superbis, etc.

La Grange a transporté cette admirable péroraison avec beaucoup de discernement. Son exemple devait être suivi : il a été approuvé par tous les gens de goût.

LIVRE III.

LIBER TERTIUS.

E tenebris tantis tam clarum extollere lumen
Qui primus potuisti, illustrans commoda vitæ,
Te sequor, ô Graiæ gentis decus, inque tuis nunc
Fixa pedum pono pressis vestigia signis,
Non ita certandi cupidus, quam propter amorem,
Quod te imitari aveo. Quid enim contendat hirundo
Cycnis? aut quidnam tremulis facere artubus hædi
Consimile in cursu possint, ac fortis equi vis?
Tu, pater, et rerum inventor, tu patria nobis
Suppeditas præcepta, tuisque ex, inclute, chartis,
Floriferis ut apes in saltibus omnia libant,
Omnia nos itidem depascimur aurea dicta,
Aurea, perpetua semper dignissima vita.
Nam, simul ac ratio tua cœpit vociferari,
Naturam rerum haud divina mente coortam,
Diffugiunt animi terrores; mœnia mundi
Discedunt; totum video per inane geri res;
Apparet Divûm numen sedesque quietæ,
Quas neque concutiunt venti, neque nubila nimbis
Adspergunt, neque nix acri concreta pruina
Cana cadens violat: semperque innubilus æther
Integit, et large diffuso lumine ridet.

LIVRE TROISIÈME.

O toi, qui du sein des ténèbres fis jaillir la lumière à grands flots; qui le premier aplanis aux mortels le chemin de la vie! toi, l'honneur de la Grèce[1], j'ose poser mes pas sur tes nobles traces; je te suis, non point en rival audacieux; mais, disciple zélé, je cède au désir de t'imiter. La timide hirondelle ne peut défier le cygne mélodieux, et le débile chevreau ne s'élance point dans la carrière du généreux coursier. O génie créateur, ô mon père! tu prodigues à tes enfans les leçons de la sagesse; l'abeille matinale pompe un nectar moins abondant sur les saules fleuris, que nous ne puisons d'utiles vérités dans tes écrits immortels[2].

Ta voix, interprète de la raison, nous crie que la nature n'est point l'œuvre de la pensée divine. Tout à coup la terreur s'évanouit dans les âmes: les remparts du monde s'abaissent devant moi; j'aperçois l'univers se mouvoir dans l'espace; je vois les dieux reposer dans ces paisibles palais, que jamais n'assiègent les vents courroucés, les orages brûlans, ni les flocons neigeux, ni les âpres frimats[3]; dans ces demeures célestes qu'enveloppe un air éternellement serein, et que l'astre du jour dore en sou-

Omnia suppeditat porro Natura, neque ulla
Res animi pacem delibrat tempore in ullo :
At contra nusquam apparent Acherusia templa;
Nec tellus obstat, quin omnia dispiciantur,
Sub pedibus quaecunque infra per inane geruntur.
His tibi me rebus quaedam divina voluptas
Percipit atque horror, quod sic Natura, tua vi
Tam manifesta patet ex omni parte retecta.

Et quoniam docui, cunctarum exordia rerum
Qualia sint; et quam variis distantia formis,
Sponte sua volitent alterno percita motu;
Quoque modo possint ex his res quaeque creari;
Hasce secundum res animi natura videtur
Atque animae claranda meis jam versibus esse;
Et metus ille foras praeceps Acheruntis agendus
Funditus, humanam qui vitam turbat ab imo,
Omnia suffundens mortis nigrore, neque ullam
Esse voluptatem liquidam puramque relinquit.
Nam, quod saepe homines morbos magis esse timendos
Infamemque ferunt vitam, quam Tartara lethi;
Et se scire animi naturam, sanguinis esse,
Nec prorsum quidquam nostrae rationis egere:
Hinc licet advertas animum, magis omnia laudis,
Aut etiam venti, si fert ita forte voluntas,
Jactari causa, quam quod res ipsa probetur.
Extorres iidem patria, longeque fugati
Conspectu ex hominum, foedati crimine turpi,
Omnibus aerumnis affecti denique, vivunt :
Et, quocunque tamen miseri venere, parentant;

riant de ses plus purs rayons. C'est pour ces êtres divins que la nature est prodigue de tous les biens[4]; rien ne peut altérer la sérénité de leur âme; ils n'aperçoivent point les abîmes du Tartare; la terre ne leur dérobe point les scènes nombreuses qui se renouvellent à leurs pieds dans l'espace infini[5]. A ce grand spectacle, j'éprouve une volupté divine; un saint frémissement m'agite lorsque je contemple l'effort de ton génie qui contraint la nature à nous apparaître sans voiles.

O Memmius! nous avons étudié les qualités des élémens, leurs formes, leurs mouvemens mutuels, leurs luttes fécondes qui répandent l'ordre et la vie dans l'immense univers. Ma muse aujourd'hui va te révéler la nature de l'âme et de l'esprit, faire évanouir les fantômes de l'Achéron, ces songes terribles et vains qui empoisonnent les sources du bonheur, poursuivent notre vie de l'image lugubre de la mort, et ne laissent jamais couler vers nous une volupté pure.

Je le sais, des mortels orgueilleux t'affirmeront que la douleur ou l'infamie sont plus redoutables que les gouffres du trépas, qu'ils n'ignorent point que l'âme[6], enfantée avec les sens, doit périr avec eux, et qu'ils n'attendent point mes leçons pour reconnaître la vérité; mais viens t'assurer s'ils cèdent à la puissance de la raison, ou au seul désir de se parer des dehors de la philosophie et de recueillir une vaine gloire; contemple ces mêmes mortels, bannis, persécutés, accablés par la honte, en proie aux chagrins et aux remords : ils vivent cependant! ils subissent l'existence! et dans les

Et nigras mactant pecudes; et manibu' divis
Inferias mittunt; multoque in rebus acerbis
Acrius advertunt animos ad Relligionem.
Quo magis in dubiis hominem spectare periclis
Convenit, adversisque in rebus noscere qui sit.
Nam veræ voces tum demum pectore ab imo
Ejiciuntur; et eripitur persona, manet res.

Denique avarities et honorum cœca cupido,
Quæ miseros homines cogunt transcendere fines,
Juris, et interdum socios scelerum atque ministros,
Noctes atque dies niti præstante labore
Ad summas emergere opes : hæc volnera vitæ
Non minimam partem mortis formidine aluntur.
Turpis enim fama et contemptus et acris egestas,
Semota ab dulci vita stabilique videntur;
Et quasi jam lethi portas cunctarier ante:
Unde homines, dum se, falso terrore coacti,
Refugisse volunt longe longeque recesse,
Sanguine civili rem conflant; divitiasque
Conduplicant avidi, cædem cædi accumulantes;
Crudeles gaudent in tristi funere fratris,
Et consanguineum mensas odere timentque.

Consimili ratione ab eodem sæpe timore
Macerat invidia : ante oculos illum esse potentem,
Illum aspectari, claroque incedere honore;
Ipsi se in tenebris volvi cœnoque queruntur.
Intereunt partim statuarum et nominis ergo:

lieux déserts où ils traînent le fardeau du malheur, ils offrent des vœux à la Divinité, égorgent la brebis noire, sacrifient aux mânes, et l'adversité, dans leur cœur corrompu, ranime, avec une vigueur nouvelle, l'hydre du fanatisme. C'est dans les dangers qu'il faut scruter la pensée humaine; la secousse du malheur chasse la vérité des replis de notre âme : le masque tombe, et l'homme reste.

Enfin la dure avarice et l'aveugle désir des honneurs [7], ces passions fougueuses qui transportent l'homme au delà des bornes de l'équité, qui le rendent auteur ou complice du crime, qui l'asservissent aux plus ignobles travaux pour l'élever à la fortune, qui lui ravissent enfin le charme de ses jours et la douceur de ses nuits; eh bien! ces honteuses plaies de l'âme sont entretenues par la crainte de la mort. L'ignominie, le mépris, l'indigence, toujours opposés à une vie douce et calme, sont regardés comme les gardiens vigilans des portes de la mort : ainsi l'homme conseillé par une vaine terreur, afin de les repousser loin, bien loin [8], cimente de sang ses indignes projets. Insatiable de richesses, sans cesse il désire, et, pour les accumuler, au crime récent fait succéder le crime, suit avec une joie féroce les funérailles d'un frère, et toujours alarmé, siège avec effroi au banquet des siens.

C'est aussi la crainte de la mort qui dévore le sein de l'envieux. Elle montre à ses regards jaloux le faste de la puissance, et l'éclat de la grandeur; il voit avec fureur le cercle de sa vie rouler dans une ignoble obscurité; honteux de son destin, il sacrifie son repos au désir d'un

Et sæpe usque adeo, mortis formidine, vitæ
Percipit humanos odium lucisque videndæ,
Ut sibi consciscant mœrenti pectore lethum:
Obliti fontem curarum hunc esse timorem;
Hunc vexare pudorem, hunc vincula amicitiai
Rumpere, et in summo pietatem evertere fundo:
Nam jam sæpe homines patriam carosque parentes
Prodiderunt, vitare Acherusia templa petentes.

Nam, veluti pueri trepidant, atque omnia cæcis
In tenebris metuunt; sic nos, in luce, timemus
Interdum, nihilo quæ sunt metuenda magis, quam
Quæ pueri in tenebris pavitant, finguntque futura.
Hunc igitur terrorem animi tenebrasque, necesse est,
Non radii solis neque lucida tela diei
Discutiant, sed Naturæ species ratioque.

Primum animum dico, mentem quem sæpe vocamus,
In quo consilium vitæ regimenque locatum est,
Esse hominis partem, nihilo minus ac manus et pes
Atque oculi, partes animantis totius exstant.
Quamvis multa quidem sapientum turba paturunt,
Sensum animi certa non esse in parte locatum:
Verum habitum quendam vitalem corporis esse,
Harmoniam Graii quam dicunt; quod faciat nos
Vivere cum sensu, nulla quum in parte siet mens.
Ut bona sæpe valetudo quum dicitur esse
Corporis, et non est tamen hæc pars ulla valentis:
Sic animi sensum non certa parte reponunt:
Magnopere in quo mi diversi errare videntur.

vain titre ; il voudrait qu'un marbre complaisant éternisât son nom. Poursuivi par la crainte de la mort, lui-même, dans son effroi, hâte le terme de ses jours ; hélas ! il ignorait que la source de tous ses maux était dans sa propre terreur ; c'est elle qui flétrit l'innocence, brise les nœuds de l'amitié, foule aux pieds la piété et la nature. Eh ! quel climat n'a point vu l'homme, pour fermer devant lui les portes du Tartare, trahir sa patrie, ses parens et les droits les plus sacrés ?

Ainsi que l'enfant, agité par la crainte dans l'obscurité des nuits, l'homme, timide à la clarté du jour, se livre à de vaines terreurs, et plus faible que l'enfant dans les ténèbres, il s'épouvante des fantômes dont il peuple l'avenir. Pour dissiper cette terreur et ces ténèbres de l'âme, nous n'emprunterons ni les rayons du soleil, ni l'éclat du jour ; mais l'étude de la nature allumera le flambeau qui doit nous guider [9].

O Memmius ! il faut d'abord reconnaître que l'esprit humain, souvent désigné sous le nom d'intelligence, est lui-même, comme les yeux, les mains et les pieds, une partie des ressorts de la vie. En vain une foule de sages affirme que le sentiment ne possède point dans les êtres un siège déterminé, qu'il est le résultat de la force vitale, que les Grecs ont revêtue du doux nom d'Harmonie [10], qu'elle anime le corps sans y résider, sans se fixer sur un point unique, et qu'enfin, loin d'être une part distincte de l'organisation, elle est, comme la santé, le mode, le concert de tous les sens. Gardons-nous donc d'errer ainsi loin de la vérité.

Sæpe utique in promptu corpus, quod cernitur, ægrit,
Quum tamen ex alia lætamur parte latenti;
Et retro fit, uti contra sit sæpe vicissim,
Quum miser ex animo, lætatur corpore toto:
Non alio pacto, quam si pes quum dolet ægri,
In nullo caput interea sit forte dolore.
Præterea, molli somno quum dedita membra,
Effusumque jacet sine sensu corpus onustum;
Est aliud tamen in nobis, quod tempore in illo
Multimodis agitatur, et omnes accipit in se
Lætitiæ motus et curas cordis inanes.
Nunc animam quoque ut in membris cognoscere possis
Esse, neque harmoniam corpus retinere solere;
Principio fit uti, detracto corpore multo,
Sæpe tamen nobis in membris vita moretur;
Atque eadem rursus, quum corpora pauca caloris
Diffugere, forasque per os est editus aer,
Deserit extemplo venas atque ossa relinquit:
Noscere ut hinc possis, non æquas omnia partes
Corpora habere, neque ex æquo fulcire salutem;
Sed magis hæc, venti quæ sunt calidique vaporis
Semina, curare in membris ut vita moretur.
Est igitur calor ac ventus vitalis in ipso
Corpore, qui nobis moribundos deserit artus.
Quapropter, quoniam est animi natura reperta
Atque animæ, quasi pars hominis, redde harmoniai
Nomen ab organico saltu delatum Heliconis,
Sive aliunde ipsi porro traxere et in illam
Transtulerunt, proprio quæ tum res nomine egebat:
Quidquid id est, habeant; tu cætera percipe dicta.

Tu vois souvent le corps, enveloppe de l'âme, souffrir quand l'intelligence jouit : souvent, au contraire, dans un corps robuste et sain l'âme est dévorée de tourmens; ainsi le pied éprouve des douleurs dont la tête ne reçoit pas l'atteinte.

D'AILLEURS quand le doux sommeil ravit le sentiment aux membres engourdis, un principe secret veille en nous; il sent pour eux, il les remplace en tressaillant de joie, ou en frémissant de douleur.

MAIS, pour mieux te convaincre que l'âme réside dans les sens, lors même que l'harmonie en est troublée, vois un corps mutilé conserver le sentiment, tandis que la privation d'une faible portion de chaleur ou d'air suffit pour chasser à jamais la vie de nos organes. Tout nous prouve que les diverses parties du corps y exercent un emploi différent, et sont loin d'être également nécessaires à sa conservation; qu'enfin l'air et la chaleur sont les principaux moteurs de l'existence, et que les derniers ils abandonnent les membres frappés par la mort. Si l'évidence te prouve l'intimité du corps avec l'âme et l'esprit, rends aux Grecs leur doux nom d'*harmonie* qu'elle transporta du mélodieux bocage de l'Hélicon, ou que le besoin d'exprimer une pensée nouvelle lui fit détourner de son sens accoutumé pour servir d'interprète à un système dont la base restait encore incertaine. Quelle qu'en soit l'origine, la Grèce peut se l'approprier; nous, marchons vers la vérité.

Nunc *animum* atque *animam* dico conjuncta teneri
Inter se, atque unam naturam conficere ex se;
Sed caput esse quasi, et dominari in corpore toto
Consilium, quod nos *animum mentemque* vocamus:
Idque situm media regione in pectoris hæret.
Hic exsultat enim pavor ac metus; hæc loca circum
Lætitiæ mulcent; hic ergo mens animusque est.
Cætera pars animæ, per totum dissita corpus,
Paret, et ad numen mentis nomenque movetur:
Idque sibi solum per se sapit et sibi gaudet,
Quum neque res animam, neque corpus commovet ulla.
Et quasi, quum caput aut oculus, tentante dolore,
Læditur in nobis, non omni concruciamur
Corpore : sic animus nonnunquam læditur ipse.
Lætitiaque viget, quum cætera pars animai
Per membra atque artus nulla novitate cietur.
Verum, ubi vehementi magis est commota metu mens,
Consentire animam totam per membra videmus :
Sudores itaque et pallorem exsistere toto
Corpore, et infringi linguam, vocemque aboriri,
Caligare oculos, sonere aures, succidere artus.
Denique concidere ex animi terrore videmus
Sæpe homines; facile ut quivis hinc noscere possit,
Esse animam cum animo conjunctam, quæ quum animi vi
Percussa est, exin corpus propellit et icit.
Hæc eadem ratio naturam animi atque animai
Corpoream docet esse : ubi enim propellere membra,
Corripere ex somno corpus, mutareque vultum,
Atque hominem totum regere ac versare videtur :
(Quorum nil fieri sine tactu posse videmus;

Oui, l'âme et l'esprit sont rapprochés par un lien si intime, qu'ils ne forment qu'une substance unique; mais le jugement en est pour ainsi dire le chef suprême : c'est lui qui, sous les noms d'esprit et d'intelligence, dirige la puissance des organes. Roi des sens, c'est dans le cœur qu'il érige son trône; c'est là que la crainte et la terreur frissonnent; c'est là que palpitent la douce joie et le plaisir : là, siège donc la sensibilité. L'âme, répandue dans tout le corps, l'âme, puissance subalterne, attend le signal du maître qui la régit. L'esprit seul, arbitre et confident de lui-même, a le privilège de s'entretenir en soi, et de jouir de ses facultés dans l'instant où l'âme et le corps sont inaccessibles aux sensations. C'est ainsi que la tête et les yeux peuvent être en proie à la douleur, tandis que la machine entière reste libre de souffrance. L'esprit est souvent ému par le chagrin ou la joie, sans que l'âme, répandue en nos sens, soit troublée dans son ministère. Au contraire, si un violent effroi s'empare de l'esprit, l'âme entière ressent le choc douloureux; le corps pâlissant, est inondé de sueur, la langue s'embarrasse, la vue s'égare, l'oreille siffle, les membres s'affaissent, et souvent au choc de ces terreurs succède le trépas. Tant de l'esprit et de l'âme l'union est intime, puisque l'une ne fait ressentir au corps que l'impression qu'elle a reçue de l'autre!

L'expérience, ami, te prouve donc que l'esprit et l'âme sont doués d'une essence corporelle; car, s'ils exercent leur empire sur nos sens, s'ils nous arrachent au sommeil, s'ils décolorent nos fronts, s'ils régissent enfin l'homme entier, comme cette puissance ne s'exerce

Nec tactum porro sine corpore) nonne fatendum est
Corporea natura animum constare animamque?

PRÆTEREA, pariter fungi cum corpore, et una
Consentire animum nobis in corpore cernis.
Si minus offendit vitam vis horrida lethi,
Ossibus ac nervis disclusis intus adacta;
Attamen insequitur languor, terræque petitus
Suavis, et in terra mentis qui gignitur æstus,
Interdumque quasi exsurgendi incerta voluntas.
Ergo corpoream naturam animi esse necesse est,
Corporeis quoniam telis ictuque laborat.

Is tibi nunc animus quali sit corpore, et unde
Constiterit, pergam rationem reddere dictis.
Principio esse aio persubtilem, atque minutis
Perquam corporibus factum constare; id ita esse,
Hinc licet advertas animum ut pernoscere possis.
Nil adeo fieri celeri ratione videtur,
Quam si mens fieri proponit et inchoat ipsa.
Ocius ergo animus, quam res se perciet ulla,
Ante oculos quarum in promptu Natura videtur.
At quod mobile tantopere est, constare rotundis
Perquam seminibus debet perquamque minutis;
Momine uti parvo possint impulsa moveri.
Namque movetur aqua et tantillo momine flutat;
Quippe volubilibus parvisque creata figuris:
At contra mellis constantior est natura,
Et pigri latices magis, et cunctantior actus;
Hæret enim inter se magis omnis materiai

que par le contact, et que le contact est l'attribut des seuls corps, l'esprit et l'âme peuvent-ils être d'une nature différente?

Enfin, ne vois-tu pas l'âme soumise à toutes les impressions qui frappent le corps? si le coup qui nous est porté n'a que le degré de force qui offense la vie sans la livrer à la mort; si le choc n'endommage ni le tissu des nerfs, ni l'assemblage osseux, le corps languissant cherche un doux appui sur la terre, tandis qu'un bouillonnement de l'âme, une volonté incertaine s'oppose à cette pente[11]. Si l'esprit et l'âme sont comme nous en butte à tous les chocs, ne doit-on pas les placer au rang des corps?

Poursuis, ô Memmius! il faut te révéler quels sont les élémens qui composent cette âme; écoute donc ma muse : l'âme résulte de principes très-subtils et très-déliés; tu en conviendras en reconnaissant avec quelle souplesse et quelle promptitude notre âme agit et se décide. La nature n'offre point de corps plus mobile; cette mobilité est donc due à des principes arrondis et déliés qui cèdent aux plus légères impressions. Ainsi l'eau, composée des élémens les plus subtils et les plus divisés, se mêle avec facilité, se soulève au moindre souffle; tandis que le miel dont les principes sont plus embarrassés, moins lisses, moins actifs, et s'entravent dans leur course, roule lourdement sa liqueur paresseuse. Le léger zéphir dissémine à l'instant la graine légère du pavot, tandis qu'il lutte en vain contre un amas de pierres ou contre des faisceaux de lances. L'agilité des corps se mesure donc à leur ténuité, au poli de leur surface,

Copia; nimirum quia non tam lævibus exstat
Corporibus, neque tam subtilibus atque rotundis.
Namque papaverum, aura potest suspensa levisque
Cogere, ut ab summo tibi diffluat altus acervus;
At contra lapidum conjectum spiclorumque
Nenu potest. Igitur parvissima corpora quanto
Et lævissima sunt, ita mobilitata feruntur :
At contra quo quæque magis cum corpore magno
Asperaque inveniuntur, eo stabilita magis sunt.
Nunc igitur, quoniam est animi natura reperta
Mobilis egregie, per quam constare necesse est
Corporibus parvis et lævibus atque rotundis :
Quæ tibi cognita res in multis, o bone, rebus
Utilis invenietur, et opportuna cluebit.
Hæc quoque res etiam naturam deliquat ejus,
Quam tenui constet textura, quamque loco se
Contineat parvo, si possit conglomerari;
Quod simul atque hominem lethi secura quies est
Indepta, atque animi natura animæque recessit;
Nil ibi limatum de toto corpore cernas
Ad speciem, nihil ad pondus : mors omnia præstat,
Vitalem præter sensum calidumque vaporem.
Ergo animam totam perparvis esse necesse est
Seminibus, nexam per venas, viscera, nervos :
Quatinus omnis ubi e toto jam corpore cessit,
Extima membrorum circum-cæsura tamen se
Incolumem præstat, nec defit ponderis hilum :
Quod genus est Bacchi quum flos evanuit; aut quum
Spiritus unguenti suavis diffugit in auras;
Aut aliquo quum jam succus de corpore cessit;

et leur consistance résulte d'élémens anguleux et grossiers [12].

Tu le vois donc, cette substance si mobile, cette âme, doit se composer des élemens les plus petits, les plus lisses, les plus arrondis; utile vérité, ô Memmius! dont bientôt tu sentiras l'importance.

Je dois, sous un autre aspect, te montrer la nature de cet agent invisible, la délicatesse de son tissu, le faible espace qu'il occuperait si l'art pouvait le réunir. Quand l'homme, après la fuite de l'âme et de l'esprit, est livré à l'immobilité de la mort, la forme et la pesanteur de ses membres n'éprouvent aucun changement; la mort ne lui ravit que le sentiment et la chaleur. L'âme, cette précieuse substance répandue en nos membres, si intimement liée aux veines, aux viscères, au tissu nerveux, se compose donc de principes infiniment déliés, puisque rien ne révèle son absence, ni par l'altération, ni par l'amoindrissement des formes. Tel le vin dont la saveur s'évapore, les mets savoureux privés de leurs doux sucs, l'essence parfumée devenue inodore, ne sont ni plus légers ni moindres à la vue. Je le répète, ami, l'esprit et l'âme sont formés des élé-

Nil oculis tamen esse minor res ipsa videtur
Propterea, neque detractum de pondere quidquam :
Nimirum quia multa minutaque semina succos
Efficiunt, et odorem in toto corpore rerum.
Quare etiam atque etiam mentis naturam animæque
Scire licet perquam pauxillis esse creatam
Seminibus, quoniam fugiens nil ponderis aufert.
Nec tamen hæc simplex nobis natura putanda est :
Tenuis enim quædam moribundos deserit aura,
Mista vapore; vapor porro trahit aera secum;
Nec calor est quisquam, cui non sit mistus et aer :
Rara quod ejus enim constat natura, necesse est
Aeris inter eum primordia multa cieri.
Jam triplex animi est igitur natura reperta.
Nec tamen hæc sat sunt ad sensum cuncta creandum :
Nil horum quoniam recipit mens posse creare
Sensiferos motus, quædam qui mente volutent.
Quarta quoque his igitur quædam natura necesse est
Attribuatur : ea est omnino nominis expers;
Qua neque mobilius quidquam, neque tenuius exstat,
Nec magis e parvis aut lævibus ex elementis;
Sensiferos motus quæ didit prima per artus :
Prima cietur enim, parvis perfecta figuris;
Inde calor motus, et venti cæca potestas
Accipit; inde aer; inde omnia mobilitantur;
Tum quatitur sanguis; tum viscera persentiscunt
Omnia; postremo datur ossibus atque medullis
Sive voluptas est, sive est contrarius ardor.
Nec temere huc dolor usque potest penetrare, neque acre
Permanare malum, quin omnia perturbentur;

mens les plus subtils, les plus légers de la machine entière.

Toutefois, ne regarde pas l'âme comme une simple substance. L'homme, en expirant, exhale un souffle léger et empreint de chaleur. La chaleur recèle l'air; elle ne peut exister sans air, parce que ses tissus poreux permettent une libre entrée aux molécules aériennes, lisses, souples et déliées. Déjà trois élémens sont reconnus dans l'âme.

Mais ils ne suffisent point pour produire le sentiment; nul d'entre eux ne peut créer ces mouvemens, ces sensations d'où résulte l'intelligence; il faut, pour établir ces concerts de la pensée, leur ajouter un autre moteur. Nous ne pourrions lui assigner aucun nom; mais rien n'égale la mobilité, la finesse et le poli de ses élémens. C'est cet agent secret qui, le premier, imprime à nos membres naissans les sensations et le mouvement vital. Il doit à la ténuité de ses principes le mouvement qu'il communique d'abord à la chaleur du souffle et à l'air. Alors l'instrument de la vie s'agite; le sang circule dans chaque veine; les organes deviennent sensibles, et le tissu des os reçoit l'impression de la volupté ou le choc de la douleur.

Mais ni la douleur, ni aucun coup violent ne pénètre jusqu'à cet agent secret et mobile, sans causer, dans

Usque adeo ut vitæ desit locus, atque animai
Diffugiant partes per caulas corporis omnes :
Sed plerumque fit in summo quasi corpore finis
Motibus : hanc ob rem vitam retinere valemus.

Nunc ea quo pacto inter sese mista, quibusque
Compta modis vigeant, rationem reddere aventem
Abstrahit invitum patrii sermonis egestas :
Sed tamen, ut potero summatim attingere, tangam.
Inter enim cursant primordia principiorum
Motibus inter se; nihil ut secernier unum
Possit, nec spatio fieri divisa potestas :
Sed quasi multæ vis unius corporis exstant.
Quod genus, in quovis animantum viscere volgo
Est odor et quidam calor et sapor; et tamen ex his
Omnibus est unum perfectum corporis augmen.
Sic calor atque aer et venti cæca potestas
Mista, creant unam naturam, et mobilis illa
Vis, initum motus ab se quæ dividit ollis,
Sensifer unde oritur primum per viscera motus.
Nam penitus prorsum latet hæc natura subestque;
Nec magis hac infra quidquam est in corpore nostro;
Atque anima est animæ proporro totius ipsa :
Quod genus in nostris membris et corpore toto,
Mista latens animi vis est animæque potestas,
Corporibus quia de parvis paucisque creata est :
Sic tibi nominis hæc expers vis, facta minutis
Corporibus, latet; atque animai totius ipsa
Proporro est anima, et dominatur corpore toto :

la machine entière, un désordre tel, que la vie ébranlée ne trouve plus d'asile, et que l'âme décomposée s'échappe par toutes les issues du corps dont elle abdique l'empire. Heureusement ces chocs destructeurs bornent leurs attaques à la surface des corps. C'est par cette sage précaution que la nature respecte en nous son ouvrage.

Maintenant, Memmius, recherchons par quel lien secret, par quel mélange intime, ces différens principes peuvent, en se combinant, allumer le flambeau de la vie. Mais la langue de nos pères, stérile et timide, m'interdit la révélation complète de ce mystérieux phénomène; je me borne à t'en offrir une esquisse légère. Les élémens des principes de l'existence réunis se meuvent de concert : indivisibles, ils ne peuvent séparément exercer leurs facultés; ils agissent comme diverses puissances d'un objet unique. C'est ainsi que, dans les nombreux organes d'un être animé, on distingue la saveur, le coloris et le parfum, quoique ces trois qualités réunies ne résultent que d'un même individu : ainsi la chaleur, le souffle et l'air, secrets moteurs, forment un tout en s'alliant à cet élément actif qui leur imprime le mouvement, et, prêtant à la matière le feu du sentiment, le répand dans la machine entière. C'est au centre des corps que siège cet agent souverain; nulle partie en nous n'est plus intime : c'est l'âme de notre âme; et comme l'âme et l'esprit, formés des molécules les plus déliées, possèdent le moyen de s'unir en secret dans nos membres, de même ce principe, qu'on ne saurait nommer, et dont l'existence est due aux corpuscules les plus sensibles, se cache au fond de nous-même, et se montre à

Consimili ratione necesse est ventus et aer,
Et calor inter se vigeant, commista per artus,
Atque aliis aliud subsit magis emineatque,
Ut quiddam fieri videatur de omnibus unum;
Ne calor ac ventus seorsum, seorsumque potestas
Aeris interimant sensum diductaque solvant.

Est etiam calor ille animo, quem sumit in ira;
Quum ferviscit, et ex oculis micat acribus ardor :
Est et frigida multa comes formidinis aura,
Quæ ciet horrorem in membris, et concitat artus :
Est etiam quoque pacati status aeris ille,
Pectore tranquillo qui fit voltuque sereno :
Sed calidi plus est illis quibus acria corda,
Iracundaque mens facile effervescit in ira :
Quo genere in primis vis est violentia leonum,
Pectora qui fremitu rumpunt plerumque gementes,
Nec capere irarum fluctus in pectore possunt.
At ventosa magis cervorum frigida mens est,
Et gelidas citius per viscera concitat auras,
Quæ tremulum faciunt membris exsistere motum.
At natura boum placido magis aere vivit,
Nec nimis irai fax unquam subdita percit
Fumida suffundens cæcæ caliginis umbras,
Nec gelidi torpet telis perfixa pavoris :
Inter utrosque sita est, cervos sævosque leones.
Sic hominum genus est : quamvis doctrina politos
Constituat pariter quosdam, tamen illa relinquit
Naturæ cujusque animæ vestigia prima :
Nec radicitus evelli mala posse putandum est;

la fois, je le répète, l'âme de notre âme et l'arbitre des sens. Le souffle, l'air et la chaleur ne peuvent ainsi produire la vie qu'à l'aide d'un semblable mélange. Et ces élémens doivent alternativement se soumettre et commander entre eux, pour obtenir l'unité d'où dépend leur puissance; car, s'ils agissaient à part, le sentiment s'éteindrait, et leur divorce romprait tous les liens de la vie.

Chacun d'eux cependant a des fonctions diverses : la chaleur fait bouillonner les flots du sang, allume la colère et la fait étinceler dans les yeux. Le souffle, vapeur froide, enfante la crainte, et fait circuler son frisson dans nos membres. L'air, plus tempéré, entretient la paix de l'âme et porte sa sérénité sur nos fronts; oui, la chaleur domine dans les cœurs bouillans qu'embrase aisément le courroux. Tel est le fier lion, quadrupède fougueux dont les flancs se gonflent sans cesse par d'horribles rugissemens, et qui vomit les flots de la colère que sa vaste poitrine ne peut plus contenir [13]. Le souffle glace l'âme timide du cerf, et introduit rapidement dans ses entrailles une vapeur froide qui porte dans ses membres le tressaillement de la crainte. L'âme paisible du bœuf, empreinte d'un air plus tempéré, n'est jamais engourdie par le frisson de la froide terreur, ni obscurcie par la vapeur bouillonnante des feux d'un ardent courroux. Son âme occupe l'intervalle entre l'âme du cerf craintif et celle du lion terrible.

Tel est le sort de l'homme lui-même. L'étude rigoureuse perfectionne son âme, mais ne peut effacer les traits gravés par la nature. N'espérez pas arracher tous les germes des vices; n'espérez point rendre calme le mortel né fou-

Quin proclivius hic iras decurrat ad acres,
Ille metu citius paulo tentetur, at ille.
Tertius accipiat quædam clementius æquo :
Inque aliis rebus multis differre necesse est
Naturas hominum varias, moresque sequaces;
Quorum ego nunc nequeo cæcas exponere causas;
Nec reperire figurarum tot nomina, quot sunt
Principiis, unde hæc oritur variantia rerum.
Illud in his rebus videor firmare potesse,
Usque adeo naturarum vestigia linqui
Parvola, quæ nequeat ratio depellere dictis,
Ut nihil impediat dignam Dîs degere vitam.

Hæc igitur natura tenetur corpore ab omni,
Ipsaque corporis est custos et causa salutis.
Nam communibus inter se radicibus hærent,
Nec sine pernicie divelli posse videntur.
Quod genus, e thuris glebis evellere odorem
Haud facile est, quin intereat natura quoque ejus;
Sic animi atque animæ naturam corpore toto
Extrahere haud facile est, quin omnia dissolvantur :
Implexis ita principiis, ab origine prima,
Inter se fiunt, consorti prædita vita :
Nec sine vi quidquam alterius sibi posse videtur
Corporis, atque animi seorsum sentire potestas;
Sed communibus inter eos conflatur utrinque
Motibus accensus nobis per viscera sensus.
Præterea, corpus per se nec gignitur unquam,
Nec crescit, nec post mortem durare videtur.
Non enim, ut humor aquæ dimittit sæpe vaporem,

gueux; vous n'affranchirez point celui-ci de sa timidité, ni celui-là de l'imprudente faiblesse qui l'invite souvent à une indulgence coupable. Les variétés sont innombrables dans les caractères, comme dans les mœurs qui leur sont subordonnées. Je ne puis maintenant en développer toutes les causes secrètes, ni assigner les noms aux figures des élémens, auteurs de cette immense diversité. Mais j'affirme du moins que l'étude constante et la raison sévère, sans effacer entièrement la première empreinte de la nature, l'affaiblissent jusqu'à permettre aux mortels d'aspirer à ce calme, éternelles délices de la divinité.

Le corps, ô Memmius ! est l'enveloppe de l'âme, et l'âme à son tour en est la gardienne et le guide. Ces deux substances ne peuvent être séparées sans se détruire. Ce sont deux arbres jumeaux nourris des mêmes sucs, sur la même racine. Et, comme on ne peut ravir à l'encens le parfum sans décomposer son essence, on ne peut séparer l'âme du corps sans les anéantir. La nature, dès leur naissance, a lié leurs principes intimes de liens fraternels, les a soumis aux mêmes lois et à la même destinée. Leurs mouvemens, leurs sensations ont besoin du concours de leur puissance mutuelle; l'harmonieux concert de leurs facultés allume en nous le flambeau de la vie.

En effet, sans l'âme le corps ne peut naître : il ne croît pas sans elle, il ne lui survit pas. Les émanations ignées dont se pénètre l'eau bouillante, s'évaporent sans

Qui datus est; neque ab hac causa convellitur ipse;
Sed manet incolumis : non, inquam, sic animai
Dissidium possunt artus perferre relicti :
Sed penitus pereunt convolsi, conque putrescunt :
Ex ineunte aevo sic corporis atque animai
Mutua vitales discunt contagia motus,
Maternis etiam in membris, alvoque reposta;
Dissidium ut nequeat fieri sine peste maloque :
Ut videas, quoniam conjuncta est causa salutis,
Conjunctam quoque naturam consistere eorum.
Quod superest, si quis corpus sentire renutat,
Atque animam credit permistam corpore toto
Suscipere hunc motum, quem sensum nominitamus;
Vel manifestas res contra verasque repugnat.
Quid sit enim corpus sentire quis afferet unquam,
Si non ipsa palam quod res dedit ac docuit nos?
At, dimissa anima, corpus caret undique sensu :
Perdit enim quod non proprium fuit ejus in aevo,
Multaque praeterea perdit, quum expellitur aevo.
Dicere porro oculos nullam rem cernere posse,
Sed per eos animum ut foribus spectare reclusis,
Desipere est; contra quum sensus dicat eorum :
Sensus enim trahit atque acies detrudit ad ipsas;
Fulgida praesertim quum cernere saepe nequimus,
Lumina luminibus quia nobis praepediuntur :
Quod foribus non fit; neque enim, qua cernimus ipsi,
Ostia suscipiunt ullum reclusa laborem.
Praeterea, si pro foribus sunt lumina nostra,
Jam magis, exemptis oculis, debere videtur
Cernere res animus, sublatis postibus ipsis.

décomposer le fluide qui les recelait; mais, quand l'âme s'échappe de son vivant asile, les membres glacés par son départ se dissolvent en lambeaux. Dès leur origine, l'âme et le corps s'exercent à supporter le fardeau de la vie. Leur union est si intime, que, dans le sein maternel, ils ne pourraient se diviser sans périr. Si les causes de leur salut sont liées à ce point, leurs substances seraient-elles moins unies?

Pouvons-nous refuser le sentiment au corps, pour en revêtir l'âme qui l'habite, sans outrager la raison? Qui nous prouvera que le corps est doué de sensibilité, si l'on récuse ce que l'évidence nous révèle? Mais, diras-tu, quand l'âme l'abandonne, le corps est privé de sentiment. Observe aussi que pendant le cours de sa vie, des principes nombreux, étrangers même à ses sens, se dégagent progressivement, et le reste se dissipe au choc de la mort.

Les yeux, dit-on, n'aperçoivent pas eux-mêmes [14]; ils ne sont, malgré les flammes dont ils brillent, que les portes à travers lesquelles elle discerne les objets. O vaine absurdité, démentie par la nature même du sens! L'œil, frappé par les objets, en ramasse les simulacres. Quoi! lorsque l'œil est envahi par des rayons éclatans, quand la vivacité du trait lumineux le blesse et trouble son action, il faudra donc reconnaître que les portes destinées à l'usage de notre âme éprouvent la douleur? Mais, si telle est la vérité, affranchissez donc l'âme de ces entraves, écartez de ses regards ces portes incommodes.

Illud in his rebus nequaquam sumere possis,
Democriti quod sancta viri sententia ponit;
Corporis atque animi primordia singula primis
Apposita alternis variare ac nectere membra :
Nam quum multo sint animai elementa minora,
Quam quibus e corpus nobis et viscera constant;
Tum numero quoque concedunt, et rara per artus
Dissita sunt; duntaxat ut hoc promittere possis,
Quantula prima queant nobis injecta ciere
Corpora sensiferos motus in corpore, tanta
Intervalla tenere exordia prima animai.
Nam neque pulveris interdum sentimus adhæsum
Corpore; nec membris incussam insidere cretam,
Nec nebulam noctu; nec aranei tenuia fila
Obvia sentimus, quanto obretimur euntes;
Nec supra caput ejusdem cecidisse vietam
Vestem, nec plumas avium, papposque volantes,
Qui nimia levitate cadunt plerumque gravatim
Nec repentis itum cujusviscunque animantis
Sentimus; nec priva pedum vestigia quæque,
Corpore quæ in nostro culices et cætera ponunt :
Usque adeo prius est in nobis multa ciendum
Semina, corporibus nostris immista per artus,
Quam primordia sentiscant concussa animai;
Et quam intervallis tantis tuditantia possint
Concursare, coire, et dissultare vicissim.
Et magis est animus vitai claustra coercens,
Et dominantior ad vitam, quam vis animai :
Nam sine mente animoque nequit residere per artus
Temporis exiguam partem pars ulla animai;

Gardons-nous de croire, avec le sage Démocrite, qu'observant un accord parfait, à chaque élément de l'âme réponde un élément du corps, et que leur influence mutuelle soit le mobile de l'existence. Car les principes de l'âme, infiniment plus déliés que ceux des membres, sont aussi moins nombreux; répandus avec économie par la nature, les élémens de l'âme ont des intervalles proportionnés à l'étendue des principes destinés à exciter la sensation dans nos organes. En effet, sentons-nous les flots poudreux qui s'attachent à nos vêtemens? la rosée qui les humecte? Sentons-nous peser le fard sur le visage qu'il colore, les fils d'Arachné envelopper nos pas de lacs inaperçus, la dépouille insensible que l'insecte laisse flotter sur nos têtes? la plume délaissée par l'oiseau, le duvet enlevé par le vent à la fleur cotonneuse du chardon, et qui retombe mollement du haut des airs? le poids de l'insecte qui nous effleure, enfin la trace du moucheron léger qui parcourt nos membres? Tu le vois donc, un certain nombre d'élémens du corps doit être ébranlé avant que les principes de l'âme, placés à de très-grandes distances, puissent être impressionnés, se réunir, s'émouvoir, se communiquer réciproquement et transmettre les sensations.

Plus que l'âme, l'esprit est le soutien, le guide et le conservateur de la vie. En effet, séparée de l'esprit et de l'intelligence, l'âme ne peut demeurer un instant dans son asile; elle s'évapore tout entière, suit son guide

Sed comes insequitur facile, et discedit in auras,
Et gelidos artus in lethi frigore linquit.
At manet in vita, cui mens animusque remansit;
Quamvis est circum cæsis lacer undique membris,
Truncus, adempta anima circum, membrisque remotis,
Vivit, et ætherias vitales suscipit auras:
Si non omnimodis, at magna parte animai
Privatus, tamen in vita cunctatur et hæret.
Ut, lacerato oculo circum, si popula mansit
Incolumis, stat cernendi vivata potestas;
Dummodo ne totum corrumpas luminis orbem,
Sed circumcidas aciem, solamque relinquas;
Id quoque enim sine pernicie confiet eorum:
At si tantula pars oculi media illa peresa est,
Incolumis quamvis alioqui splendidus orbis,
Occidit extemplo lumen, tenebræque sequuntur:
Hoc anima atque animus vincti sunt fœdere semper.
Nunc age, nativos animantibus, et mortales
Esse animos, animasque leves, ut noscere possis:
Conquisita diu, dulcique reperta labore,
Digna tua pergam disponere carmina vita.
Tu fac utrumque uno subjungas nomen eorum;
Atque animam, verbi causa, quum dicere pergam,
Mortalem esse docens, animum quoque dicere credas,
Quatinus est unum inter se, conjunctaque res est.
Principio, quoniam tenuem constare minutis
Corporibus docui, multoque minoribus esse
Principiis factam, quam liquidus humor aquai est,
Aut nebula, aut fumus: nam longe mobilitate
Præstat, et a tenui causa magis icta movetur:

dans les airs, et ne laisse aux membres décolorés que le froid de la mort. Mais, tant que l'esprit et le jugement ne se sont point exilés, que l'individu soit mutilé, qu'il perde en partie et son âme et ses organes ; s'il conserve une portion de cette noble substance, elle suffira pour entretenir encore le feu de la vie. Ainsi, lorsque le fer aura déchiré les contours de l'œil, s'il ne porte aucune atteinte au centre resté intact au milieu du déchirement, la vue ne lui sera point interdite. Mais au contraire, tandis que l'orbite reste pur et diaphane, si la prunelle délicate, cette faible portion de l'œil, est offensée, la lumière s'éteint et les ténèbres lui succèdent pour jamais. Tels sont les intimes liens de l'âme et de l'esprit.

Poursuis, ô Memmius! apprends que l'esprit et l'âme naissent et meurent avec les sens. Sujet vaste, profond, long-temps médité, et digne de te captiver! Mais, comme la plus étroite intimité les unit et semble les confondre, je vais les désigner sous un même nom, et chaque fois que je prononcerai pour elles l'arrêt du trépas, ne manque pas de reporter sur l'une les traits dont l'autre sera frappée.

L'ame, je l'ai déjà enseigné, est composée de molécules imperceptibles, plus actives, plus déliées que les principes de l'onde, de la vapeur aérienne et de la fumée, puisqu'elle les surpasse en vitesse, en mobilité, et que les simulacres des nuages et des vapeurs suffisent pour

Quippe ubi imaginibus fumi nebulæque movetur:
Quod genus, in somnis sopiti ubi cernimus alta
Exhalare vapore altaria, ferreque fumum :
Nam procul hæc dubio nobis simulacra genuntur.
Nunc igitur, quoniam quassatis undique vasis
Diffluere humorem, et laticem discedere cernis ;
Et nebula ac fumus quoniam discedit in auras :
Crede animam quoque diffundi, multoque perire
Ocius, et citius dissolvi corpora prima,
Quum semel omnibus e membris ablata recessit.
Quippe etenim corpus, quod vas quasi constitit ejus,
Quum cohibere nequit, conquassatum ex aliqua re,
Ac rarefactum, detracto sanguine venis;
Aere quî credas posse hanc cohiberier ullo?
Corpore qui nostro rarus magis am cohibessit?
PRÆTEREA, gigni pariter cum corpore, et una
Crescere sentimus, pariterque senescere mentem.
Nam velut infirmo pueri teneroque vagantur
Corpore; sic animi sequitur sententia tenuis :
Inde, ubi robustis adolevit viribus ætas,
Consilium quoque majus, et auctior est animi vis :
Post, ubi jam validis quassatum est viribus ævi
Corpus, et obtusis ceciderunt viribus artus;
Claudicat ingenium, delirat linguaque mensque :
Omnia deficiunt, atque uno tempore desunt.
Ergo dissolvi quoque convenit omnem animai
Naturam, ceu fumus in altas aeris auras :
Quandoquidem gigni pariter, pariterque videtur
Crescere, et, ut docui, simul ævo fessa fatiscit.
Huc accedit uti videamus, corpus ut ipsum

lui imprimer l'agitation; car, ces flots d'encens exhalés des autels, ces nuages légers que nous apercevons en songe, ne sont que les simulacres mêmes qui nous suivent dans les bras du sommeil [15] (loin de nous d'en douter). Or, si d'un vase brisé l'onde s'échappe à grands flots, si la fumée et la nue se dissipent aux champs aériens, douteras-tu que l'âme, arrachée à nos membres, ne s'évapore dans son vol, que sa légère essence ne périsse, et que ses principes mobiles ne se dissolvent plus promptement encore? Et quand le corps, qui est le vaisseau de l'âme, décomposé par une attaque mortelle, ou glacé par la perte de son sang, n'a plus le pouvoir d'arrêter sa fuite, l'air, dans sa fluidité, si facile à pénétrer, pourra-t-il la recueillir, lui conserver la vie?

D'AILLEURS, l'âme naît avec le corps; nous la sentons croître et vieillir avec lui. Dans le corps tendre et frêle de l'enfant, elle s'agite incertaine et faible [16]. Quand l'âge a fortifié nos membres, l'intelligence se développe, et l'âme accroît sa force. Quand le poids des années a courbé le corps affaibli, émoussé les organes, le jugement chancelle; il s'égare, et, comme la langue incertaine, l'esprit hésite et s'embarrasse. Enfin, tous les ressorts s'affaiblissent et se brisent à la fois. Il faut donc que l'âme entière se décompose, et, comme la fumée, s'échappe, s'évanouisse dans les airs, en un mot suive les progrès et subisse le déclin marqués par le temps.

ENFIN, si l'esprit est dévoré par la tristesse, les soucis

Suscipere immanes morbos durumque dolorem ;
Sic animum curas acres, luctumque, metumque :
Quare participem lethi quoque convenit esse.
Quin etiam morbis in corporis avius errat
Sæpe animus : dementit enim deliraque fatur ;
Interdumque gravi lethargo fertur in altum
Æternumque soporem oculis nutuque cadenti :
Unde neque exaudit voces, neque noscere vultus
Illorum potis est, ad vitam qui revocantes
Circumstant, lacrimis rorantes ora genasque.
Quare animum quoque dissolvi fateare necesse est,
Quandoquidem penetrant in eum contagia morbi.
Nam dolor ac morbus lethi fabricator uterque est :
Multorum exitio perdocti quod sumus ante.

Denique cur, hominem quum vini vis penetravit
Acris, et in venas discessit diditus ardor,
Consequetur gravitas membrorum ? præpediuntur
Crura vacillanti ? tardescit lingua ? madet mens ?
Nant oculi ? clamor, singultus, jurgia gliscunt ?
Et jam cætera de genere hoc quæcunque sequuntur ?
Cur ea sunt, nisi quod vehemens violentia vini
Conturbare animam consuevit corpore in ipso ?
At, quæcunque queunt conturbari inque pediri,
Significant, paulo si durior insinuarit
Causa, fore ut pereant, ævo privata futuro.

Quin etiam, subita vi morbi sæpe coactus,
Ante oculos aliquis nostros, ut fulminis ictu,

où l'effroi, comme nos sens le sont par la douleur et la fatigue, ils doivent d'un même pas s'avancer à la mort.

Mais, quand le corps est accablé de souffrances, ne vois-tu pas la raison s'éclipser, et l'âme s'abandonner au délire? Lorsque la sombre léthargie la plonge dans un accablant et profond sommeil, les yeux sont clos, la tête s'affaisse; la victime n'entend plus la voix amie, ne reconnaît plus les objets chéris qui versent des larmes sur sa couche de douleur, et s'efforcent de rallumer en elle le sentiment éteint. Ah! si la contagion de la souffrance envahit ainsi l'âme, elle est donc elle-même soumise à la destruction. L'expérience, trop souvent répétée, ne proclame-t-elle point que les chagrins et les douleurs sont les affreux ministres de la mort?

Quand le vin pétillant, cette liqueur active et trompeuse, a fait couler son feu dans les veines brûlantes de l'homme qu'elle maîtrise, pourquoi ses membres sont-ils pesans, ses pas incertains? sa marche est chancelante; sa langue embarrassée n'est plus que l'interprète infidèle de sa lourde pensée; les yeux flottent hagards, l'âme ardente se noie; d'où viennent ces clameurs, ces hoquets impurs, ces querelles insensées? Les désordres honteux, compagnons de l'ivresse, attestent que cette maligne vapeur attaque l'âme jusqu'au fond de son asile; la substance qu'un choc peut troubler et altérer ainsi subira la mort, lorsqu'elle sera soumise à une agression plus violente.

Mais quel affreux spectacle! quelle douleur subite frappe cet infortuné! Il tombe et se roule à tes pieds

Concidit, et spumas agit, ingemit, et tremit artus,
Desipit, extentat nervos, torquetur, anhelat
Inconstanter, et in jactando membra fatigat.
Nimirum, quia vis morbi, distracta per artus,
Turbat agens animam, spumans ut in aequore salso
Ventorum validis fervescit viribus unda:
Exprimitur porro gemitus, quia membra dolore
Afficiuntur, et omnino quod semina vocis
Ejiciuntur, et ore foras glomerata feruntur
Qua quasi consuerunt, et sunt munita viai:
Desipientia fit, quia vis animi atque animai
Conturbatur, et, ut docui, divisa seorsum
Disjectatur, eodem illo distracta veneno.
Inde, ubi jam morbi se flexit causa, reditque
In latebras ater corrupti corporis humor;
Tum quasi talipedans primum consurgit, et omnes
Paulatim redit in sensus, animamque receptat.
Haec igitur tantis ubi morbis corpore in ipso
Jactetur, miserisque modis distracta laboret;
Cur eandem credis sine corpore, in aere aperto,
Cum validis ventis aetatem degere posse?
Et quoniam mentem sanari, corpus ut aegrum,
Cernimus, et flecti medicina posse videmus;
Id quoque praesagit mortalem vivere mentem:
Addere enim partes, aut ordine trajicere aequum est,
Aut aliud prorsum de summa detrahere illum,
Commutare animum quicunque adoritur et infit,
Aut aliam quamvis naturam flectere quaerit:
At neque transferri sibi partes, nec tribui vult,
Immortale quod est quidquam, neque defluere hilum.

comme abattu par la foudre. Sa bouche écume, sa poitrine mugit, ses membres palpitent. Dans son délire frénétique, il se roidit; haletant, il se débat : tant la douleur le tourmente et le transporte ! car son aiguillon pénétrant est passé des membres jusqu'à l'âme, qu'il trouble avec fureur. Tel le vent impétueux soulève et fait bouillonner les flots de l'Océan. Ces gémissemens, ces plaintes déchirantes, sont arrachés par l'instinct douloureux. Tous les élémens de la voix, chassés en foule, s'amassent rapidement et se précipitent dans la carrière que leur a tracée l'habitude. Le délire naît donc de la violence des tourmens, qui, rompant l'alliance de l'esprit et de l'âme, ne leur laisse exercer leurs facultés qu'en désordre. Sitôt que la sève des maux reprend un autre cours, que le noir venin rentre et s'emprisonne dans sa source secrète, la victime chancelante encore, se relève, ressaisit par degrés l'empire des sens et de la raison. Si dans son asile même l'âme est en proie à tant de maux, croiras-tu que, lorsqu'elle sera séparée de son appui, elle puisse subsister dans les champs aériens assiégée par les vents et l'orage ?

Puisque l'âme, ainsi qu'un corps souffrant, s'altère et se rétablit avec le secours de l'art, elle offre la preuve de sa mortalité. L'âme a le sort de toutes les substances connues dont on ne peut changer l'état qu'en augmentant, affaiblissant ou transposant ses parties. Mais l'essence immortelle ne souffrirait point qu'on dérangeât l'ordre et le nombre de ses principes; car l'être qui franchit, en se transformant, les limites où l'a renfermé la nature, cesse à l'instant d'être lui-même, et perd l'exis-

Nam quodcunque suis mutatum finibus exit,
Continuo hoc mors est illius, quod fuit ante.
Ergo animus sive ægrescit, mortalia signa
Mittit, uti docui, seu flectitur a medicina.
Usque adeo falsæ rationi vera videtur
Res occurrere, et effugium præcludere eunti,
Ancipitique refutatu convincere falsum.
DENIQUE, sæpe hominem paulatim cernimus ire,
Et membratim vitalem deperdere sensum:
In pedibus primum digitos livescere et ungues;
Inde pedes et crura mori; post inde per artus
Ire alios tractim gelidi vestigia lethi.
Scinditur atqui animæ quoniam natura, nec uno
Tempore sincera exsistit, mortalis habenda est.
Quod si forte putas ipsam se posse per artus
Introrsum trahere et partes conducere in unum,
Atque ideo cunctis sensum deducere membris;
At locus ille tamen, quo copia tanta animai
Cogitur, in sensu debet majore videri.
Qui quoniam nusquam est, nimirum, ut diximus ante,
Dilaniata foras dispergitur; interit ergo.
Quin etiam, si jam libeat concedere falsum,
Et dare, posse animam glomerari in corpore eorum,
Lumina qui linquunt moribundi particulatim;
Mortalem tamen esse animam fateare necesse est:
Nec refert, utrum pereat dispersa per auras,
An contractis in se partibus obrutescat;
Quando hominem totum magis ac magis undique sensus
Deficit, et vitæ minus et minus undique restat.

tence. Ainsi l'âme, soit dans la souffrance, soit dans l'instant où elle se ranime avec le secours de l'art, je le répète, nous prouve sa mortalité. Tu le vois ici, la vérité terrasse l'erreur, l'enchaîne dans son refuge tortueux, et ses mâles accens imposent silence à sa bouche empoisonnée.

Enfin, nous voyons par degrés l'homme s'éteindre, et ses membres successivement dépouillés de la chaleur vitale et du sentiment. D'abord l'ongle des pieds livides et froids se décolore ; la mort envahit les extrémités du corps, et, de progrès en progrès, imprime ses traces glacées sur tous les membres. L'âme, lentement divisée, n'existant plus tout entière à la fois, doit donc subir la mort avec chaque organe qui la recèle. Peut-être supposes-tu que sur un seul point elle rassemble toutes ses parties, et, dans son étroit asile, peut concentrer en elle le sentiment dont chaque membre était animé. Mais le siège où se réuniraient ces nombreuses portions de l'âme serait donc doué d'un sentiment exquis ! Jamais ce phénomène ne se manifesta ; confondons l'erreur de nouveau, et proclamons que l'âme, arrachée à elle-même et à son asile, se dissipe et périt. Quand il se pourrait qu'elle rapprochât ses parties en les agglomérant dans un être que la mort frappe par degrés, sa destruction n'en serait pas moins inévitable. Qu'importe qu'elle dissémine ses parties dans les airs ou qu'elle s'évanouisse à la fois, puisque le feu de la vie dont elle est la flamme ne conserve aucune étincelle quand l'être succombe tout-à-coup ou s'éteint par degrés ?

Et quoniam mens est hominis pars una, locoque
Fixa manet certo, velut aures atque oculi sunt,
Atque alii sensus, qui vitam cunque gubernant:
Et veluti manus atque oculus naresve, seorsum
Secreta a nobis nequeant sentire neque esse:
Sed tamen in parvo liquuntur tempore tabi:
Sic animus per se non quit, sine corpore, et ipso
Esse homine, illius quasi quod vas esse videtur;
Sive aliud quidvis potis es conjunctius eii
Fingere; quandoquidem connexus corpori adhæret.
DENIQUE corporis atque animi vivata potestas
Inter se conjuncta valent, vitaque fruuntur:
Nec sine corpore enim vitales edere motus
Sola potest animi per se natura; nec autem
Cassum anima corpus durare et sensibus uti.
Scilicet, avolsus radicitus ut nequit ullam
Dispicere ipse oculus rem, seorsum corpore toto;
Sic anima atque animus per se nil posse videntur;
Nimirum, quia per venas et viscera mistim,
Per nervos atque ossa tenentur corpore ab omni:
Nec magnis intervallis primordia possunt
Libera dissultare; ideo conclusa moventur
Sensiferos motus, quos extra corpus, in auras
Aeris, haud possunt post mortem ejecta moveri;
Propterea quia non simili ratione tenentur:
Corpus enim atque animans erit aer, si cohibere
Sese anima, atque in eo poterit concludere motus,
Quos ante in nervis et in ipso corpore agebat.
Quare etiam atque etiam, resoluto corporis omni
Tegmine, et ejectis extra vitalibus auris,

D'AILLEURS l'âme, intimement unie au corps, occupe un siège déterminé, comme l'organe de la vue, de l'ouïe et les autres sens qui gouvernent la vie. Et, puisqu'en se séparant du corps, la main, le pied, l'œil restent étrangers au sentiment, et deviennent la proie de la corruption, l'âme ne peut exister non plus sans le corps qui fut son unique vaisseau; et leurs rapports sont si intimes que leurs substances semblent se confondre.

ENFIN le corps et l'âme n'entretiennent leur mutuelle existence que par leur union. L'âme, séparée des sens, est inhabile à produire les mouvemens de la vie; et le corps, privé de ce guide, demeure inaccessible à toutes les sensations, et ne peut subsister. L'œil, arraché de son orbite, ne réfléchit plus les traits de la lumière. De même par leur divorce, l'âme et le corps se dépouillent de leurs facultés. Leurs élémens, répandus dans tous les organes, circulant jusque dans les extrémités les plus opposées, sont cependant retenus dans les limites que leur impose la forme du corps; et cet obstacle à leur dispersion, en les retenant rassemblés dans un espace déterminé, prête à leur essor le mouvement de la vie; mais ils laissent éteindre sa flamme lorsqu'après la fuite de l'âme ses élémens flottent disséminés dans les champs aériens; l'air s'animerait lui-même, s'il pouvait captiver de nouveau les principes de l'âme, et lui rendre son activité en les comprimant dans un espace aussi étroit que celui qui les asservissait dans notre corps. Je le répète, ami, quand son enveloppe est brisée, quand le souffle

Dissolvi sensus animi fateare necesse est
Atque animam, quoniam conjuncta est causa duobus.

DENIQUE, quum corpus nequeat perferre animai
Dissidium, quin id tetro tabescat odore;
Quid dubitas, quin ex imo penitusque coorta
Emanarit, uti fumus, diffusa animæ vis?
Atque ideo tanta mutatum putre ruina
Conciderit corpus penitus, quia mota loco sunt
Fundamenta foras animæ manantque per artus,
Perque viarum omnes flexus, in corpore qui sunt,
Atque foramina? Multimodis ut noscere possis
Dispertitam animæ naturam exîsse per artus;
Et prius esse sibi distractam, corpore in ipso,
Quam prolapsa foras enaret in aeris auras.
QUIN etiam, fines dum vitæ vertitur intra,
Sæpe aliqua tamen e causa labefacta videtur
Ire anima, et toto solvi de corpore membra,
Et quasi supremo languescere tempore voltus,
Molliaque exsangui cadere omnia corpore membra.
Quod genus est, animo *male factum* quum perhibetur
Aut animam liquisse; ubi jam trepidatur, et omnes
Extremum cupiunt vires reprendere vinclum:
Conquassatur enim tum mens animæque potestas
Omnis, et hæc ipso cum corpore conlabefiunt;
Ut gravior paulo possit dissolvere causa.
Quid dubitas tandem, quin extra prodita corpus
Imbecilla foras, in aperto, tegmine dempto,
Non modo non omnem possit durare per ævum,
Sed minimum quodvis nequeat consistere tempus?

vital expire, la puissance de l'âme expire avec lui ; puisés à la même source, résultats d'une cause unique, ils périssent ensemble.

Ah ! si le corps ne peut subir le départ de l'âme sans se décomposer en impurs et fétides lambeaux, pouvons-nous douter que cette essence fragile, décomposée elle-même, ne s'échappe de sa prison comme la fumée s'exhale du bois enflammé ? Ces membres corrompus, réduits en poussière infecte, cette ruine universelle de l'édifice de la vie, n'attestent-ils point que l'âme, qui en était la première base, en se déplaçant, a promptement dissipé ses moindres parties exhalées par les nombreuses issues de la machine ? Tout atteste donc que l'âme sort divisée de son asile, avant de nager dispersée dans l'océan des airs.

Mais, sans abandonner le siège de la vie, quelquefois ébranlée par un choc violent, l'âme semble s'enfuir. L'harmonie de la machine est troublée ; la pâleur de la mort s'imprime sur le visage abattu ; les membres flottans semblent se détacher du corps où le sang s'arrête glacé. Tel est le sort de l'homme évanoui ; hors de lui-même, il sent fuir son âme, qui tente un pénible effort pour s'opposer à la rupture de tous les ressorts de la machine. Dans ce désordre, l'âme ébranlée tombe avec le corps, et périrait bientôt si la violence du choc s'accroissait encore. Est-il donc possible que cette âme, impuissante contre les attaques étrangères, fuyant loin des membres qui ne la protégèrent qu'à demi, aille, sans abri, d'un vol audacieux subsister dans les plaines éthérées, je ne dis point durant l'éternité, mais un rapide instant ?

Nec sibi enim quisquam moriens sentire videtur
Ire foras animam incolumem de corpore toto ;
Nec prius ad jugulum et superas succedere fauces :
Verum deficere in certa regione locatam ;
Ut sensus alios in parti quemque sua scit
Dissolvi. Quod si immortalis nostra foret mens,
Non jam se moriens dissolvi conquereretur ;
Sed magis ire foras, vestemque relinquere, ut anguis,
Gauderet, praelonga senex aut cornua cervus.
Denique cur animi nunquam mens consiliumque
Gignitur in capite, aut pedibus, manibusve ; sed unis
Sedibus, et certis regionibus omnis inhaeret ;
Si non certa loca ad nascendum reddita cuique
Sunt, et ubi quidquid possit durare creatum ;
Atque ita multimodis pro totis artubus esse,
Membrorum ut nunquam exsistat praeposterus ordo?
Usque adeo sequitur res rem, neque flamma creari in
Fluminibus solita est, neque in igni gignier algor.

Praeterea, si immortalis natura animai est,
Et sentire potest, secreta a corpore nostro ;
Quinque, ut opinor, eam faciendum est sensibus auctam ;
Nec ratione alia nosmet proponere nobis
Possumus infernas animas Acherunte vagare.
Pictores itaque, et scriptorum saecla priora
Sic animas introduxerunt sensibus auctas :
At neque seorsum oculi, neque nares, nec manus ipsa
Esse potest animae ; neque seorsum lingua, nec aures
Absque anima per se possunt sentire, nec esse.
Et quoniam toto sentimus corpore inesse

Jamais l'homme expirant ne sent son âme se réunir pour s'échapper tout entière, et monter par degrés des membres au gosier, et du gosier au palais. Non, elle succombe comme les autres sens aux lieux où la nature lui prépara l'existence. Si l'âme était immortelle, loin de redouter sa rupture avec les sens, ivre de joie, elle s'élancerait victorieuse de ses fers. Tel le serpent abandonne sa vieille dépouille; tel le cerf affranchit son front de ses rameaux pesans.

Dis-moi pourquoi le sentiment et l'intelligence n'habiteraient jamais à leur choix la tête, les pieds ou les mains, pourquoi ils se formeraient dans des régions déterminées, si la nature ne leur avait fidèlement assigné le sanctuaire qui les protège et les conserve. C'est ainsi qu'elle départit à chaque sens le siége et la limite, qu'il ne peut jamais franchir. Tel est l'ordre immuable de ses éternelles combinaisons; ainsi la flamme ne surgit point de l'humide sein des fleuves; ainsi la glace ne se forme point dans un ardent foyer.

Mais, si l'âme est d'une essence immortelle, si, dégagée du corps, elle conserve le sentiment et l'intelligence, tu ne peux lui refuser des sens. La feras-tu errer sur les bords de l'Achéron sans la douer de quelques organes, ainsi que dans ces images que lui prêtent la peinture et la poésie? enfin cette âme ne peut pas plus exister et sentir, si aucun sens ne sert d'interprète à ses désirs, que sans l'âme les yeux ne peuvent faire briller le feu du sentiment, les oreilles recevoir les sons, les narines odorer, ni les lèvres faire éclore le sourire.

Nous reconnaissons que le sentiment est répandu uni-

Vitalem sensum, et totum esse animale videmus;
Si subito medium celeri præciderit ictu
Vis aliqua, ut seorsum partem secernat utramque;
Dispertita procul dubio quoque vis animai,
Et discissa, simul cum corpore disjicietur :
At quod scinditur, et partes discedit in ullas,
Scilicet æternam sibi naturam abnuit esse.
FALCIFEROS memorant currus abscindere membra
Sæpe ita desubito, permista cæde calentes,
Ut tremere in terra videatur ab artubus id quod
Decidit abscissum, quum mens tamen, atque hominis vis
Mobilitate mali non quit sentire dolorem :
Et simul, in pugnæ studio quod dedita mens est,
Corpore cum reliquo pugnam cædesque petissit,
Nec tenet, amissam lævam cum tegmine sæpe
Inter equos abstraxe rotas falcesque rapaces :
Nec cecidisse alius dextram, quum scandit et instat.
Inde alius conatur adempto surgere crure,
Quum digitos agitat propter moribundus humi pes;
Et caput abscissum, calido viventeque trunco,
Servat humi voltum vitalem oculosque patentes,
Donec reliquias animai reddidit omnes.

QUIN etiam tibi si lingua vibrante minantis
Serpentis caudam procero corpore, utrinque
Sit libitum in multas partes discindere ferro;
Omnia jam seorsum cernes amcisa recenti
Volnere tortari, et terram conspergere tabo;

versellement dans notre être, puisque nulle partie n'en reste inanimée. Qu'un coup terrible et prompt tranche le corps en deux parts, l'âme se divise donc avec lui. Tu n'en saurais douter : une essence divisible n'est point douée de l'immortalité.

Des chars armés de faux tranchent si rapidement les membres des guerriers, que le tronçon sanglant palpite souvent sur l'arène avant que l'âme ne reçoive l'avis de cette perte par la voix de la douleur; soit que la rapidité du choc en dérobe la souffrance; soit que l'âme, abandonnée tout entière à sa fureur belliqueuse, n'emploie le reste de sa force qu'à prévenir ou à porter des coups. L'un ignore que son bras, armé du bouclier, roule foulé sous les pieds des chevaux, emporté et broyé par les rapides roues; l'autre, en pressant l'ennemi, escalade les murs du camp, et ne s'aperçoit point que sa main détachée fuit loin de son bras. Celui-ci réclame le soutien du genou qu'il n'a plus, tandis que près de lui son pied qui se roidit, agite encore sur le sable ses doigts ensanglantés; et lorsque la tête est tranchée, le corps expirant conserve encore la chaleur vitale, le visage est animé, les yeux restent ouverts et hagards, jusqu'à l'instant où les restes de l'âme s'évaporent dans les airs.

Tranche le corps tortueux de cet énorme serpent qui fait vibrer son dard empoisonné [17], vois chaque part divisée se tordre et se replier en distillant sur la terre souillée son venin noir et sanglant, tandis qu'irritée de ses blessures, sa tête ouvre une gueule écumante, et ronge

Ipsam seque retro partem petere ore priorem,
Volneris ardenti ut morsu premat icta dolore.
Omnibus esse igitur totas dicemus in illis
Particulis animas? At ea ratione sequetur,
Unam animantem animas habuisse in corpore multas.
Ergo divisa est ea quæ fuit una simul cum
Corpore : quapropter mortale utrumque putandum est,
In multas quoniam partes discinditur æque.
PRÆTEREA, si immortalis natura animai
Constat, et in corpus nascentibus insinuatur;
Cur super anteactam ætatem meminisse nequimus,
Nec vestigia gestarum rerum ulla tenemus?
Nam si tantopere est animi mutata potestas,
Omnis ut actarum exciderit retinentia rerum;
Non, ut opinor, id ab letho jam longiter errat.
Quapropter fateare necesse est, quæ fuit ante,
Interiisse; et, quæ nunc est, nunc esse creatam.
Præterea si, jam perfecto corpore, nobis
Inferri solita est animi vivata potestas,
Tum quum gignimur et vitæ quum limen inimus;
Haud ita conveniebat, uti cum corpore et una
Cum membris videatur in ipso sanguine crêsse :
Sed velut in cavea, per se sibi vivere solam
Convenit, ut sensu corpus tamen affluat omne.
Quare etiam atque etiam nec originis esse putandum est
Expertes animas, nec lethi lege solutas.
NAM neque tantopere adnecti potuisse putandum est
Corporibus nostris extrinsecus insinuatas :
Quod fieri totum contra manifesta docet res :
Namque ita connexa est per venas, viscera, nervos,

de ses propres dents ses hideux lambeaux. Chaque tronçon possédait-il une âme entière et intelligente? Mais un seul être obtient-il plusieurs âmes? Non, une âme unique habitait le corps : asservis au même sort, tous deux vulnérables et divisibles, subissent le trépas [18].

Si l'âme enfin est immortelle, si elle s'allie au corps à l'instant même de sa naissance [19], pourquoi ne conserve-t-elle pas le souvenir de sa vie antérieure? pourquoi perd-elle jusqu'à la moindre trace du passé? Ah! si ses facultés intelligentes s'altèrent jusqu'à la rendre étrangère à son ancien destin, cet anéantissement diffère-t-il donc de celui de la mort? Avouons que les âmes s'éteignent après avoir brillé sur la terre, et que d'autres paraissent de nouveau pour s'anéantir à leur tour.

Si l'âme, en un mot, attendait la formation du corps pour s'en emparer lorsqu'il touche au seuil de la vie, la verrions-nous croître lentement, se fortifier avec les membres? Pourquoi rester si long-temps privée de la raison, et s'asservir au destin du corps? Ne devrait-elle pas vivre pour soi-même, indépendante des membres qu'elle habite, ainsi que l'oiseau qui conserve ses goûts dans la captivité? Je le proclamerai sans cesse, l'âme n'est pas plus exempte d'origine, qu'affranchie des lois du trépas.

Qui croirait, en effet, qu'étrangère à l'être qu'elle anime, elle ait contracté avec lui de si étroits liens, qu'elle ait pu s'identifier avec nos organes jusqu'à circuler dans nos veines, dans les faisceaux nerveux, dans les os,

Ossaque, uti dentes quoque sensu participentur;
Morbus ut indicat, et gelidai stringor aquai,
Et lapis oppressus subito de frugibus asper.
Nec, tam contextæ quum sint, exire videntur
Incolumes posse, et salvas exsolvere sese
Omnibus e nervis atque ossibus articulisque.
Quod si forte putas extrinsecus insinuatam
Permanare animam nobis per membra solere;
Tanto quæque magis cum corpore fusa peribit:
Quod permanat enim, dissolvitur: interit ergo.
Dispertitur enim per caulas corporis omnes,
Ut cibus in membra atque artus quum diditur omnes,
Disperit, atque aliam naturam sufficit ex se;
Sic anima atque animus, quamvis integra recens in
Corpus eunt, tamen in manando dissolvuntur;
Dum, quasi per caulas, omnes diduntur in artus
Particulæ, quibus hæc animi natura creatur:
Quæ nunc in nostro dominatur corpore, nata
Ex illa, quæ tunc peritat partita per artus.
Quapropter, neque natali privata videtur
Esse die natura animæ, neque funeris expers.
Semina præterea linquuntur, necne, animai
Corpore in exanimo? quod si linquuntur et insunt,
Haud erit, ut merito immortalis possit haberi;
Partibus amissis quoniam libata recessit.
Sin, ita sinceris membris, ablata profugit,
Ut nullas partes in corpore liquerit ex se;
Unde cadavera, rancenti jam viscere, vermes
Exspirant? atque unde animantum copia tanta,
Exos et exsanguis, tumidos perfluctuat artus?

dans les viscères, et porter la sensibilité dans la dent même, qui souffre souvent par l'impression d'une eau glacée, ou par le froissement du caillou qu'elle écrase en broyant les alimens? Et, peux-tu penser qu'intimement unie à nos corps, l'âme, sans se dissoudre, s'arrache aux liens de tous les sens!

Si l'âme, étrangère à nos membres, n'est qu'un fluide qui les pénètre, de sa destruction elle offre ainsi la preuve irrécusable; car la fluidité est le caractère de la dissolution : elle assure la mort. Il faut que l'âme en fusion s'infiltre dans les sinueux conduits de la machine. Et comme l'aliment disséminé dans les membres se transforme en nouvelle substance, l'âme, arrivant tout entière dans le corps récemment formé, doit se décomposer en le parcourant, et ses nombreuses parties éparses dans les secrets conduits de la machine doivent lui donner une autre âme, une reine nouvelle, qui succède à la première, anéantie en se divisant dans les membres. L'âme a donc, comme nous, reçu la naissance : elle subira la mort.

Quand le corps est glacé par le trépas, s'il conserve une faible étincelle de l'âme, elle n'est point immortelle, puisqu'elle a perdu une part d'elle-même. Demeure-t-elle au contraire dans son intégrité : si le corps lui restitue fidèlement ses moindres parties, pourquoi donc les membres infects et glacés enfantent-ils une peuplade de vermisseaux [20]? D'où naissent ces insectes affamés, qui, privés d'os et de sang, se roulent à flots impurs dans les chairs gonflées et fétides?

Quod si forte animas extrinsecus insinuari
Vermibus, et privas in corpora posse venire
Credis; nec reputas cur millia multa animarum
Conveniant, unde una recesserit; hoc tamen est, ut
Quærendum videatur et in discrimen agendum:
Utrum tandem animæ venentur semina quæque
Vermiculorum, ipsæque sibi fabricentur, ubi sint;
An jam corporibus perfectis insinuentur.
At neque, cur faciant ipsæ, quareve laborent,
Dicere suppeditat; neque enim, sine corpore quum sunt,
Sollicitæ volitant morbis, algoque, fameque:
Corpus enim magis his vittis adfine laborat;
Et mala multa animus contagi fungitur ejus.
Sed tamen his esto quamvis facere utile corpus,
Quod subeant: at, qua possint, via nulla videtur.
Haud igitur faciunt animæ sibi corpora et artus.
Nec tamen est, ut jam perfectis insinuentur
Corporibus; neque enim poterunt subtiliter esse
Connexæ, neque consensu contagia fient.

Denique cur acris violentia triste leonum
Seminium sequitur? dolu' volpibus, et fuga cervis
A patribus datur, et patrius pavor incitat artus?
Et jam cætera de genere hoc, cur omnia membris
Ex ideunte ævo ingenerascunt inque genuntur;
Si non certa suo quia semine seminioque
Vis animi pariter crescit cum corpore toto?
Quod si immortalis foret et mutare soleret

Crois-tu que ces âmes nouvellement écloses soient des substances étrangères venues pour former une prompte alliance avec ces insectes nombreux? Mais, si l'arrivée subite de tant d'âmes après la retraite de la première ne t'offre pas un vaste sujet de réflexions, tu ne peux du moins, au nom de la vérité, refuser d'éclaircir mon doute ; parle : chaque âme vole-t-elle vers le germe qu'elle anime, afin de le transformer en un doux asile? ou trouve-t-elle un abri déjà préparé? Eh! pourquoi ces âmes se tourmenteraient-elles en se hâtant de construire leur prison? elles qui, libres des liens de la matière, volent affranchies des douleurs, de l'atteinte du froid, de la faim, des besoins et des maux que la nature inflige au corps, et que l'âme ne ressent que par son alliance avec lui. Mais quand il lui serait doux de s'ériger une prison vivante, conçois-tu comment la nature lui en confierait le pouvoir? Ne dis donc point, ô Memmius! qu'elle se construit elle-même les organes qu'elle anime. N'affirme pas non plus qu'elle s'empare de membres préparés à la recevoir ; car tu ne pourras expliquer cet accord si intime, si parfait, entre deux substances si différentes.

Enfin pourquoi le fier lion transmet-il à sa race son ardente férocité? pourquoi le renard est-il toujours doué de la ruse, et le cerf de la timidité? Ces affections diverses naîtraient-elles avec le corps dans un ordre immuable, si l'âme, formée, comme les autres membres, d'élémens déterminés, ne croissait et ne se développait avec les sens? Si l'âme était immortelle, si, toujours transfuge, elle se choisissait un nouvel asile

Corpora, permistis animantes moribus essent;
Effugeret canis Hyrcano de semine sæpe
Cornigeri incursum cervi; tremeretque per auras
Aeris accipiter fugiens, veniente columba:
Desiperent homines; saperent fera sæcla ferarum.

ILLUD enim falsa fertur ratione, quod aiunt,
Immortalem animam mutato corpore flecti:
Quod mutatur enim, dissolvitur; interit ergo.
Trajiciuntur enim partes, atque ordine migrant:
Quare dissolvi quoque debent posse per artus,
Denique ut intereant una cum corpore cunctæ.
Sin animas hominum dicent in corpora semper
Ire humana; tamen quæram cur e sapienti
Stulta queat fieri; nec prudens fit puer ullus;
Nec tam doctus equæ pollus, quam fortis equi vis:
Si non certa suo quia semine seminioque
Vis animi pariter crescit cum corpore toto.
Scilicet in tenero tenerascere corpore mentem
Confugient; quod si jam fit, fateare necesse est,
Mortalem esse animam, quoniam, mutata per artus
Tantopere, amittit vitam sensumque priorem.

QUOVE modo poterit, pariter cum corpore quoque
Confirmata, cupitum ætatis tangere florem
Vis animi, nisi erit consors in origine prima?
Quidve foras sibi vult membris exire senectis?
An metuit conclusa manere in corpore putri,
Et domus ætatis spatio ne fessa vetusto
Obruat? an non sunt immortali ulla pericla.

dans différens êtres, les animaux feraient un échange continuel de mœurs et de goûts : le chien d'Hyrcanie fuirait l'aspect du cerf devenu menaçant; le vautour, à la vue de la colombe, tremblerait dans les airs; l'homme se dépouillerait de la raison, et la brute féroce usurperait son empire.

En vain, pour soutenir cette erreur, on feint que l'âme, sans renoncer à son immortalité, se transforme elle-même et s'asservit aux goûts du corps qui la reçoit; mais tout objet qui change de forme se dissout : elle périt donc, puisque ses parties se sont disséminées dans tous les membres pour parvenir à s'en détacher et à fuir; en un mot, elle meurt avec eux. L'âme humaine, diras-tu, recherche constamment un corps humain. Cependant pourquoi le faible enfant est-il si long-temps dénué de prudence? Et pourquoi le nourrisson de la jument, n'a-t-il point le courage du généreux coursier? Tu n'en peux douter, l'âme a donc son germe qui se développe et croît avec les sens. Me répliqueras-tu qu'elle rajeunit et reprend la fragilité du corps qui la recèle? mais c'est faire l'aveu de sa mortalité; car elle ne peut subir un semblable changement sans se voir dépouillée du sentiment et de la vie.

Si le même instant ne les avait pas vus naître, comment pourraient-ils croître, se fortifier, et atteindre ensemble la fleur de l'âge? pourquoi l'âme veut-elle fuir dans la vieillesse les membres affaiblis? craint-elle de rester prisonnière dans un asile insalubre, ou d'être écrasée sous les débris de son vieux palais? Quel péril peut donc redouter une essence immortelle?

Denique, connubia ad Veneris partusque ferarum
Esse animas præsto, derideriduculum esse videtur;
Et spectare immortales mortalia membra
Innumero, numero certareque præproperanter
Inter se, quæ prima potissimaque insinuetur :
Si non forte ita sunt animarum fœdera pacta,
Ut, quæ prima volans advenerit, insinuetur
Prima, neque inter se contendant viribus hilum.
Denique, in æthere non arbor, non æquore in alto
Nubes esse queunt, nec pisces vivere in arvis,
Nec cruor in lignis, nec saxis succus inesse :
Certum ac dispositum est, ubi quidquid crescat et insit.
Sic animi natura nequit sine corpore oriri,
Sola neque a nervis et sanguine longius esse :
Hoc si posset enim, multo prius ipsa animi vis
In capite, aut humeris, aut imis calcibus esse
Posset, et innasci quavis in parte soleret;
Tandem in eodem homine, atque in eodem vase maneret.
Quod quoniam in nostro quoque constat corpore certum,
Dispositumque videtur, ubi esse et crescere possit
Seorsum anima atque animus; tanto magis inficiandum
Totum posse extra corpus durare genique.
Quare, corpus ubi interiit, periisse necesse est
Confitcare animam, distractam in corpore toto.

Quippe etenim mortale æterno jungere, et una
Consentire putare, et fungi mutua posse,
Desipere est. Quid enim diversius esse putandum est,
Aut magis inter se disjunctum discrepitansque,
Quam mortale quod est, immortali atque perenni

Enfin penses-tu qu'à l'instant où Vénus épanche des flots d'amour dans le cœur des époux, des âmes vigilantes viennent épier l'occasion de conquérir un germe mortel, et que leur foule innombrable combat afin d'obtenir la préférence? à moins que, pour bannir la discorde et prévenir l'abus d'une lutte incertaine, un pacte prudent accorde le prix à la plus diligente.

Dis-moi, voit-on les arbres croître dans les airs, les nuages dans le gouffre des flots, les poissons dans les champs, le sang dans les veines du bois, les sucs savoureux dans l'âpre caillou? Non, non, chaque être existe et croît dans le lieu que lui destine la nature. L'âme ne peut donc naître isolée, ni vivre indépendante de l'influence du sang et des nerfs. Si tel était son privilège, elle pourrait à son gré se choisir un asile dans la tête, dans les bras, et siéger jusque dans les pieds ou dans les moindres parties du corps, puisqu'elle ne cesserait ni d'habiter le même être, ni de rester captive dans le même vaisseau. Or, si l'évidence nous atteste que l'esprit et l'âme ont un trône assigné pour croître et exercer leur puissance séparément dans le corps, avec quelle conviction devons-nous nier qu'ils puissent naître et vivre sans leur abri! Ainsi, quand le corps périt, l'âme, décomposée avec lui, s'arrache à son asile.

Quelle erreur d'unir une immortelle essence à un corps mortel! de les douer d'un mutuel attrait, et de les asservir à de communs emplois! Quelle distance les sépare! quoi de plus différent, de plus opposé que ces deux substances? L'une est indestructible, l'autre est périssable,

Junctum, in concilio sævas tolerare procellas?

PRÆTEREA, quæcunque manent æterna, necesse est,
Aut, quia sunt solido cum corpore, respuere ictus,
Nec penetrare pati sibi quidquam, quod queat arctas
Dissociare intus partes; ut materiai
Corpora sunt, quorum naturam ostendimus ante:
Aut ideo durare ætatem posse per omnem,
Plagarum quia sunt expertia; sicut inane est,
Quod manet intactum, neque ab ictu fungitur hilum:
Aut ideo, quia nulla loci sit copia circum,
Quo quasi res possint discedere dissolvique;
Sicut summarum summa est æterna; neque extra
Quis locus est, quo diffugiat; neque corpora sunt, quæ
Possint incidere et valida dissolvere plaga.
At neque, uti docui, solido cum corpore mentis
Natura est, quoniam admistum est in rebus inane:
Nec tamen est ut inane; neque autem corpora desunt,
Ex infinito quæ possint forte coorta,
Proruere hanc mentis violento turbine molem,
Aut aliam quamvis cladem importare pericli:
Nec porro natura loci, spatiumque profundi
Deficit, exspergi quo possit vis animai,
Aut alia quavis possit vi pulsa perire:
Haud igitur lethi præclusa est janua menti.
Quod si forte ideo magis immortalis habenda est,
Quod lethalibus ab rebus munita tenetur;
Aut quia non veniunt omnino aliena salutis;
Aut quia quæ veniunt, aliqua ratione recedunt
Pulsa prius, quam, quid noceant, sentire queamus;

et l'on prétend les allier pour les contraindre à voguer ensemble au travers d'horribles flots de douleurs!

Un corps est immortel ou par sa solidité, qui résiste à tous les chocs, et que rien ne peut pénétrer ni dissoudre, comme ces principes de la matière, que ma muse t'a retracés; ou parce qu'il est inaccessible au choc, comme le vide impalpable où se perd et s'anéantit tout choc destructeur; ou enfin parce qu'il n'offre autour de lui aucun passage à la chute de ses débris, comme la nature, ce grand tout, hors duquel il n'existe ni espace pour recevoir ses parties, ni corps pour les heurter et les rompre. Or, l'âme n'est point immortelle par sa solidité, puisque déjà je t'ai prouvé que le vide habite en toute chose; elle ne l'est pas non plus comme renfermant le vide; car une foule d'objets lancés de tous les points de l'univers l'ébranle sans cesse par une irruption soudaine, et l'entraîne au bord de sa ruine. Il est d'ailleurs des espaces infinis où ses principes élémentaires peuvent, en se dispersant, anéantir sa substance égarée. Ce n'est donc pas pour l'âme que sont fermées les portes du trépas.

Tu me diras en vain que son immortalité se fonde sur le privilège qui la garantit des efforts de la destruction. Affirmeras-tu que ses traits agresseurs n'arrivent point jusqu'à elle, ou qu'ils sont repoussés avant que la douleur nous avertisse de leurs attaques? Mais, outre les

Scilicet a vera longe ratione remotum est.
Præter enim quam quod morbis tum corporis ægrit,
Advenit id, quod eam de rebus sæpe futuris
Macerat, inque metu male habet, curisque fatigat;
Præteritisque admissa annis peccata remordent.
Adde furorem animi proprium, atque oblivia rerum;
Adde, quod in nigras lethargi mergitur undas.

Nil igitur mors est, ad nos neque pertinet hilum,
Quandoquidem natura animi mortalis habetur.
Et velut anteacto nil tempore sensimus ægri,
Ad confligendum venientibus undique Pœnis,
Omnia quum belli trepido concussa tumultu
Horrida contremuere sub altis ætheris auris;
In dubioque fuit, sub utrorum regna cadendum
Omnibus humanis esset, terraque marique:
Sic ubi non erimus, quum corporis atque animai
Dissidium fuerit, quibus e sumus uniter apti,
Scilicet haud nobis quidquam, qui non erimus tum,
Accidere omnino poterit, sensumque movere;
Non si terra mari miscebitur, et mare cœlo.

Et si jam nostro sentit de corpore, postquam
Distracta est animi natura animæque potestas;
Nil tamen hoc ad nos, qui cœtu conjugioque
Corporis atque animæ consistimus uniter apti:
Nec, si materiam nostram conlegerit ætas
Post obitum, rursumque redegerit, ut sita nunc est,

maux que l'âme partage avec le corps, quels tourmens l'assiègent sans cesse ! l'incertitude de l'avenir, qui la fatigue et l'accable sous le poids des alarmes et des noirs soucis ; le remords rongeur qui la ramène souvent vers un passé déchirant ; la fureur délirante, mal honteux qu'elle seule connaît. Ajoute encore l'ennui qui l'obsède, la mémoire qui la délaisse, et l'accablement qui la plonge dans les ondes noires d'un sommeil léthargique.

La mort n'est donc rien, et ses terreurs ne doivent pas nous atteindre, si l'âme périt avec nous. Nous retrouvons le repos que l'existence avait troublé. En effet, avons-nous éprouvé les maux de la patrie dans les siècles précurseurs de notre existence, lorsque l'Afrique soulevée en fureur vint heurter l'empire ébranlé, et frapper les airs épouvantés du sinistre tumulte de la guerre ? et, lorsque le genre humain prosterné attendait en suspens, sur la terre et les mers, quel joug nouveau devait l'accabler ? Ainsi quand notre vie sera éteinte, quand la mort aura séparé les principes dont l'union entretient notre existence, nous serons de nouveau affranchis des caprices du sort, que dis-je ? nous ne serons plus ! Et notre sentiment ne serait point réveillé par l'écroulement des débris confondus de la terre, des mers et des cieux.

En s'affranchissant du corps, si l'esprit et l'âme conservaient des sensations, quelle part y pourrions-nous prendre, nous dont l'existence n'est que le résultat de l'intime union des principes de l'âme et des sens ? s'il se pouvait qu'avec le temps les parties de notre être échappées du tombeau, et reprenant leur place accoutumée,

Atque iterum nobis fuerint data lumina vitæ;
Pertineat quidquam tamen ad nos id quoque factum,
Interrupta semel quum sit repetentia nostra.
Et nunc nil ad nos de nobis attinet, ante
Qui fuimus; nec jam de illis nos afficit angor,
Quos de materia nostra nova proferet ætas.
Nam quum respicias immensi temporis omne
Præteritum spatium; tum motus materiai
Multimodi quam sint; facile hoc adcredere possis,
Semina sæpe in eodem, ut nunc sunt, ordine posta:
Nec memori tamen id quimus deprendere mente.
Inter enim jecta est vitai pausa, vageque
Deerrarunt passim motus ab sensibus omnes.

DEBET enim, misere quoi forte ægreque futurum est,
Ipse quoque esse in eo tum tempore, quum male possit
Accidere. At quoniam mors eximit im, prohibetque
Illum, cui possint incommoda conciliari
Hæc eadem in quibus et nunc nos sumus, ante fuisse:
Scire licet nobis nihil esse in morte timendum;
Nec miserum fieri, qui non est, posse; neque hilum
Differre, an nullo fuerit jam tempore natus,
Mortalem vitam mors cui immortalis ademit.

PROINDE, ubi se videas hominem indignarier ipsum
Post mortem fore, ut aut putrescat corpore posto,
Aut flammis interfiat, malisve ferarum;
Scire licet, non sincerum sonere, atque subesse
Cæcum aliquem cordi stimulum; quamvis neget ipse
Credere se quemquam sibi sensum in morte futurum.

rallumassent une seconde fois le flambeau de la vie, cette renaissance ne nous toucherait plus ; car elle ne pourrait renouer la chaîne de notre existence. Qui de nous s'alarme des épreuves rigoureuses où les principes de son être ont été soumis dans les âges passés, ou des chances qui les attendent dans l'avenir ? En contemplant le rapide torrent des siècles écoulés et la variété infinie des mouvemens de la matière, on conçoit que les mêmes élémens ont plus d'une fois pris, quitté et repris les formes qu'ils possèdent aujourd'hui. Mais nul souvenir ne nous le révèle, parce que, dans cette longue pause de la vie, les élémens de l'intelligence, entraînés dans des directions contraires, se sont égarés ou réunis à des objets étrangers à la sensibilité.

Craint-on le malheur, s'il ne nous frappe point dans le moment où nous pouvons ressentir ses coups ? et, puisque le trépas, en faisant disparaître l'homme, l'arrache aux maux dont il était menacé, et, dérobant jusqu'aux traces de sa vie, efface en quelque sorte sa première existence, que peut-il redouter quand il a cessé d'être lui-même ? Dans cette mort éternelle qui le délivre d'une vie passagère, ne retrouve-t-il point la nullité de ce temps qui le précéda ? ne se réfugie-t-il point dans ce néant qui devança sa naissance ?

Ainsi, lorsque l'homme s'indigne d'être condamné par la mort à livrer à la terre ses fétides lambeaux, à se voir dévoré par les feux du bûcher ou à repaître les monstres féroces, crois qu'il n'est point sincère avec lui-même, et qu'il nourrit une terreur aveugle dans son cœur. Il ne doute point, dit-il, que la mort n'éteigne en lui le sen-

Non, ut opinor, enim dat, quod promittit; et inde
Nec radicitus e vita se tollit et eicit;
Sed facit esse suî quiddam super, inscius ipse.
Vivus enim sibi quum proponit quisque, futurum
Corpus uti volucres lacerent in morte feræque,
Ipse suî miseret; neque enim se vindicat hilum,
Nec removet satis a projecto corpore; et illud
Se fingit sensuque suo contaminat adstans.
Hinc indignatur se mortalem esse creatum;
Nec videt, in vera nullum fore morte alium se,
Qui possit vivus sibi se lugere peremptum,
Stansque jacentem, nec lacerari, urive dolore.
Nam si in morte malum est, malis morsuque ferarum
Tractari, non invenio quî non sit acerbum,
Ignibus impositum calidis torrescere flammis;
Aut in melle situm suffocari; atque rigere
Frigore, quum in summo gelidi cubat æquore saxi;
Urgerive superne obtritum pondere terræ.

At jam non domus accipiet te læta, neque uxor
Optima, nec dulces occurrent oscula nati
Præripere, et tacita pectus dulcedine tangent;
Non poteris factis tibi fortibus esse tuisque
Præsidio : miser! o miser! aiunt, omnia ademit
Una dies infesta tibi tot præmia vitæ.
Illud in his rebus non addunt : Nec tibi earum
Jam desiderium rerum super insidet una.
Quod bene si videant animo, dictisque sequantur,
Dissolvant animi magno se angore metuque.

timent, mais, toujours flottant dans le doute, il se dément bientôt. Il ne s'arrache point tout entier à l'existence, il fait survivre à son être une partie de lui-même; et lorsqu'il entrevoit dans l'avenir ses restes en proie à la voracité des tigres et des vautours, il déplore ses tourmens futurs; il ne se détache point assez de ce corps abattu par le trépas; il lui accorde des sens, et dans sa pensée craintive, debout à côté de son cadavre, il lui prête encore la vie; il gémit, indigné de son sort mortel. Hélas! il ne voit pas que la mort ne laisse point survivre en lui un être intelligent qui demeure immobile sur sa tombe, pour pleurer à côté de son corps livide, pour être déchiré par les monstres ou dévoré par la douleur; car, si dans la mort le plus cruel tourment est de devenir la proie des bêtes féroces, je ne crois pas qu'il soit moins cruel d'être étendu sur les flammes dévorantes du bûcher, d'être étouffé dans le miel onctueux[21], de languir glacé sous le poids de la pierre humide, ou sous la terre, foulée par les pas dédaigneux du passant.

Eh! quoi, dis-tu, cette famille joyeuse ne saluera plus mon retour, ni cette épouse chérie, ni ces tendres enfans ne se précipiteront plus sur mon sein pour se disputer mes baisers: ils ne feront plus tressaillir mon cœur de joie et d'amour! J'abandonne des projets chéris, une gloire imparfaite encore, et des amis que ma voix ne pourra plus consoler! Malheureux! le songe du bonheur s'évanouit; un seul jour, un seul instant m'arrache aux plus doux biens de la vie! Oui, sans doute; mais la mort qui te les ravit t'en épargne aussi

Tu quidem, ut es letho sopitus, sic eris, ævi
Quod superest, cunctis privatu' doloribus ægris :
At nos horrifico cinefactum te prope busto
Insatiabiliter deflebimus, æternumque
Nulla dies nobis mœrorem e pectore demet.
Illud ab hoc igitur quærendum est, quid sit amari
Tantopere, ad somnum si res redit atque quietem,
Cur quisquam æterno possit tabescere luctu?

Hoc etiam faciunt, ubi discubuere, tenentque
Pocula sæpe homines, et inumbrant ora coronis,
Ex animo ut dicant : Brevis hic est fructus homullis;
Jam fuerit, neque post unquam revocare licebit.
Tanquam in morte mali cumprimis hoc sit eorum,
Quod sitis exurat miseros atque arida torreat;
Aut aliæ cujus desiderium insideat rei.

Nec sibi enim quisquam tum se vitamque requirit,
Quum pariter mens et corpus sopita quiescunt;
Nam licet æternum per nos sic esse soporem;
Nec desiderium nostri nos adtigit ullum :
Et tamen haudquaquam nostros tunc illa per artus
Longe ab sensiferis primordia motibus errant,
Quin conreptus homo ex somno se conligit ipse.
Multo igitur mortem minus ad nos esse putandum,
Si minus esse potest, quam quod nihil esse videmus.
Major enim turbæ disjectus materiai

le regret. Ah! si cette vérité pouvait se dévoiler aux humains, de quel fardeau de terreurs et d'alarmes ne s'affranchirait-on pas[22]! Dès que les pavots de la mort ont affaissé ta paupière, des siècles infinis de repos te mettent à l'abri de la douleur. Et nous, cependant, attirés vers le bûcher funèbre, nous arrosons ta cendre de larmes intarissables; le temps n'efface point la blessure de nos cœurs. Insensés! quel est donc le sujet de notre amer désespoir? quoi! c'est un sommeil paisible, un calme inaltérable qui nous feraient consumer dans un deuil éternel!

O mes amis, livrons-nous à la joie! disent, en s'excitant à l'envi, ces voluptueux mollement étendus, la coupe à la main et le front ombragé de fleurs; savourons rapidement ce fruit passager, l'instant du plaisir s'échappe, il ne reviendra plus. Veulent-ils donc se prémunir pour leurs futurs besoins? craignent-ils, après la mort, d'être atteints par l'aiguillon de la faim, dévorés par la soif, ou tourmentés par les flots renaissans des désirs?

Quand l'âme et le corps reposent plongés dans un doux sommeil, la prévoyance ne s'inquiète ni de la félicité de notre être, ni des soins de la vie. Eh bien! que ce calme soit éternel, il ne sera point troublé par le regret de l'existence. Cependant les principes de la vie n'ont pas tellement désappris les mouvemens, auteurs de la sensibilité, qu'en s'arrachant au sommeil, ils ne les reprennent tout à coup. Mais la mort est encore moins troublée, si l'on peut reconnaître des degrés dans ce qui n'est rien; le désordre et la destruction qu'elle a causés

Consequitur letho, nec quisquam expergitus exstat,
Frigida quem semel est vitai pausa secuta.
DENIQUE, si vocem rerum Natura repente
Mittat, et hoc aliquoi nostrûm sic increpet ipsa :
« Quid tibi tantopere est, mortalis, quod nimis ægris
Luctibus indulges? quid mortem congemis ac fles?
Nam si grata fuit tibi vita anteacta priorque,
Et non omnia, pertusum congesta quasi in vas,
Commoda perfluxere, atque ingrata interiere;
Cur non, ut plenus vitæ conviva, recedis,
Æquo animoque capis securam, stulte, quietem?
Sin ea, quæ fructus cunque es, periere profusa,
Vitaque in offensu est; cur amplius addere quæris,
Rursum quod pereat male, et ingratum occidat omne;
Nec potius vitæ finem facis atque laboris?
Nam tibi præterea quod machiner inveniamque,
Quod placeat, nihil est : eadem sunt omnia semper.
Sic tibi non annis corpus jam marcet, et artus
Confecti languent; eadem tamen omnia restant,
Omnia si pergas vivendo vincere sæcla,
Atque etiam potius, si nunquam sis moriturus : »
QUID respondeamus, nisi justam intendere litem
Naturam, et veram verbis exponere causam?
At qui obitum lamentetur, miser amplius æquo,
Non merito inclamet magis, et voce increpet acri?
« Aufer ab hinc lacrymas, barathro, et compesce querelas. »
Grandior hic vero si jam seniorque queratur;
« Omnia perfunctus vitai præmia, marces;
Sed quia semper aves quod abest, præsentia temnis,
Imperfecta tibi elapsa est ingrataque vita,

dans les principes imposent un éternel sommeil à celui que son froid repos a glacé.

Si tout à coup la voix de la Nature répondait à nos plaintes par ces justes reproches : «Mortel, quelles douleurs causent tes gémissemens? pourquoi pleurer à l'aspect de la mort? Si tu as jusqu'ici coulé tes jours dans les délices, si, telle qu'un vase sans fond, ton âme ingrate n'a point laissé échapper les flots du bonheur, convive rassasié, que ne sors-tu satisfait du festin de la vie [23]? heureux voyageur, que n'acceptes-tu les douceurs du repos? Si, au contraire, tu n'as point cueilli les fruits que je t'ai prodigués, si l'existence t'importune, pourquoi prolongerais-tu dans l'ennui des jours sans plaisirs? que ne rejettes-tu avec la vie le fardeau de tes peines? car je ne peux rien créer de nouveau pour te plaire. Mon ordre est invariable : ton corps n'est point affaissé par les ans, tes membres ne languissent point encore de vieillesse; mais les mêmes scènes se renouvelleront sans cesse à tes yeux, quand tu triompherais non-seulement des siècles nombreux, mais quand ta vie s'étendrait avec l'éternité. »

Parle; à ce juste reproche de la Nature, que pourrions-nous répondre? Sa voix a fait triompher la vérité. Et, lorsqu'un malheureux accablé d'infirmités s'épouvante à l'aspect du trépas, et ose élever ses clameurs, elle lui crie d'une voix terrible : « Va loin d'ici verser des larmes; ensevelis tes plaintes dans le gouffre de la mort.» Aux murmures insensés de ce vieillard débile : «Tes jours se sont écoulés au milieu des plaisirs que tu n'as point saisis; mais tu convoitas les biens qui te manquaient, et tu dédaignas

Et nec opinanti mors ad caput adstitit ante
Quam satur ac plenus possis discedere rerum.
Nunc aliena tua tamen ætate omnia mitte;
Æquo animoque, agedum, jam aliis concede: necesse est. »

JURE, ut opinor, agat, jure increpet inciletque.
Cedit enim rerum novitate extrusa vetustas
Semper, et ex aliis aliud reparare necesse est;
Nec quidquam in barathrum nec Tartara decidit atra.
Materies opus est ut crescant postera sæcla;
Quæ tamen omnia te, vita perfuncta, sequentur.
Nec minus ergo ante hæc, quam nunc, cecidere cadentque.
Sic alid ex alio nunquam desistet oriri;
Vitaque mancupio nulli datur, omnibus usu.

RESPICE item, quam nil ad nos anteacta vetustas
Temporis æterni fuerit, quam nascimur ante.
Hoc igitur speculum nobis Natura futuri
Temporis exponit: post mortem denique nostram,
Num quid ibi horribile apparet? num triste videtur
Quidquam? nonne omni somno securius exstat?
ATQUE ea nimirum, quæcunque Acherunte profundo
Prodita sunt esse, in vita sunt omnia nobis.
Nec miser impendens magnum timet aere saxum
Tantalus, ut fama est, cassa formidine torpens:

les tiens. Homme insatiable, tu rendis ta vie imparfaite, tu ne vécus qu'à demi; et, quand la mort élève sa tête devant toi, tu regrettes de ne pouvoir assouvir ton avidité. Mais il en est temps, l'âge te bannit, et t'interdit les biens dont tes successeurs vont jouir : retire-toi, et d'une âme calme du moins cède à la nécessité. »

Recevons d'un front soumis ce reproche sévère et juste. L'irrévocable loi de la nature ordonne qu'aux êtres vieillis succèdent des êtres nouveaux, et qu'alternativement les uns reçoivent des autres la force et la vie. Rien ne tombe au néant, ni dans le gouffre du noir Tartare; et la génération présente est la semence des races à venir. Elles passeront à leur tour, et te rejoindront bientôt. Ainsi que leurs précurseurs, tous les êtres disparaîtront du mobile univers. Ils se transmettent en courant le flambeau de la vie; chacun d'eux apporte son tribut aux reproductions de la nature, qui ne leur accorde que le rapide usufruit de l'existence.

Contemple le long amas des siècles qui nous ont devancés. Comme dans un mouvant miroir, il te dévoilera l'image prophétique des temps qui suivront notre vie. Que présagent-ils donc de triste et d'affreux? l'inaltérable calme du plus doux sommeil.

Toutes les horreurs entassées dans le sombre et profond Achéron, nous les trouvons dans la vie [24]. Ce Tantale glacé d'effroi sous l'énorme rocher qui le menace sans cesse de sa chute terrible, c'est l'homme épouvanté du

Sed magis in vita Divûm metus urget inanis
Mortales, casumque timent, quemcunque ferat fors.
Nec Tityum volucres ineunt Acherunte jacentem :
Nec, quod sub magno scrutentur pectore, quidquam
Perpetuam ætatem poterunt reperire profecto,
Quamlibet immani projectu corporis exstet,
Qui non sola novem dispensis jugera membris
Obtineat, sed qui terrai totius orbem :
Non tamen æternum poterit perferre dolorem;
Nec præbere cibum proprio de corpore semper.
Sed Tityus nobis hic est, in amore jacentem
Quem volucres lacerant, atque exest anxius angor,
Aut alia quavis scindunt cuppedine curæ.
Sisyphus in vita quoque nobis ante oculos est,
Qui petere a populo fasces, sævasque secures
Imbibit, et semper victus tristisque recedit.
Nam petere imperium, quod inane est, nec datur unquam,
Atque in eo semper durum sufferre laborem;
Hoc est adverso nixantem trudere monte
Saxum; quod tamen a summo jam vertice rursum
Volvitur, et plani raptim petit æquora campi.

Deinde, animi ingratam naturam pascere semper,
Atque explere bonis rebus, satiareque nunquam;
Quod faciunt nobis annorum tempora, circum
Quum redeunt, fœtusque ferunt, variosque lepores :
Nec tamen explemur vitai fructibus unquam :
Hoc, ut opinor, id est, ævo florente puellas,
Quod memorant, laticem pertusum congerere in vas,
Quod tamen expleri nulla ratione potestur.

vain courroux des dieux, et qui se croit accablé du poids de leur colère sous les maux que lui inflige l'aveugle destin.

Au bord de l'Achéron, Titye n'est point livré en proie aux avides oiseaux : ces monstres trouveraient-ils dans sa vaste poitrine l'aliment éternel de leur voracité, quand l'immensité de son corps, au lieu de neuf arpens, couvrirait l'orbe du monde? Quel être pourrait suffire à une douleur éternelle, et fournir l'éternel aliment de ses bourreaux? Titye est avec nous, il est ici : les monstres qui le déchirent sont les noirs soucis, les soupçons jaloux, la sombre ambition et les remords dévorans.

Sisyphe se présente à nos yeux; c'est lui qui mendie la faveur populaire, les haches, les faisceaux, et qui, toujours rebuté, se retire pénétré de tristesse et de honte. Se consumer en travaux douloureux pour un honneur futile qui nous fuit sans cesse, n'est-ce point élever avec de périlleux efforts vers la cime d'un mont, l'énorme rocher qui menace celui qui le pousse, et, près du but, échappe, retombe, et roule en grondant dans la plaine?

Repaître à chaque instant son âme insatiable, la combler de tous les biens sans la rassasier jamais, demeurer insensible au retour de la saison féconde, recueillir vainement ses présens variés, les doux fruits dont elle nous environne, n'est-ce pas le supplice de ces jeunes beautés qui s'efforcent de verser incessamment dans un vase sans fond une onde fugitive?

Cerberus et Furiæ jam vero, et lucis egenus
Tartarus, horriferos eructans faucibus æstus,
Hæc neque sunt usquam, neque possunt esse profecto.
Sed metus in vita pœnarum pro malefactis
Est insignibus insignis, scelerisque luela
Carcer, et horribilis de saxo jactu' deorsum,
Verbera, carnifices, robur, pix, lamina, tædæ.
Quæ tamen et si absunt, at mens sibi conscia facti
Præmetuens, adhibet stimulos, torretque flagellis:
Nec videt interea, qui terminus esse malorum
Possit, nec quæ sit pœnarum denique finis;
Atque eadem metuit magis hæc ne in morte gravescant:
Hinc Acherusia fit stultorum denique vita.

Hoc etiam tibi tute interdum dicere possis:
Lumina sis oculis etiam bonus Ancu' reliquit,
Qui melior multis quam tu fuit, improbe, rebus.
Inde alii multi reges rerumque potentes
Occiderunt, magnis qui gentibus imperitarunt.
Ille quoque ipse, viam qui quondam per mare magnum
Stravit, iterque dedit legionibus ire per altum,
Ac pedibus salsas docuit super ire lacunas,
Et contempsit, aquis insultans, murmura ponti,
Lumine adempto, animam moribundo corpore fudit.
Scipiades, belli fulmen, Carthaginis horror,
Ossa dedit terræ, proinde ac famul infimus esset.
Adde repertores doctrinarum atque leporum;
Adde Heliconiadum comites; quorum unus Homerus,
Sceptra potitus, eadem aliis sopitu' quiete est.

Ces furies, cet horrible Cerbère, ce sombre Tartare qui, de sa bouche embrasée, vomit en bouillonnant des torrens de feux, ne sont que les fruits mensongers de la crainte et de l'erreur. Mais le coupable reçoit dans la vie son juste châtiment, dans la crainte des supplices réservés à ses forfaits. Il sent déjà peser sur lui le glaive des lois; il redoute les cachots où gémit le crime, la roche homicide, les faisceaux, les tortures, le bitume brûlant, les lames, les torches, et s'il échappe aux bourreaux, sa conscience elle-même le déchire, le perce de traits cruels, et le tourmente sous le fouet vengeur. Il joint à ces maux l'incertitude de l'avenir et la crainte de voir ses tourmens se prolonger sans fin, ou s'aggraver dans la mort; ainsi la vie devient l'enfer de l'insensé.

Mortel injuste, ne dois-tu pas te dire : Ancus, le bon Ancus a fermé ses yeux à la lumière céleste, lui qui te surpassa par tant de vertus [25]! Cette foule et de grands et de rois dont les peuples nombreux subirent la puissance, ont courbé leur front sous la faux de la mort; ce monarque qui, resserré sur la terre, se fraya un chemin belliqueux à travers l'Océan [26], méprisa le murmure des flots indignés, et apprit à ses fières légions à fouler d'un pied insultant les gouffres amers, il n'est plus, et son âme a délaissé ses membres livides. Scipion, ce foudre de la guerre, ce fléau de Carthage, comme un esclave obscur a livré sa cendre à la terre; et ces inventeurs des sciences et des arts, ces nobles compagnons des muses, Homère, qui tient le sceptre dans leur troupe sacrée, comme eux est descendu dans la tombe; Démocrite, courbé par l'âge,

Denique, Democritum postquam matura vetustas
Admonuit memorem motus languescere mentis,
Sponte sua letho caput obvius obtulit ipse.
Ipse Epicurus obît, decurso lumine vitæ,
Qui genus humanum ingenio superavit, et omnes
Præstinxit, stellas exortus uti ætherius sol.
Tu vero dubitabis, et indignabere obire,
Mortua quoi vita est prope jam vivo atque videnti?
Qui somno partem majorem conteris ævi?
Et vigilans stertis, nec somnia cernere cessas,
Sollicitamque geris cassa formidine mentem?
Nec reperire potes, quid sit tibi sæpe mali, quum
Ebrius urgeris multis miser undique curis,
Atque animi incerto fluitans errore vagaris?
Si possent homines, proinde ac sentire videntur
Pondus inesse animo, quod se gravitate fatiget,
Et quibus id fiat causis cognoscere, et unde
Tanta mali tanquam moles in pectore constet;
Haud ita vitam agerent, ut nunc plerumque videmus,
Quid sibi quisque velit nescire, et quærere semper,
Commutare locum, quasi onus deponere possit.
Exit sæpe foras magnis ex ædibus ille,
Esse domi quem pertæsum est, subitoque revertit :
Quippe foris nihilo melius qui sentiat esse.
Currit agens mannos ad villam hic præcipitanter,
Auxilium tectis quasi ferre ardentibus instans :
Oscitat extemplo, tetigit quum limina villæ;
Aut abit in somnum gravis, atque oblivia quærit;
Aut etiam properans urbem petit atque revisit.
Hoc se quisque modo fugit : at, quem scilicet, ut fit,

averti que les ressorts de son âme se brisaient, d'un pas ferme présenta sa tête à la mort; Épicure enfin, lui-même, vit éteindre le flambeau de sa vie, cet Épicure dont le vaste génie domina les humains et brilla parmi les enfans de la gloire, comme l'astre du jour au milieu des astres pâlissans.

Tu balances, cependant! tu t'indignes de mourir[27]! tu ne vois pas que ta vie est une mort anticipée que tu renouvelles à chaque instant! toi, qui consumes dans le sommeil la plus grande partie de tes jours, et qui dors en veillant, toi, dont les idées sont des songes, et qui, faible jouet des préjugés, des vaines terreurs, des soucis dévorans, ignores jusqu'à la cause qui entraîne ton âme égarée dans un gouffre d'erreurs!

Si l'homme découvrait la source des tourmens qui l'obsèdent, aussi facilement qu'il en ressent le faix terrible, consumerait-il sans fruit sa triste existence? le verrait-on à jamais, incertain dans ses désirs, ignorer jusqu'au bien qu'il poursuit avidement, et se précipiter sans repos d'un lieu vers l'autre, comme s'il pouvait, par sa mobilité, secouer le fardeau qui l'accable?

L'un fuit son palais somptueux, chassé par l'ennui; il y retourne aussitôt; il n'a pu ailleurs remplir le vide de son âme. L'autre précipite ses coursiers vers son domaine champêtre, plus pressé que s'il venait en arrêter l'incendie; à peine a-t-il touché ses limites, que l'ennui vient peser sur son front. Il invoque le sommeil, cherche à s'oublier lui-même; soudain avec ardeur il redemande la ville, il y revole à l'instant[28]. C'est en vain que l'homme se fuit, il ne peut s'éviter; sans cesse il se retrouve, sans

Effugere haud potis est, ingratis hæret et angit,
Propterea, morbi quia causam non tenet æger :
Quam bene si videat, jam rebus quisque relictis
Naturam primum studeat cognoscere rerum;
Temporis æterni quoniam, non unius horæ,
Ambigitur status, in quo sit mortalibus omnis
Ætas post mortem, quæ restat cunque, manenda.
DENIQUE, tantopere in dubiis trepidare periclis
Quæ mala nos subigit vitai tanta cupido?
Certa quidem finis vitæ mortalibus adstat,
Nec devitari lethum pote, quin obeamus.
PRÆTEREA, versamur ibidem, atque insumus usque;
Nec nova vivendo procuditur ulla voluptas,
Sed dum abest, quod avemus, id exsuperare videtur
Cætera : post aliud, quum contigit illud, avemus,
Et sitis æqua tenet vitai semper hiantes;
Posteraque in dubio est fortunam quam vehat ætas,
Quidve ferat nobis casus, quive exitus instet.
NEC prorsum, vitam ducendo, demimus hilum
Tempore de mortis, nec delibrare valemus,
Quo minus esse diu possimus morte perempti.
Proinde licet quot vis vivendo condere sæcla;
Mors æterna tamen nihilominus illa manebit :
Nec minus ille diu jam non erit, ex hodierno
Lumine qui finem vitai fecit, et ille
Mensibus atque annis qui multis occidit ante.

cesse il se tourmente. Ah! s'il n'ignorait point la source de ses maux, loin d'y joindre la souffrance de ces vains remèdes, il apprendrait, dans l'étude de la nature, à jouir de ses dons, à connaître ses lois ; car ce n'est point pour fuir son sort pendant quelques courts instans qu'il doit chercher à sortir de son doute, mais pour s'assurer de l'état éternel qui commence à la mort.

Enfin, pourquoi ce doute, ces terreurs, cette soif dévorante de la vie qui s'irrite dans les périls. Apprends, ô mortel, que le terme de tes jours est fixé. Quand la nature t'appelle au repos, sans crainte obéis.

En prolongeant tes jours, changeras-tu de destin? La Nature ne créera point pour toi de nouvelles voluptés. Mais tu n'aperçois pas le bien présent, et tu désires au delà de ce que tu possèdes. A peine satisfaits, les désirs succèdent aux désirs dans ton cœur, et l'embrasent de la soif dévorante de la vie : à tant de maux tu joins encore l'incertitude du sort à venir.

Ne pense pas du moins qu'en prolongeant la vie tu retranches les instans destinés à la mort. Quel que soit le terme de nos jours, il n'abrège point la durée de notre anéantissement. Quand notre existence triompherait de la lutte des siècles, il nous resterait à subir une mort éternelle; et celui pour qui la lumière de la vie s'éteint à l'instant même, ne restera pas moins long-temps enfermé dans les ténèbres de la mort, que celui qui a vu passer sur sa cendre d'innombrables années.

NOTES

DU LIVRE TROISIÈME.

1. Te sequor, ô Graiæ gentis decus.

Ce début magnifique du troisième chant donne une nouvelle preuve de l'enthousiasme de Lucrèce pour Épicure. Ce chant fut le plus généralement admiré de l'antiquité. Voltaire a dit : « Il y a dans Lucrèce un admirable troisième chant ; je le traduirai, ou je ne pourrai. » Voltaire ne l'a point traduit.

2. Floriferis ut apes in saltibus omnia libant,
Omnia nos itidem depascimur aurea dicta.

Lucrèce semble avoir voulu lutter avec Pindare, qui dit dans sa 6ᵉ Pythique :

Γλυκεῖα δὲ φρὴν
Καὶ συμπόταισιν ὁμιλεῖν
Μελισσᾶν ἀμείβεται τρητὸν πόνον.

3. Quas neque concutiunt venti, neque nubila nimbis.

Ce passage rappelle un fragment de l'*Odyssée*, ch. VI :

Ἡ μὲν ἄρ' ὣς εἰποῦσ' ἀπέβη γλαυκῶπις Ἀθήνη
Οὔλυμπόνδ' ὅθι φασι θεῶν ἕδος ἀσφαλὲς αἰεί....

4. Res animi pacem delibrat tempore in ullo.

Lucrèce se plaît à montrer le calme des divinités, l'insouciance des dieux ; cette image est répétée plusieurs fois dans son poëme.

. . . . credat judæus Apella,
Non ego, namque deos didici securum agere ævum ;
Nec si quid miri faciat Natura, deos id
Tristes ex alto cœli demittere tecto.

Hor., lib. I, sat. v, vers. 95 seq.

NOTES DU LIVRE III.

5.   Nec tellus obstat quin omnia dispiciantur.

La Grange remarque avec raison que ce vers doit se rapporter aux dieux, et non pas aux sectateurs d'Épicure.

6.   Et se scire animi naturam. . . . .

L'âme a été l'objet de la constante méditation des philosophes. Les anciens, qui ont beaucoup discuté sur son essence, ont cependant attaché moins d'importance que les modernes à cette opinion. Ceux même qui, parmi eux, la soutenaient avec le plus de zèle, n'accordaient qu'une existence vague à l'âme séparée des sens. Platon, après différens penseurs dont il résuma les systèmes en leur prêtant les charmes d'une imagination brillante et rêveuse, ne donne point une idée exacte de l'immatérialité de ce principe de vie; il adopte à la fois plusieurs hypothèses, et semble toujours flotter dans l'incertitude; il n'est, en un mot, jamais d'accord avec lui-même. C'est une essence qui se meut, dit-il; telle est sa dernière conclusion; mais il ne définit ni la source, ni la destination de cette essence. Thalès avait dit : c'est une nature de soi-même en mouvement; ce qui revient au même, et n'est pas plus concluant. Pythagore en faisait une harmonie; d'autres, adoptant en partie son opinion, ont pensé que cette harmonie n'était que le concert des organes de la vie, et qu'elle ne survivait pas plus à la destruction que le son ne survit à l'instrument brisé. Ce système, le plus simple, le plus naturel, est cependant combattu par Lucrèce. Il crut, sans doute, devoir établir l'existence matérielle de l'âme, afin de la soumettre à la mort par la décomposition de ses parties. Hippocrate prétend que l'âme est un esprit subtil répandu par tout le corps, en un mot, la faculté de sentir dans les moindres parties de la machine. Cette hypothèse ingénieuse est digne de l'observateur de la nature qui suit sa marche avec une attention assidue, et qui, aidé par l'art et l'expérience, saisit les secrets cachés aux investigateurs superficiels. Le physiologiste parle de près à la nature, il ne l'interroge pas en vain; aussi voyons-nous aujourd'hui un médecin, célèbre par ses hautes connaissances et sa philosophie, résoudre le problème de l'âme avec des moyens à peu près semblables à ceux qu'employait le Sage de Cos. Il est parvenu à présenter un système fondé sur l'expérience des siècles, sanctionné par la science, et qui ne trouve d'adversaires que dans ceux dont l'imagination brillante embrasse avec avidité l'espérance de se survivre à soi-même, sous une forme déterminée. La dissidence sera éternelle sur ce point, auquel on a cru devoir attacher une si haute importance; car l'amour de la vérité d'un côté, et l'amour du merveilleux de l'autre, se livreront sans cesse à des luttes, où chaque parti croira toujours triompher, l'un avec ses désirs, l'autre avec sa raison.

7. Denique avarities, et honorum cæca cupido.

On a souvent admiré sans l'entendre ce passage si moral et si poétique. Virgile est entré dans le sens de Lucrèce, lorsqu'il place à la porte des Enfers le Deuil, les Soucis, la Vieillesse, la Maladie, la Faim et la Pauvreté.

> Vestibulum ante ipsum, primisque in faucibus Orci.
> Luctus et ultrices posuere cubilia Curæ;
> Pallentesque habitant Morbi, tristisque Senectus,
> Et Metus, et malesuada Fames, ac turpis Egestas,
> Terribiles visu formæ; Lethumque, Laborque;
> Tum consanguineus lethi Sopor, et mala mentis
> Gaudia, mortiferumque adverso in limine Bellum,
> Ferreique Eumenidum thalami, et Discordia demens,
> Vipereum crinem vittis innexa cruentis.

> Devant le vestibule, aux portes des Enfers,
> Habitent les Soucis et les Regrets amers,
> Et des Remords rongeurs l'escorte vengeresse ;
> La pâle Maladie et la triste Vieillesse;
> L'Indigence en lambeaux, l'inflexible Trépas,
> Et le Sommeil son frère, et le Dieu des combats;
> Le Travail qui gémit, la Frayeur qui frissonne,
> Et la Faim qui frémit des conseils qu'elle donne,
> Et l'Ivresse du crime, et les Filles d'Enfer
> Reposant leur fureur sur des couches de fer;
> Et la Discorde enfin, qui, soufflant la tempête,
> Tresse en festons sanglans les serpens de sa tête.

8. Refugisse volunt longe longeque recesse.

Ces heureuses répétitions de mots que Lucrèce emploie avec tant de bonheur, ont servi de modèles aux écrivains du siècle d'Auguste.

9.   Non radii solis neque lucida tela diei
    Discutiant, sed naturæ species ratioque.

Cette image est répétée trois fois par Lucrèce, sans changemens dans l'expression.

10.   *Harmoniam* Graii quam dicunt.

Des philosophes ont regardé l'âme comme l'harmonie du jeu des organes. Cette idée est combattue par Lucrèce, qui arrive cependant au même but par une autre route.

11.   Attamen insequitur languor, terræque petitus
    Suavis, et in terra mentis qui gignitur æstus,
    Interdumque quasi exsurgendi incerta voluntas.

Bayle a inséré dans sa *République des Lettres* une longue dissertation sur le sens de ces vers, regardés comme inintelligibles. Leur expression, essentiellement poétique, aura embarrassé les traducteurs. Ces vers, très-clairs d'ailleurs, prouvent le degré de perfection que Lucrèce a si souvent mis dans son style : *æstus mentis, petitus terræ, exsurgendi incerta voluntas,* sont des expressions hardies, pittoresques et poétiques.

12.   . . . . . . Igitur parvissima corpora quanto
    Et lævissima sunt, ita mobilitata feruntur :
    At contra quo quæque magis cum corpore magno
    Asperaque inveniuntur, eo stabilita magis sunt.

Ces quatre vers ne sont en quelque sorte que la récapitulation du paragraphe qui précède.

13.   Nec capere irarum fluctus in pectore possunt.

Ce vers énergique a été imité par Virgile, Horace, Ovide; mais aucun de ces grands poètes n'a surpassé son modèle pour la hardiesse et la force de l'expression.

14.   Dicere porro oculos nullam rem cernere posse.

Épicharme et Aristote prétendaient que ce n'étaient pas les yeux qui voyaient les objets, mais bien l'âme elle-même : νοῦς ὁρᾷ, νοῦς ἀκούει.

15. Nam procul hæc dubio nobis simulacra genuntur.

Ce passage est difficile à saisir; car Lucrèce n'a point encore exposé son système des *simulacres;* il ne le développe qu'au quatrième livre.

16. Præterea, gigni pariter cum corpore, et una
Crescere sentimus, pariterque senescere mentem.
Nam velut infirmo pueri teneroque vagantur
Corpore; sic animi sequitur sententia tenuis.

L'âme unie à nos sens croît, se forme avec nous,
Du destin qui nous frappe elle ressent les coups;
Dans la débile enfance une machine frêle,
Enveloppe un esprit tendre et faible comme elle.
Dès que l'une parvient à la maturité,
L'autre obtient aussitôt sa force et sa clarté;
Quand sous le poids des ans le corps tremble et s'affaisse,
Son guide paresseux quelquefois le délaisse;
Il l'égare, l'abuse, et son pâle flambeau
Se consume et s'éteint sur le bord du tombeau.

Le docteur Broussais emploie le raisonnement de Lucrèce.

17. Serpentis caudam procero corpore, utrinque
Sit libitum in multas partes discindere ferro.

Les anciens pensaient qu'il existait une âme partout où se découvrait l'animation.

Il faut reconnaître combien cette peinture d'un serpent déchiré a de vérité et d'énergie,

Volnere tortari, et terram conspergere tabo;

rappelle, pour les détails, la belle comparaison de Cicéron dans son poëme de *Marius:*

Sic Jovis altisoni subito pinnata satelles,
Arboris e trunco, serpentis saucia morsu,
Subjugat ipsa feris transfigens unguibus anguem
Semianimum; et varia graviter cervice micantem;
Quem se intorquentem lanians rostroque cruentans,
Jam satiata animos, jam ductos ulla dolores,
Abjicit efflantem, et laceratum affligit in unda,
Seque obitu a solis nitidos convertit ad ortus.

Cicéron l'avait imitée d'Homère, livre XII de l'*Iliade:*

> A la gauche du camp, un aigle aux larges ailes
> Plane; un serpent, captif dans ses serres cruelles,
> Se plie en longs anneaux, se débat tout sanglant,
> Lui darde près du cou son aiguillon brûlant;
> Le blesse, le déchire, et l'oiseau du tonnerre,
> Irrité de douleur, le jette sur la terre,
> Fait retentir les airs de ses cris furieux,
> Et sur l'aile des vents monte au sommet des cieux.
>
> BIGNAN.

18. .... quapropter mortale utrumque putandum est,
In multas quoniam partes discinditur æque.

Lucrèce termine presque tous les paragraphes de ce chant par un raisonnement à peu près semblable.

19. Præterea, si immortalis natura animai
Constat, et in corpus nascentibus insinuatur.

Il serait difficile de combattre le raisonnement de Lucrèce : ce qui est immortel ne peut avoir d'origine.

20. .... atque unde animantum copia tanta.

Cette opinion est très-ancienne. Un savant littérateur a observé judicieusement que les mots *fœtens* et *fœtus*, dont l'un signifie l'odeur d'un corps qui se corrompt, et l'autre un être vivant qui commence à se former, ont évidemment une étymologie commune.

21. Aut in melle situm suffocari.....

Il est bon de se rappeler, pour l'intelligence de ce passage, que quelquefois les anciens ensevelissaient les corps dans le miel : Démocrite voulait que l'on conservât ainsi tous les morts.

22. Quod bene si videant animo, dictisque sequantur,
Dissolvant animi magno se angore metuque.

Long-temps après Lucrèce, on n'attachait qu'un faible intérêt à l'immortalité de l'âme. Sénèque répéta tout ce que Lucrèce avait dit sur ce sujet. Voici des fragmens de l'un des chœurs du deuxième acte de *la Troade*.

Verum est, an timidos fabula decipit? etc.

> Est-il vrai? n'est-ce point une fatale erreur,
> Pour soumettre le faible au joug de la terreur?
> Et quand dans le tombeau la mort m'a fait descendre,
> Un esprit fugitif survit-il à ma cendre?
> . . . .
> . . . .
> A-t-on touché le bord terrible même aux dieux,
> L'être s'évanouit, et, telle qu'à nos yeux
> S'échappe au gré des vents la nue ou la fumée,
> Tel ce souffle moteur d'une fange animée,
> Tout à coup dégagé de ses pesans liens,
> Se dissipe et se perd aux champs aériens.
> La mort enfin n'est rien; lâche, bannis ta crainte;
> Réprime, ambitieux, ton espoir ou ta plainte.
> Où gisons-nous, dis-moi, dans ce nouveau séjour?
> Où gisent les mortels qui doivent naître un jour.
> Le temps nous engloutit; le néant nous réclame:
> La mort, du même coup, frappe le corps et l'âme.
> Les monstres du Tartare, et ses nombreux fléaux,
> Et le triple gardien des gouffres infernaux,
> Et leur roi ténébreux, ne sont que de vains songes,
> Ou du fourbe ou du sot méprisables mensonges.

23. Cur non, ut plenus vitæ conviva, recedis.

Horace a essayé de reproduire cette idée, mais avec moins de précision :

> . . . . et exacto contentus tempore vitæ,
> Cedat, uti conviva satur, reperire queamus.

Delille a aussi adopté la pensée de Lucrèce :

> Du festin de la vie, où l'admirent les dieux,
> Ayant goûté long-temps les mets délicieux,
> Convive satisfait, sans regret, sans envie,
> S'il ne vit pas, du moins il assiste à la vie.

Gilbert, dans une pièce extrêmement touchante, a dit :

> Au banquet de la vie, infortuné convive,
> J'apparus un jour, et je meurs!
> Je meurs! et sur la tombe où lentement j'arrive
> Nul ne viendra verser des pleurs.

24.   Atque ea nimirum quæcunque Acherunte profundo
Prodita sunt esse, in vita sunt omnia nobis.

Lucrèce saisit ici l'occasion de développer la pureté de sa morale. On peut rapprocher cette description allégorique des Enfers, de la peinture effrayante que Virgile en a faite dans le sixième chant de *l'Énéide :*

> A gauche il aperçoit (Énée) le séjour enflammé
> Que d'un triple rempart les dieux ont enfermé.
> Autour, le Phlégéton aux ondes turbulentes
> Roule d'affreux rochers dans ses vagues brûlantes.
> La porte inébranlable est digne de ces murs :
> Vulcain la composa des métaux les plus durs.
> Le diamant massif en colonnes s'élance ;
> Une tour jusqu'aux cieux lève son front immense :
> Les mortels conjurés, les dieux et Jupiter
> Attaqueraient en vain ses murailles de fer.
> Devant le seuil fatal, terrible, menaçante,
> Et retroussant les plis de sa robe sanglante,
> Tisiphone bannit le sommeil de ses yeux ;
> Jour et nuit elle veille aux vengeances des dieux.
>
> ....
> .... Avec un bruit terrible,
> Sur ses gonds mugissans tourne la porte horrible;
> Elle s'ouvre soudain ; dans ce séjour de deuil,
> Quel monstre épouvantable en assiège le seuil !
> Plus loin, s'enflant, dressant ses têtes menaçantes,
> L'hydre ouvre en mugissant ses cent gueules béantes.
> L'œil n'ose envisager ces antres écumans.
> Enfin l'affreux Tartare et ses noirs fondemens
> Plongent plus bas encor que de leur nuit profonde
> Il ne s'étend d'espace à la voûte du monde.
> Là, de leur chute horrible encore épouvantés,
> Roulent ces fiers géans par la terre enfantés.
> Là, des fils d'Aloüs gisent les corps énormes ;
> Ceux qui, fendant les airs de leurs têtes difformes,
> Osèrent attenter aux demeures des dieux,
> Et du trône éternel chasser le roi des cieux.
> Là, j'ai vu de ces dieux le rival sacrilège,
> Qui, du foudre usurpant le divin privilège,

Pour arracher au peuple un criminel encens;
De quatre fiers coursiers, aux pieds retentissans,
Attelant un vain char dans l'Élide tremblante,
Une torche à la main, y semait l'épouvante :
Insensé qui, du ciel prétendu souverain,
Par le bruit de son char et de son pont d'airain,
Du tonnerre imitait le bruit inimitable!
Mais Jupiter lança la foudre véritable
Et renversa, couvert d'un tourbillon de feu,
Le char et les coursiers, et la foudre et le dieu :
Son triomphe fut court, sa peine est éternelle.
Là, plus coupable encore, est ce géant rebelle,
Ce fameux Tityus, autre rival des dieux,
De la terre étonnée enfant prodigieux;
Par un coup de tonnerre aux enfers descendue,
Sur neuf vastes arpens sa masse est étendue.
Un vautour sur son cœur s'acharne incessamment,
De sa faim éternelle éternel aliment :
Contre l'oiseau rongeur en vain sa rage gronde;
Il habite à jamais sa poitrine profonde :
Il périt pour renaître, il renaît pour souffrir;
Il joint l'horreur de vivre à l'horreur de mourir;
Et son cœur, immortel et fécond en tortures,
Pour les rouvrir encor referme ses blessures.

 Rappellerai-je ici le superbe Ixion,
Le fier Pirithoüs, et leur punition?
Sur eux pend à jamais, pour punir leur audace,
D'un roc prêt à tomber l'éternelle menace.
Tantôt, pour irriter leur goût voluptueux,
S'offrent des mets exquis et des lits somptueux :
Vain espoir! des trois sœurs la plus impitoyable
Est là, levant sa torche; et sa voix effroyable
Leur défend de toucher à ces perfides mets
Qui les tentent toujours, sans les nourrir jamais.
         Delille.

25. Lumina sis oculis etiam bonus Ancu' reliquit.

 Ancus Martius, quatrième roi de Rome, fils d'une fille de Numa; il mourut l'an de Rome 138, après un règne de vingt-quatre ans.

26. Ille quoque ipse, viam qui quondam per mare magnum.

Xerxès 1er, cinquième roi de Perse, et second fils de Darius.

27. Ipse Epicurus obît decurso lumine vitæ,
Qui genus humanum ingenio superavit, et omnes
Præstinxit, stellas exortus uti ætherius sol.

Cette belle comparaison a été imitée par un grand nombre de poètes.

28. Et vigilans stertis, nec somnia cernere cessas.

Un long sommeil t'accable et tu dors en veillant.

Ce vers de Lucrèce est devenu proverbe.

29. Aut etiam properans urbem petit atque revisit.

Horace, à la fin de la satire VII du liv. II, a dit :

Non horam tecum esse potes; non otia recte
Ponere, etc.

Boileau, à son tour, s'est approprié les vers d'Horace :

Un fou rempli d'erreurs, que le trouble accompagne,
Est malade à la ville ainsi qu'à la campagne,
En vain monte à cheval pour tromper son ennui;
Le chagrin monte en croupe et galoppe avec lui.

TABLE

DES MATIÈRES.

	Pages
Notice historique, bibliographique et littéraire sur Lucrèce, par Ajasson de Grandsagne..	j
Préface.	1
Livre I.	3
Notes du livre I.	80
Livre II.	87
Notes du livre II.	168
Livre III.	179
Notes du livre III.	256

FIN DU TOME PREMIER.

www.ingramcontent.com/pod-product-compliance
Lightning Source LLC
Chambersburg PA
CBHW052042230426
43671CB00011B/1749